21世纪中国高校
法学系列教材

罗马法（第三版）

黄 风 著

中国人民大学出版社
·北京·

作者简介

黄风，1956年1月出生。北京师范大学刑事法律科学研究院、法学院教授，博士生导师，北京师范大学罗马法与现代民法研究中心主任，意大利那不勒斯第二大学访问教授及博士生导师，中国国际私法学会副会长，最高人民检察院专家咨询委员会委员。主要研究方向：国际刑法、比较刑法和罗马法。出版个人专著十余部，译著十余部。1996年6月获“国际罗马法奖”（库比泽夫斯基奖）；1998年6月获意大利外交部“文化作品翻译奖”；1999年6月获意大利总统授予的共和国骑士勋章；2006年5月获意大利总统授予的“仁惠之星”共和国爵士勋章。

第三版修订说明

本次修订主要作出了如下增补和调整：(1) 自第二版以来，罗马法原始文献的中文移译工程有了新的进展，出版了7本《学说汇纂》译作，并且都采取的是整卷翻译的形式，虽然其中的精华论断基本上已在以前的“片段翻译”中出现并反映在本书先前的版本当中，但本书作者还是从新的“整卷翻译”中挑选出一些精辟之句充实于《罗马法（第三版）》。(2) 近几年来，除上述罗马法原始文献译作以外，国内还出版了一些关于罗马法的专著和译著，借修订之机，笔者将所见到的新作补充到第三版的“主要参考书目”之中。(3) 2017年和2018年笔者投入时间和精力重新校订了彭梵得的《罗马法教科书》和格罗索的《罗马法史》两部经典之作的中译文，根据这两部译著的最新校订版，笔者对本教科书内相关引语进行了核对并调整了相关的页码标注。经过这样的增补和调整，《罗马法（第三版）》将更加切合本书作者的初衷：运用第一手文献资料，向中国读者介绍并展现原汁原味的罗马法，为罗马法在中国的教学和研究提供最基础、最可靠的作品。

黄风

2019年2月18日

第二版修订说明

《罗马法》于2009年出版后，承蒙读者青睐，印刷了三次，颇令作者惊喜。借此次再版之机，本人参考国内新近出版的罗马法原始文献中的译文对原版进行少量修订。向读者展现原汁原味的罗马法，是这本教科书所追求的效果。从体例和结构，到规则和观点，作者力求从繁杂与浩瀚的原始文献中寻找并归纳出罗马私法较为科学和完整的体系，筛选出最具代表性、权威性并且通俗、精练的论断。

最近五年来，国内学者对罗马法原始文献的翻译已经进入新的阶段：致力于对优士丁尼《民法大全》的核心作品《学说汇纂》进行整卷翻译。[①] 相对于论断选译，整卷翻译能够更为完整地展示出罗马法的原始体系和内容，让读者更为充分地领略古罗马法学家的务实、智慧、辩证和细腻。基于原始文献的罗马法教学与研究已经在我国有声有色地开展起来，在北京、厦门、长沙、上海形成了多个重要的罗马法教学与研究基地和中心，出版发行了《罗马法与现代民法》（厦门）、《学说汇纂》（北京）和《罗马法与共同法》（长沙）三种颇有分量的罗马法学术期刊，举办了一系列具有一定影响的罗马法学术交流活动（包括国际研讨会）。一批从意大利等欧洲国家学成归国的中青年学者推出了不少高质量的罗马法专著、教材、博士论文（包括用意大利语撰写的博士论文）和译著。关于罗马公法及宪政的研究也呈异军突起之势。日益蓬勃的罗马法教学与研究大大增强了我国民法理论的学术深厚度，有力地推动着我国民事立法与司法的科学化，也使相关领域的法律术语变得更加丰富，以《物权法》为例，“用益物权”“地役权”“占有”“孳息”等典型的罗马法术语已被直接引入其中。

罗马法精神将在中国复兴，江平先生25年前的预言已成事实。作者愿以此书为罗马法精神的复兴进程略尽绵薄。

黄风

2014年5月12日

---

① 在本书中，作者将罗马法文献中拉丁文“liber”表述为“编”，但保持其他学者关于“卷”的译法不变。

前　言

商品生产者社会的第一个世界性法律——罗马法经历了人类社会两千多年的法制发展进程，至今仍保持着强大的生命力。在中国，罗马法不仅是法律学子和专家研读的对象和论证的根据，而且对民事立法产生了深刻影响。罗马私法所倡导的平等、诚信、意思自治、契约自由、公平交易、有偿互利以及对所有权和他物权的平等保护等基本民法原则，都充分和具体地体现在我国各项民事法律制度中，像用益权、权利质押、留置、抵销、身份混同、承揽合同、行纪合同等大量起源于罗马法的概念，也被中国的民事立法所直接采纳。

作为一名罗马法学者以及本教科书的作者，我深感自己有责任向读者介绍原汁原味的罗马法。

最早的罗马法经典教科书——《盖尤斯法学阶梯》把罗马法的中心议题归纳为三项：人、物、诉讼。围绕“人”这一中心，论述的是人的地位和能力、婚姻、家庭、监护等基本问题；围绕“物”这一中心，论述的是物法关系、债法（包括契约之债和非契约之债）关系以及财产继承和转移等基本问题；围绕“诉讼”这一中心，论述的是各项与实体民事权利相对应的诉权以及相关的诉讼程序和制度。

本书作者力图遵循盖尤斯的上述教科书体系，同样以人、物和诉讼为中心再现罗马私法的特有框架。同时作者认为，新的罗马法教科书还须兼顾现代民商法学的体系，特别是现代民法典的一般体系，以便使读者在罗马法和现代民法之间进行对比。出于这样的考虑，本书将体例结构划分为六大部分：民事诉讼程序、人法、家庭和婚姻法、物法、债法和继承法。其中，人法、家庭和婚姻法讨论的是关于人的议题；物法、债法和继承法讨论的是关于物的议题；关于诉讼的议题不仅包含在民事诉讼程序部分，而且穿插在各项与实体权利相关联的诉权评述当中，例如关于占有的诉权、与特有产制度有关的诉权等。

本书的写作受益于近二十年来中国和意大利两国学者在罗马法翻译和研究领域合作的成果，尤其是罗马法原始文献的中文翻译成果。罗马法原始文献中包含大量极其精辟的论断，这些论断往往以简练、生动、平实，甚至比现代论著更为浅显的语言表达相当深邃的法律逻辑，它们有的可以直接用作某一概念的定义，有的可以直接用来为某一制度或规则作诠释。在罗马法教科书中直接援引罗马法原始文献特别有助于展现罗马法的本来面貌，减少或避免因搬用第二、第三手资料而导致的以讹传讹，确保教学的准确性，而且有助于激发围绕原创论点的学术探讨和争鸣。本书在这方面进行了大胆的尝试。所援引的大部分罗马法文献是由近几年曾留学意大利的中国学者从拉丁文原文迻译成中文的，并且已在国内正式出版。

希望读者能够通过研读本书，品味到正宗的和鲜活的罗马法。

黄风

2009 年 1 月 28 日

文献使用说明

1. 参照罗马法文献的缩写符号惯例，本书在援引有关原始文献时，“D.”代表《学说汇纂》(Digesta)，“C.”代表优士丁尼《法典》(Codex)，“优士丁尼 I.”代表优士丁尼《法学阶梯》(Institutiones)，“盖尤斯 I.”代表盖尤斯《法学阶梯》(Institutiones)。

2. 以上各缩写符号后面的数码依次分别代表引语所属的编、章、条、款的编号，“pr.”代表头段（principium）。

3. 本书所采用的优士丁尼《法学阶梯》和盖尤斯《法学阶梯》中译文，除修订版中个别之处外，分别选自徐国栋翻译、中国政法大学出版社 1999 年出版的译本和黄风翻译、中国政法大学出版社 1996 年出版的译本。这两本书的中译本分别于 2005 年和 2008 年以第二版的形式修订。

目　录

第二编　人　法

第三编　家庭和婚姻法

第五编　债　法

引 论

罗马法的历史发展和渊源

一、罗马城邦的形成

根据一段广为流传的历史故事，罗马是由拉丁人罗莫洛（Romolo）于公元前754年或公元前753年创建的。[①] 它最初表现为特韦雷河畔七座山丘上的村落的联合体，因而也曾被称为“七丘联盟”或“七丘之城”。实际上，罗马城邦最初是一个来自地域划分和血缘结合的实体。

就地域划分而言，罗马早期由3个部落（tribus）组成[②]，这些部落是以居民的居住地域作为划分标准的行政管理单位，其权力机构名为部落民众会议（comitia tributa），兼有选举、立法和司法三项职能。后来，部落的数量不断增加，达到35个，其中4个位于罗马城内，被称为城市部落；31个建立在城外扩张土地上，被称为乡村部落。

就血缘结合而言，罗马社会的基层单位是家庭（familia），家庭成员被血缘关系和宗亲关系联系在一起，服从着共同的“家父”，后者的权力是终身的，甚至对家庭成员享有生杀权（ius vitae et necis）。据说，最初的罗马元老院曾经是由一些重要家庭的家长们所组成的。可以说，家庭同时也是一个基层政治组织，发挥着维护社会秩序的作用。

在部落和家庭之间还存在一种中介组织：氏族（或家族），它是若干家庭的聚合体，是把不同的家庭相互联系在一起的纽带；氏族的成员被称为“族人”（gentilis），在相当长的一段历史时期也是罗马法的权利主体之一。[③] 氏族集会的地点被称为“库里亚”（curia），每10个库里亚组成1个部落。库里亚不仅具有行政管理职能，而且是一种军事组织，它的权力机构叫作库里亚民众会议（comitia curiata）。

罗马城邦可以被看作国家的初始形态，其功能是有限的和特定的，“它的主要宗旨是：对外防卫和进攻，对内保卫城邦本身，从外在含义上，这后一宗旨被理解为很有限的、对公共安宁的保护，它只是间接地涉及对市民权利的确认和对侵害行为的制裁”[④]，因而，该城邦“也不同于所有成员均处于臣民地位的王国”[⑤]。

---

① 根据传说，现在的意大利中部远古时期曾有一个叫作阿尔巴龙伽（Albalonga）的地方，由于权力之争，女祭司西尔维亚的一对孪生子被其篡权的叔叔下令放在篮子里扔进特韦雷河（又称台伯河）中。后来篮子漂到岸边，一只饮水的母狼见到这对弃儿后，用舌头舔干了孩子们的身体，并用自己的乳汁喂养了他们。这两个孪生兄弟之一就是罗莫洛。

② 拉丁文tribus起源于“tri”一词，原意是三分之一，这也从词源学上表明：最初三个部落各为当时罗马城邦的三分之一。三个部落分别被称为Tities部落、Ramnes部落和Luceres部落。据说，其名称分别来自三个历史人物的名字（Tito、Romolo和Lucumone）。

③ 例如，根据《十二表法》的规定，在无遗嘱继承中，族人排在第三顺序，如果被继承人无宗亲属，家产则由族人继承。参见本书第六编第二十五章第一节。

④ ［意］朱塞佩·格罗索：《罗马法史》（2018年校订版），黄风译，20页，北京，中国政法大学出版社，2019。

⑤ 同上书，9页。

二、《十二表法》的产生

罗马城邦的发展经历了一个从松散的联盟到加筑城墙的政治—行政实体的演进过程；同时，也经历了漫长的各民族（拉丁族、萨宾族、埃特鲁里亚族等）相互渗透和融合的过程。尤其是在大约公元前8世纪，埃特鲁里亚人①进入这一地区，带来了比较先进的经济、技术和文化，并且强化了罗马城邦的君王统治制度。

经济的发展和财富的积累也加剧了罗马社会的两极分化，原有的按地域划分的部落逐渐被带有鲜明等级色彩的百人团（centuria）体制所取代，人们开始按照财产状况将居民划分为5个等级，并以此等级和年龄为基础组建了193个百人团。那些有钱购买和饲养战马的人成为百人团中的骑士，成为享有优先投票权的“上等人”。

民众与君王的矛盾以及平民与贵族的矛盾逐渐成为罗马社会突出的现实问题，影响并推动着国家管理机制的变革和进步。

公元前510年左右，罗马民众推翻了专横的塔尔奎尼（Tarquininio “il Superbo”②）王的统治，由民众会议推选出两名执法官联合执政，从而结束了所谓的君王时代③，开始了所谓的共和国时代。随后不久，平民与贵族也达成了平衡和妥协，平民有了自己的护民官（tribuni plebis）和自己的市政管理官员——平民营造司（aediles plebis）。

公元前451年，平民和贵族共同组建了一个“十人立法委员会”（decemviri legibus scribundis），并派出一个使团赴雅典学习希腊城邦的法制；同年将制定的法律铭刻在10块象牙表板④上，展示于城市中心广场。公元前450年，十人立法委员会又增补了两表法律，由此形成《十二表法》（Lex XII Tabularum）。

《十二表法》的前三表涉及的是诉讼法，列举了有关的诉讼（包括执行）程序；随后是关于继承、家庭、所有权、相邻关系方面的规定；在债法问题上，特别提及了债务口约（nexum）和誓约（sponsio）制度；第八表和第九表调整的是对非法行为的制裁以及刑事诉讼程序。

《十二表法》是平民和贵族这两大阶级长期斗争的妥协产物，也是罗马城邦民主化治理进程开端的重要标志。这种将立法成果公布于众的做法使得法律开始从少数僧侣和权贵的密室中被解放出来，使得所有市民能够平等地借助法律维护其权益，因而在罗马法制史中具有划时代的意义。

三、罗马法沿革的时代划分

随着罗马社会的孕育、发展、成熟和扩张，罗马法也经历了相应的发展阶段。人们一般将这一发展历程划分为以下五个阶段。

（一）初始时期或者称奎里蒂法⑤时期

该时期从罗马城邦起源时（即公元前8世纪）开始，到公元前367年《李其尼和赛斯蒂

① 埃特鲁里亚（Etruria）是位于现意大利托斯卡纳地区的一个古代民族，在有些中文的世界史论著中被音译为“伊达拉里亚”，笔者在朱塞佩·格罗索的《罗马法史》中曾将其译为“埃特鲁斯”。

② 由于塔尔奎尼生性骄傲而专断，在历史上其称谓被缀以“il Superbo”（傲慢者）一词。

③ 一些中文的史书也把它称为“王政时代”。

④ 另一种比较普及的说法是铭刻在铜板上，“十二铜表法”的称谓由此而来。但根据罗马法原始文献的记载，这些法律是被“书写在象牙表上”。[D. 1，2，2，4（《民法大全选译/正义与法》，黄风译，44页，北京，中国政法大学出版社，1992)。]

⑤ 早期的罗马市民曾经被称为“奎里蒂人”（Quirites），因而早期的罗马市民法也被称为“奎里蒂法”。

法》(leges Liciniae Sextiae)颁布时为止。该法第一次使平民有可能担任执政官(consules)的职务，为了平息贵族的不满，设立一位裁判官(praetor)专门行使司法权。这一时期法的主要表现形式是各民族或居民共同体相互联盟时达成的协议、民众会议作出的决议、大量不成文的民间习俗以及后来的《十二表法》。

(二)共和国时期或者称前古典法时期

该时期从公元前4世纪后半叶开始，到公元前27年罗马元老院授予屋大维(Octavianus)"罗马的君主"(princeps Romanorum)和"奥古斯都"[①] 称号时为止，后一事件是罗马宪制从共和国向君主制转折的重要标志。三次布匿战争[②]以及多次对外扩张的战事，使得罗马从一个地域狭小且以农业为主的社会，发展成为一个东起小亚细亚、西抵大西洋沿岸且以商贸业为主的大国家。罗马建立起一整套分工严密的国家机器，包括层次分明的执法官体系、担负着立法职能的元老院和平民会，并且形成了一支专业的和相对独立的法学家队伍。裁判官法、元老院决议、平民会决议、法学家解释，作为对早期市民法的补充和变革，成为罗马法的主要渊源。

(三)古典法时期或者称君主制时期

该时期从公元前1世纪末开始，到公元3世纪末戴克里先(Diocletianus)皇帝建立专制君主制时为止。[③] 这一时期在形式上仍保持着共和国的体制，但君主的权力不断扩大，君主谕令成为占据主导地位的法律渊源。原来由元老院和平民会分享的立法职能逐渐集中到元老院手中。法学研究出现了空前的繁荣，萨宾学派(scuola sabiniana)和普罗库勒学派(scuola proculiana)成为法学争鸣和发展的重要学术力量，一些著名的法学家被君主授予解答权(ius respondendi)，其理论构成法的渊源之一。萨尔维·尤里安(Salvius Iulianus)对执法官的永久告示进行了整理和汇编，使法官法更有条理并且能够适应形势的需要。随着安东尼(Antoninus)皇帝于公元212年颁布《卡拉卡拉告示》，罗马市民籍被授予居住在罗马帝国境内并参加市民共同体的所有自由人，罗马法的适用范围大大地得到扩张。

(四)后古典法时期或者称专制君主制时期

该时期从公元4世纪开始，到公元527年优士丁尼皇帝登基为止。这一时期是罗马法平庸发展时期，专制君主制遏制着法学家的创造性和自由争鸣的精神。公元426年颁布的一项谕令只赋予帕比尼安(Papinianus)、保罗(Paulus)、盖尤斯(Gaius)、乌尔比安(Ulpinianus)和莫德斯丁(Modestinus)这5位法学家的论著以法律效力。法学从研究转向教学和注释。平民会决议和元老院决议不再是法律渊源，而君主谕令则获得了至高无上的地位，完全被视同为"法律"(leges)。随着君士坦丁皇帝于公元313年发布告示确立对基督教的容忍政策，罗马法也受到基督教精神的影响(如废除奴隶制、限制离婚等)。由于罗马帝国的重心开始向东部转移以及大量外来法律制度起着渗透作用，罗马法兼容了希腊法和其他非罗马法律文化的内容，出现了大量混杂的法规汇编和法学编译著作。

(五)优士丁尼法时期

该时期从公元527年开始，到公元565年优士丁尼皇帝一世统治时期结束为止。这是罗马法的总结和登峰造极的时期。优士丁尼《民法大全》的完成是罗马法法典化进程最辉煌的成

① "奥古斯都"(Augustus)的字面含义是"崇高的"，后来成为罗马皇帝的代词。

② 古罗马人把以迦太基(位于今突尼斯境内)为根据地的腓尼基人称为"布匿"。

③ 从公元284年到305年，戴克里先与马克西米安在另外两位助手的帮助下，建立起以皇帝为中心的帝国权威，即所谓的"四头统治"，这被认为是专制君主制建立的标志。

果，使罗马法成为后世民法典的楷模和基本参照系。

四、公法和私法的区分

公法（ius publicum）和私法（ius privatum）的区分是罗马人的一项发明。

这种区分最初是以法的创制渊源为根据而作出的。按照此标准，凡是由国家或者公共权力机构制定的规范均属于“公法”，与此相对应，凡是由私人自主协商约定的或者自愿采纳的规范或习惯则属于“私法”[①]。随着法律创制形式的转变和发展，这种初期的区分标准已显得与现实不相符合。

罗马法学家乌尔比安提出另一个区分标准：“公法是有关罗马国家稳定的法，私法是涉及个人利益的法。事实上，它们有的造福于公共利益，有的则造福于私人。”[②] 这一标准是按照法的调整对象的性质来区分法的公私性质，应该说，比前一种标准更为合理和易于理解，因而也成为罗马法中的一项经典原则。

作为对上述经典原则的补充，罗马法中还包含着关于区分公法与私法的另一种辅助标准，即公法是具有绝对强制力的，因而是不可变通的；而私法往往允许当事人通过合意予以变通。“公法不得被私人协议所变通”[③]，“简约不可变更法律”[④]，是罗马法中的一项重要原则。

综合上述标准，罗马法学家通常将私法的范围限定于下列议题：家庭内部的权利与义务关系，婚姻关系以及婚姻财产关系，对某些家庭成员的监护与保佐，个人对财物的所有权和占有，当事人对他人财物享有的他物权（iura in rem）和用益权（ususfructus）以及其他物权，当事人间的契约关系，产生于特定非法行为的契约外责任，遗产继承关系，遗赠，生前赠与，等等。

受一定历史条件的限制，罗马法中关于公法与私法的区分和现代法中的同一区分是有距离的，这主要表现在：罗马法比较注重法的调整议题和所涉及的利益，而现代法比较注重法律主体的相互地位。根据现代私法学者的观点，“公法与私法的区别通常可以体现为下列情形：在私法中，有关活动即使有国家的参与，也仍然是在平等的层面上进行的，国家像任何私人一样行事，因此，只有当事人间的协议能够解决问题。而在公法中，国家或者公共机构则借助法律时常赋予的专断权力以追求公共利益，这种公共利益绝不能因私人利益的实现而受到阻碍”[⑤]。

五、市民法、自然法和万民法

按照乌尔比安的说法，私法分为三部分，它是自然法、万民法和市民法的总和。[⑥]

所谓市民法（ius civile）是指罗马城邦所固有的法，其表现形式包括早期罗马共同体中形

---

① 按照西塞罗的说法，“私法是一回事，公法是另一回事：公法是指公共法律、元老院决议和盟约，私法是指私人契书、协议和要式口约等”（A. Burdese，MANUALE DI DIRITTO PRIVATO ROMANO，Unione Tipografico - Editrice Torinese，5 注 1，1975）。

② D.1，1，1，2（《民法大全选译/正义与法》，35 页）。

③ D.2，14，38。转引自彭梵得：《罗马法教科书》（2017 年校订版），黄风译，8 页，北京，中国政法大学出版社，2018。

④ 乌尔比安语，载 D.50，8，2，8（《民法大全选译/公法》，张礼洪译，125 页，北京，中国政法大学出版社，1999）。

⑤ Francesco Gazzoni，MANUALE DI DIRITTO PRIVATO，Edizioni Scientifiche Italiane，1994，12 页。

⑥ 参见 D.1，1，1，2（《民法大全选译/正义与法》，35 页）。

成的传统习俗（more maiorum）、元老院决议（senatusconsultum）、平民会决议[1]（plebiscitum）以及君王的谕令。“事实上，每个人民为自己制定的法，是他们的城邦专有的，并被称作市民法。”[2] 市民法仅仅适用于罗马市民，比较古板，讲究形式主义。例如，要式口约要求采用固定的套语，套语使用错误将导致缔约行为无效，而且一般不问缔约的具体原因，只注重形式上的合法。要式买卖和拟诉弃权更讲求形式上的象征性，可以说是原始交易形式在法律上的程式化。但是，后来所说的广义“市民法”是经过法学家和执法官补充、修正和发展的市民法。实际上，法学家的学说以及法官法后来也被归入市民法的范畴，并且被认为是“市民法生命的体现”[3]。

自然法（ius naturale）“是大自然传授给一切动物的法则，也就是说，这个法不是人类所特有的，而是生活在陆地和海洋的动物包括飞禽所共有的。由此而产生我们称之为‘婚姻’的男女结合及其子女的生育与繁衍。我们可以见到其他动物包括野兽也都精通这门法”[4]。罗马私法中充满了自然法的精神，例如，罗马法中的婚姻特别讲究结婚意愿（affectio maritalis）和婚姻待遇（honor matrimonii）；罗马法注重对正当的占有状态和善意拥有的承认和保护；先占、添附、加工、混合等原始取得方式也都是自然法则的体现。罗马法后来对奴隶制的限制也受自然法精神的影响，因为“根据自然法，所有的人都是生来自由的”[5]。

“根据自然原因在一切人当中制定的法为所有的民众共同体遵守，并且称为万民法，就像是一切民族所使用的法。”[6] 万民法（ius gentium）不仅适用于罗马市民，而且适用于与罗马市民发生法律关系的异邦人（peregrini），它注重的是诚信（bona fides）与合意（consensus），因而在债法中有着突出的体现。特别是随着罗马社会商品经济的发展，在关于买卖、租赁、合伙、委托、借贷、担保等契约的规则中融入了大量各民族通行的内容，使这些规则得以成为被世界各国广泛采纳的“共同法”。万民法规则在一定意义上反映着自然法，但在某些情况下又与自然法相冲突，例如，自然法崇尚人人平等，而奴隶制则是“根据万民法被引进”的，当然，与此相关联，“也带来了解放奴隶的待遇”[7]。

六、裁判官法

裁判官法（ius praetorium）是首先赋予市民法以活力的法，“是由裁判官为了公共利益而引入的法，其宗旨是辅助、补充或修正市民法，人们也称其为荣誉法，这一称谓来自执法官职位的荣誉”[8]。

裁判官最初设立于公元前367年，作为两名执政官的助手，后来侧重行使司法权。裁判官并不能直接修改由城邦立法机构制定的法律，但他可以通过司法活动创造、变通或者解释法律规则，使某些适用范围有限的或者僵硬的法律规则适应新的情况并且焕发活力。

裁判官可以在任职之初通过颁布告示（edictum）公布自己的执法方针和程序，从而扩展

---

① 平民会决议最初的效力仅局限于平民，公元前287年颁布的《霍尔藤西法》宣布：平民会决议对所有罗马市民均具有约束力。

② 优士丁尼I.1，2，1（中译本，徐国栋译，13页，北京，中国政法大学出版社，1999）。

③ D.1，1，7pr.；D.1，1，8（《民法大全选译/正义与法》，38页）。

④ D.1，1，1，3（同上书，35页）。

⑤ D.1，1，4（同上书，36页）。

⑥ 盖尤斯I.1，1（中译本，黄风译，2页，北京，中国政法大学出版社，1996）。

⑦ D.1，1，4（《民法大全选译/正义与法》，36页）。

⑧ 帕比尼安语，载D.1，1，7，1（同上书，38页）。

某些制定法的适用范围。比如，虽然《阿奎利亚法》只规定对所有权人遭受的侵权损害给予赔偿，但裁判官可以在其司法方针中把用益权人也列为损害赔偿的受益人，由此而产生的诉讼叫作"扩用诉讼"（actio utilis）。在遗产继承问题上，裁判官允许市民法未规定的新类型继承人申请遗产占有。罗马法中的许多无名契约也是借助裁判官法获得承认的。

裁判官还可以根据一方当事人的请求发布令状（interdictum），禁止对方当事人实施某一行为或者勒令其实施一定行为，从而在法律无专门规定的情况下给予当事人以特殊的司法保护。在古典法当中，对占有的保护就主要是通过请求令状的程序以裁判官司法救济的形式给予的；针对某些相邻关系的权利保护措施，也往往是由裁判官法引进的，例如，潜在损害保证、新施工告令、排放雨水之诉，等等。

裁判官在司法审判当中特别注意运用公平和诚信的标准，从而也使得一些古老的法律规则能够在发展的社会生活中获得动态的更新和应用，例如，裁判官可以根据公平的原则要求接受了错债清偿（solutio indebiti）的人向原给付人返还所接受的财物。尤其是随着外事裁判官（praetor peregrinus）的设立，公平和诚信的标准更加受到重视，从而使得大量非罗马市民受到平等的司法保护，为商贸活动的扩展提供了良好的法律环境。

需要说明的是，除了裁判官以外，其他执法官（magistratus）例如行省执政官（proconsul）、监察官（censores）、营造司（aediles）、基层执法官（quaestores）等，也可以在其司法权（iurisdictio）的范围内创制法律规范，因此，人们也往往使用"法官法"（ius honorarium）这一概念来表述相应的造法渊源。

七、法学理论

法学理论也为市民法的发展作出了重要的贡献。这种理论主要表现为法学家对有关法律问题的解释、解答、体系编排和学说争鸣。

早期的法律资料以及有关的仪式规则由宗教僧侣——祭司①保管，因而祭司当时也垄断着对法律文献和有关规则的解释权。《十二表法》的颁布使得法律公之于众，摆脱了祭司的垄断，但是，"解释方面的知识和诉讼都保留在祭司团那里"②。

罗马法史上的第一位人民法学家是聂恩·福劳维（Gneo Flavio），他是一位贵族法学家的私人文书和奴隶。公元前304年，他把主人掌管的关于诉讼法方面的书拿走，将之公布于民众；为纪念他的这一功绩，人们将这本关于诉讼法的书称为《福劳维法》。大约在公元前254年，一位祭司长提比留·科伦卡尼（Tiberius Coruncanius）开始向公众提供法律咨询意见，所采用的形式具有宣传和教学的特点。③ 随后，出现了一批世俗法学家，他们整理和撰写了大量关于法的著作，其中特别值得一提的是布布里·穆齐（Publius Mucius）和库尹特·穆齐（Quintus Mucius），他们父子二人开始系统地整理和编写市民法著作并配以大量的个案分析，为市民法理论发展作出了杰出贡献。④

从奥古斯都时代（公元1世纪初）开始，君主开始向一些优秀的法学家授予"公开解答

① 据说，拉丁文的"祭司"（pontifices）一词来源于 pontem facere（建桥）。这表明早期的祭司是一些懂得各学科技术的专家，同时也是某些重要技术、知识和传统规范的保存者或者解释者。例如，早期关于战争与和平的仪式规则就是由一个专门的"战和事务祭司团"（Feziali）保管的。

② 彭波尼语，载 D.1，2，2，6（《民法大全选译/正义与法》，45页）。

③ 参见 D.1，2，2，35（同上书，50页）。

④ 参见 D.1，2，2，39；D.1，2，2，41（同上书，51页）。

权”（ius publice respondendi），据说，第一位获得此特权的法学家是萨宾（Masurius Sabinus）。[①] 这使得某些法学家的见解和理论在一定程度上具有法律约束力。当然，这要求法学家们的意见一致，“如果意见分歧，审判员可以遵循他所同意的意见”[②]。

法学理论在古典法时期进入繁荣发展阶段，开明君主的统治为法学争鸣和创新营造了良好的社会环境，当时最富有代表性的两大学派——萨宾学派和普罗库勒学派的相互论辩和批判大大增进了法学理论的科学性。萨宾学派比较多地代表着社会贵族阶层的利益，比较遵从君主的意愿，在法律研究中比较注重体系问题；普罗库勒学派以法学家普罗库勒（Proculus）的名字命名，其奠基人可追溯到拉贝奥（Labeo），该学派比较注意考虑和反映社会中下层民众的利益，注重从学术的角度并且采用个案分析的方法研究法律问题。

在后古典法时代，狄奥多西二世（Theodosiius Ⅱ）和瓦伦丁尼安三世（Valentinianus Ⅲ）于公元426年颁布了所谓的“关于援引的法律”，对法学理论的发展和运用加以限制，仅赋予帕比尼安、保罗、盖尤斯、乌尔比安和莫德斯丁的论著以法律渊源的效力，由以上5位法学家援引的其他法学家的论断也受到同样的承认。该谕令同时规定：在有关见解发生分歧的情况下，多数人的观点有效；如果持不同意见的双方人数相等，帕比尼安的观点被优先考虑；如果找不到帕比尼安的观点，审判员可以根据自己的裁量作出决定。从此，“法学理论的状况已不再允许人们按照统一的传统脉络把握‘法学’（即古典法学家的著作）的多样性和纷繁性”[③]。

八、君主谕令

早在罗马城邦起源之初就经历过一个王政时代[④]，当时虽然也出现过所谓的“君王法”（leges regiae），但由于最初城邦组织的松散性以及家庭、氏族和部落影响的强大，君王更多地具有象征意义或军事首脑的作用，尚未独立地构成造法渊源。

在公元前1世纪末，某些承担军事征战和防卫任务的将领开始享有至高无上的“治权”[⑤]（imperium），并且被元老院封为“元首”（princeps）[⑥]，他们针对具体案件或者某些法律问题发布的各种指令也获得了普遍的约束力。所谓君主谕令（constitutiones principum）同元老院决议一起被等同为“法律”，并且被列入市民法范畴。随着君主制统治的确立，形成了这样两项原则：第一，“君主决定的东西就具有法律效力”[⑦]；第二，“君主不受法律的约束”[⑧]。后来，元老院决议甚至蜕化为对君主诏书的简单形式确认。

君主谕令可以划分为四种基本类型：诏谕（edictum）、训示（mandata）、批复（resriptum或epistulae）、裁决（decretum）。

诏谕是君主根据其行省执政官所固有的治权[⑨]而发布的一般决定，也称为告示。它通常以

① 参见D.1，2，2，48；D.1，2，2，49（《民法大全选译/正义与法》，52页）。

② 盖尤斯I.1，7。

③ ［意］朱塞佩·格罗索：《罗马法史》（2018年校订版），325页。

④ 根据史料记载，从公元前8世纪到公元前6世纪的王政时代共出现7位君王，前4位来自当地的拉丁人，后3位则是埃特鲁里亚人。

⑤ 即一种集军事指挥权、行政管理权和司法裁判权为一体的最高权力，它的外部象征是插在束棒上的斧子。

⑥ 此词起源于拉丁文primus capio（占据首位者），后来引申出“君主”的含义。

⑦ 乌尔比安语，载D.1，4，1pr.（《民法大全选译/正义与法》，66页）。原来的中译文使用的是“喜欢”，笔者注意到徐国栋教授的意见，在这里将“喜欢”改为“决定”。

⑧ ［意］朱塞佩·格罗索：《罗马法史》（2018年校订版），284页。

⑨ 君主作为征战将领在罗马城外活动时往往被称为行省执政官（proconsul），享有不受城邦地域限制的最高指挥权、司法权和强制权。

第一人称的形式表述（“我觉得”，“我认为”等），从告知有关事实和解释行政命令，到复述现行规范；少数诏谕也包含一些新的立法内容。最初的君主诏谕一般只在发布该诏谕的君主在世时有效，后来这种限制逐渐消失。

训示是君主向官员特别是行省的执法官员发布的指示，其内容可以是各种各样的，比较经常地包含一些新规范（比如关于“军人遗嘱”制度的规定）。它的效力一般以君主在世时为限，但到后来，只要继任的君主不明确废止有关规定，它就继续有效。

批复是由君主撰写的意见或回信，既可以针对私人在申诉信、请求函或恳求书中提出的问题，也可以针对执法官或审判员请示的问题，其作用是澄清疑点和评断争议。当君主以书信的形式作出答复时，此种批复也被称为“书信”（epistulae）。

裁决是君主针对直接在他面前提起的诉讼或者由他受理的上诉①所宣告的判决。与批复一样，裁决通常表现为君主对现行法律的适用，并对有关漏洞和不明确之处作出补充或澄清。它的效力也以特定问题为限。

九、优士丁尼的《民法大全》

优士丁尼（Iustinianus），东罗马帝国②皇帝，出生于公元482年，公元527年至565年在位。他在当政期间清醒地认识到：“皇帝的伟大不仅要以武器来装饰，而且必须以法律来武装，以便不论是战时还是平时，都可以得到正当的治理。”③ 因此，他在国内兴办的最大工程就是罗马法法典化的编创工作。

公元528年，优士丁尼皇帝任命了一个由10名法律专家组成的委员会，负责将以前由某些私人编辑的谕令汇编④加以清理，修改和删除已经过时的内容，消除相互间的矛盾和重复，组合成一部简明而统一的新法典。这项工作很快就完成了。公元529年4月7日，第一部《优士丁尼法典》（Codex Iustinianus）颁布，并于同月16日生效。公元534年11月16日颁布了经过补充、修订的第二版《优士丁尼法典》⑤（Codex repetitae praelectionis），其中收入了一些新谕令以及优士丁尼皇帝针对一些悬而未决的法律问题作出的裁断。⑥ 这部新法典于同年12月29日生效。

公元530年，优士丁尼授权当时的司法大臣特里波尼安（Tribonianus）挑选了大学教授狄奥菲尔（Theophilus）、格拉丁（Gratinus）、多罗特（Dorotheus）、阿那多利（Anatolius）等16名法律专家组成一个专门的委员会，编辑一部“能够保存古典法精华并且能够为当时所实行的法提供说明的《学说汇纂》（Digesta）”⑦，并赋予这些法学论断以法律效力。这个委员会在短

① 一般发生在所谓的“非常审判”程序当中。参见本书第一编第二章关于“非常审判”的介绍。

② 公元395年，狄奥多西一世（Theodosius Ⅰ）去世后，罗马帝国陷于分裂，东部归其18岁的儿子阿卡丢（Arcadius）统治，西部则由其年仅11岁的幼子奥诺里（Honorius）管辖。实际上，西罗马帝国一直处于西部各民族的武装冲突之中。公元455年，日耳曼部落集团中的汪达尔人长驱直入洗劫了罗马城，公元476年日耳曼人废黜了最后一位西罗马帝国皇帝。从此，东罗马帝国成为罗马法发展的主要基地。

③ 优士丁尼《法学阶梯》，“Imperatorium敕令”，徐国栋译，3页，北京，中国政法大学出版社，1999。

④ 这主要是指大约于公元292年出现在帝国东部的《格雷哥里安法典》（Codex Gregorianus）、稍后的《赫尔莫杰尼安法典》（Codex Hermogenianus）以及由狄奥多西二世于公元438年颁布并于439年生效的《狄奥多西法典》（Codex Theodosianus）。

⑤ 现在流传下来的《优士丁尼法典》就是这部新法典。公元529年颁布的第一部法典据说已经失传。

⑥ 公元530年，优士丁尼曾经组织编辑了一部谕令汇编，收录他就一些有争议的法律问题作出的50项裁定，并取名为《五十项裁定》（Quinquaginta Decisiones）。但该汇编已经失传。

⑦ ［英］巴里·尼古拉斯：《罗马法概论》，黄风译，38页，北京，法律出版社，2000。

短 3 年的时间里从 38～39 位法学家浩瀚的论著中筛选出 9 142 个片段，汇编成共计 15 万余行的巨著。[①] 公元 533 年 12 月 16 日，优士丁尼颁布了这部《学说汇纂》，并宣布于同月 30 日生效。

在结束《学说汇纂》编辑工作之前，优士丁尼又责成特里波尼安等教授为法学教学编辑一本教科书——《法学阶梯》(Institutiones)。优士丁尼《法学阶梯》基本上承袭了盖尤斯[②]《法学阶梯》的体系，除法的基本概念部分外，将整个罗马私法划分为人法（包括婚姻与家庭法）、物法、债法和诉讼法四大部分，把遗嘱继承（遗赠）和无遗嘱继承分别放在物法和债法当中论述。公元 533 年 11 月 21 日，这部《法学阶梯》公布。同年 12 月优士丁尼颁布一项命令规定：大学的法学课程从第一年学习《法学阶梯》开始，从第一年第二学期起逐步地学习《学说汇纂》，直至整个第四学年。[③]

在完成上述法典化编纂工程后，优士丁尼陆续颁布了一些谕令，有的采用的是拉丁文，有的采用的是希腊文，它们通常被称为“新律”(Novellae constitutiones)；公元 535 年至 540 年期间颁布的数量较多。某些新律还对私法制度进行了非常重要的改革。[④] 优士丁尼曾经希望编纂一部正式的新律汇编，但这一愿望在他生前没有实现。[⑤]

优士丁尼的上述立法成果被统称为《民法大全》(corpus iuris civilis)[⑥]，它是对经过约千年发展的罗马私法的全面总结，并且使前人的立法成果、司法经验和法学研究更加适合现实历史环境的要求[⑦]，因而这一法典化工程不仅在法律创制上具有划时代的意义，而且向人们展示了一种具有开创意义的立法方式和私法分类体系。

十、法（ius）和法律（lex）

“法”(ius) 和“法律”(lex) 这两个概念的相互区分和并存，是罗马法的一大特色，也是对后来欧洲大陆法系法学理论发展的一个重要贡献。

拉丁文 ius 一词有着多种含义，根据保罗的说法，“人们把任何时候都公正和善良的事物称为 ius”[⑧]。乌尔比安进一步指出：ius“来自‘正义’(iustitia)。实际上（正如杰尔苏所巧妙定义的那样），法是善良和公正的艺术”[⑨]。“正义就是给每个人以应有权利的稳定而永恒的意志。”[⑩] 这些论断阐明了“法”(ius) 与正义之间的内在联系；“法”告诉我们正义应当是怎样

---

① 委员会是如何在 3 年里完成原计划用 10 年实施的、庞大的编辑计划的，这一直是个谜。德国学者布鲁赫麦 (Bluhme) 经研究发现：所有的论著被分为三大“群”，委员会也分为三个编辑组，每组负责从一“群”论著中摘录材料，然后再进行总体的编辑。参见［英］巴里·尼古拉斯：《罗马法概论》，41～42 页。

② 盖尤斯 (Gaius) 是公元 2 世纪出现在罗马帝国东部的法学家，这一名称只是他的姓氏，真实的名字和身世人们不得而知。据猜测，他是东部行省的一位法学教师。

③ 目前意大利大学的罗马法教学仍在一定程度上遵循这一设置，首先学习罗马法概论（即《法学阶梯》），随后研习对罗马法原始文献的理论阐释，这后一门课程也被称为“罗马法文献注释”(esegesi)。

④ 比如《新律 118》和《新律 127》确立了完全根据自然家庭关系确定遗产继承顺序的制度。参见本书第六编第二十五章第三节。

⑤ 新律最全的汇编出现在提比留二世统治时期（公元 578 年—公元 582 年），共包含 168 项，其中有 10 项不是优士丁尼一世发布的。在优帝生前，也存在一些非官方的新律汇编。

⑥ 准确地说，经优帝确认的《民法大全》主要是指优士丁尼的《法典》、《法学汇纂》和《法学阶梯》。

⑦ 为达到这一目的，参加有关立法活动的专家对原始的法律文献进行了大胆的删改，这尤其表现在由特里波尼安领导的《学说汇纂》编辑工作中，其对古典法学家论著的大量“添加”充斥其间。

⑧ D.1，1，11（《民法大全选译/正义与法》，40 页）。

⑨ D.1，1，1pr.（同上书，34 页）。

⑩ 乌尔比安语，载 D.1，1，10pr.（同上书，39 页）。

的，或者说，“法”是对正义的应然状态的追求、表述或确认。

执法官的司法活动是由“法”（ius）所派生的，并且构成“法”的渊源。在拉丁文中，司法被称为iurisdictio，字面含义是“说法”。执法官通过其裁判来说法，实际上“是在执掌ius，即使当他作不公正的裁判时人们也这样说。当然，这里指的是裁判官应该如何裁决，而不是他已经如何裁决”①。由于这一缘故，ius这个词也指“执法的地点，其依据来自人们在执法地所做的事”②，即对正义的伸张。

法学理论也属于“法”（ius）的范畴。罗马人称法学理论为iurisprudentia，其字面含义是“关于法的知识”。乌尔比安说：法学是“关于正义和非正义的科学”③。实际上，法学家的任务是对法的精神、逻辑和正确应用作出解释，同执法官的司法活动一样，法学理论是一种动态的法。“法学理论在其后来的发展中承担着发掘规范的任务，因此，从历史的角度可以说，它实质上履行着创造法的功能，也就是说，是法的渊源。”④

拉丁文lex一词在不同的情况下也可以有不同的译法，如法律、约法［团体约法（leges collegii）］、约款［私人约款（leges privatae）］等。它一般是指采用庄重形式单方面指定的规范，尤其是指由罗马共同体的权力机构制定的规范，比如，元老院决议和平民会决议；在君主制时期，君主谕令也取得与法律相等同的效力。法律（lex）一般都是成文的。正如莫德斯丁所说，“法律的功能在于：命令、禁止、允许和惩罚”⑤。

从一定意义上讲，“法律”是“法”的表现形式或者载体之一，但是，法律体现的是一种静态的实然状态，在具体情况下它是否符合正义的标准，这是需要鉴别的事情。“在那些以违背法的理性的方式加以确立的东西中，我们不能获得法的规则。”⑥ 因此，“为了使法律得到遵守，需要给法律以适当的解释”⑦，“尤其是当由此也能获取法律的意志时”⑧。显然，“法律”需要“法”的指导，需要执法官在司法实践中作出正确的解释和运用，需要法学家从理论角度给予科学的总结、批判和设计。罗马私法正是在“法”和“法律”的这种交互关系中发展和成熟起来的。

①② 保罗语，载D.1，1，11（《民法大全选译/正义与法》，40页）。

③ D.1，1，10，2（同上书，40页）。

④ ［意］朱塞佩·格罗索：《罗马法史》（2018年校订版），85页。

⑤ D.1，3，7（《民法大全选译/正义与法》，56页）。

⑥ 尤里安语，载D.1，3，15（同上书，58页）。

⑦ 杰尔苏语，载D.1，3，18（同上书，59页）。

⑧ D.1，3，19（同上书，59页）。

第一编

民事诉讼程序

第一章

诉讼及其种类

第一节　诉讼与权利

根据罗马法学家的经典定义，“诉讼（actio）只不过是通过审判要求获得自己应得之物的权利”①。这一定义特别赋予拉丁文“actio”一词以“权利”的含义，因此，在许多情况下，将 actio 译为“诉权”似乎更为准确。实际上，奴隶是不能提起诉讼的，因此，人们说：“奴隶没有任何诉权。”② 除了某些特殊情况之外，他权人（alieni iuris）提起诉讼的权利也受到限制。③

在罗马法中，诉讼与权利的特殊关系特别表现在程序性权利与实体性权利的相互对应上，“对于各项罗马法律制度的发展来说，更多依靠的是寻求法律手段以使享有主观权利的人获得保护，而不是去探求实体权利的各种关系”④。罗马法中的每一种权利或法律关系都有自己相应的诉讼形式作为保护措施和救济手段，甚至，人们经常以是否存在相应的诉权来判断是否存在特定的权利，例如，买卖双方当事人的权利分别来自买物之诉（actio empti）和卖物之诉（actio venditi），役权受益人的权利来自确认役权之诉等诉讼，诈欺受害人要求赔偿的权利来自诈欺之诉（actio de dolo）。因此，罗马法中的每一种诉讼几乎都有自己的名字，以此来表示或者暗示自己所维护的权利。

在罗马法发展的昌盛时期，执法官可以通过授予有关当事人以新的诉权来实现对新的民事关系或者新的权益的确认和保护，在自己发布的告示中宣布当事人可以根据特定的条件合法地进行哪些诉讼或者要求进行哪些审判；即使某些民事关系尚未上升为法定的权利与义务，也能够通过事实诉讼（actio in factum）的途径寻求司法保护，例如，对无名契约的保护。

执法官还可以根据当事人的要求并且按照自己对公正的理解发布令状，禁止、维持或者要求某种状况的存在。这使得一些原来并不被严格的市民法承认为“权利”的事实状态获得法律保护，提升为事实上的权利，例如，对占有的保护，对某些新型继承人的保护，等等。因此，乌尔比安说：“令状也包括在‘诉讼’的词义之中。”⑤

罗马法中的“诉讼”（actio）一词通常也可以与“审判”（iudicium）一词混用。这在一定程度上是罗马诉讼制度进化的结果：最初的诉讼主要是对私人自救活动的限制，比较侧重的是在公共权力干预下的强制执行，而成熟的诉讼制度则比较注重调查、举证、审查和裁判。因

---

① 优士丁尼 I. 4，6pr.。

② 盖尤斯语，载 D. 50，17，107（《民法大全选译/司法管辖权　审判　诉讼》，黄风译，35 页，北京，中国政法大学出版社，1992）。

③ 参见 D. 5，1，18，1（同上书，34 页）。

④ a cura di Sergio Beltrani，ISTITUZIONI DI DIRITTO ROMANO Edizioni Simone，1994，71 页。

⑤ D. 44，7，37pr.（《民法大全选译/司法管辖权　审判　诉讼》，29 页）。

此，“罗马民事诉讼的历史发展方向，包括在早期法时代，也确实表现为从主要以实际执行为目标的活动向主要以获得司法裁决为目标的活动转变的进程”①。

第二节　对物之诉与对人之诉

罗马法中的民事诉讼被划分为两大类：对物之诉（actio in rem）和对人之诉（actio in personam）。

对物之诉是为维护物权而提起的诉讼，不以特定的人为对象（erga omnes），因而可以针对任何侵犯物权（包括所有权、使用权、用益权、通行权、引水权、加高役权、观望役权等）的人提起。典型的对物之诉是“返还所有物之诉”（rei vindicatio）②，它“既适用于所有的动产（或是生物或是非生物），又适用于不动产”③，在这种诉讼中，当事人把争议标的物（或者象征物，例如房顶上的一片瓦）带到法庭，各自向执法官提出针对该物的权利主张（在古老程序中是用木棒作为权利的象征指向争议物），然后要求执法官为认定物品的归属而作出裁断或者为此指定一名审判员。④ 如果对物之诉是为维护使用权、用益权或役权等他物权而提起的，这种诉讼则是“否定性的”⑤，也就是说，原告要求否定对方当事人（包括物的所有主）的物权主张，以排除对自己权利的妨害，因而，它也被称为“排除妨害之诉”（actio negatoria）。

对人之诉针对的是原告与被告之间特定的法律关系，即债关系，其目的在于维护产生于该法律关系的权利，因此，它的对象是特定的，只能针对债关系中的当事人。典型的对人之诉是“请求给付之诉”（condictio），根据盖尤斯的解释，这一称谓起源于拉丁文 condicere（通知）一词，“原告通知被告在第三十天时前来接受审判员”⑥，由审判员对有关债关系是否成立作出裁断。根据债的标的的不同，请求给付之诉分为请求特定给付之诉（condictio certi）和请求返还不确定物之诉，前者一般针对的是钱款或其他可替代物，后者则可要求债务人返还任何已给付的物品，包括不确定物（例如因某一活动而获得的利益）。需要说明的是，随着针对各种具体的债关系出现了专门的诉讼形式（例如，委托之诉、寄托之诉、出租之诉等），请求给付之诉的适用范围逐渐缩小⑦，它特别适用于因不当得利而产生的债关系领域。

有些诉讼同时兼有对物之诉和对人之诉的性质，例如，遗产分割之诉（actio familiae erciscundae）、共同财产分割之诉（actio communi dividundo）和地界调整之诉（actio finium regundorum）。在这些诉讼中，一方面需要对各方当事人的物权作出认定和划分，并且产生相应的

① A. Burdese，MANUALE DI DIRITTO PRIVATO ROMANO，Unione Tipografico－Editrice Torinese，1985，76 页。

② 有的中国学者将其译为“原物返还之诉”，参见《学说汇纂》，第 6 卷・原物返还之诉，陈汉译，北京，中国政法大学出版社，2009。

③ 乌尔比安语，载 D. 6，1，1，1（《民法大全选译/物与物权》，范怀俊译，75 页，北京，中国政法大学出版社，1993）。这里所说的“生物”包括奴隶。

④ 盖尤斯在他的《法学阶梯》中对古老的返还所有物之诉有非常详细和生动的描述。参见盖尤斯 I. 4，16 和 I. 4，17。

⑤ 优士丁尼 I. 4，6，2。

⑥ 盖尤斯 I. 4，18。

⑦ 但是，优士丁尼仍然从一般含义上理解“请求给付之诉”，因而允许它适用于“一切契约、一切债、一切针对特定标的的请求”[[意] 彼德罗・彭梵得：《罗马法教科书》（2017 年校订版），74 页]。

物权后果；另一方面，诉讼的主体又是特定的，不能由其他人所取代，因为这种主体产生于特定的法律关系。

在罗马法中还存在一种特殊的对人之诉，叫作“特定事实之诉”(actio in rem scripta)。在此种诉讼中，原告只列举特定的非法事实，而不列举行为人，可要求执法官对所有与此非法事实有关的人判罚。典型的例子是胁迫之诉（actio quod metus causa)，该诉讼不仅可以针对实施恐吓行为的人提起，也可以针对任何因该恐吓行为而获得好处的人提起。

第三节 索回物之诉、罚金之诉和混合诉讼

“我们提起诉讼有时候只是为了获得物，有时候只是为了获得罚金，有时候则是为了获得物和罚金。”[①] 第一种诉讼被称为“索回物之诉”[②]（actio reipersecutoria)，第二种诉讼被称为“罚金之诉”(actio poenalis)，第三种诉讼被称为“混合诉讼”(actio mixta)。

所谓索回物之诉，表现为要求索回被剥夺了的财物或权益并获得适当补偿，使之恢复到未受侵害时的原状。实际上，拉丁文“rei persecutoria”一语的本义就是“物的追索”。根据优士丁尼《法学阶梯》的说法，“所有对物诉权都是为了追究物而采用的”[③]。一部分对人之诉也明显地具有索回应得之物的性质，例如，贷款人要求借款人返还欠款的诉讼，受委托人要求委托人支付费用或报酬的诉讼，寄托人要求受寄托人返还保管物的诉讼，买受人因被卖物含有瑕疵而要求出卖人退还价金的诉讼，等等。

所谓罚金之诉，表现为要求对非法行为的责任人处以惩罚性赔偿，即使原告所遭受的财产损失已经得到赔偿，仍可以通过罚金之诉要求对被告予以惩罚。例如，事主针对窃贼提起的盗窃之诉，针对侵辱行为提起的阿奎利亚法诉讼，等等。罚金诉讼根据非法行为的性质和后果可以分为2倍、3倍或者4倍罚金之诉。被告的“继承人不应当遭受罚金，因此对他们不适用罚金诉讼”[④]。

所谓混合诉讼，表现为既要求物的返还，又要求获得罚金。“这种情况发生在已决案之诉、已清偿之诉、依《阿奎利亚法》提起的非法损害之诉或者关于某些确定的间接遗赠的诉讼当中。”[⑤] 混合诉讼可针对被告的继承人提起，但仅限于要求其退还原物并剥夺其因被继承人的非法行为而获得的利益。有时候，混合之诉与罚金之诉很难区别，双倍罚金之诉也可以理解为混合之诉，因为其中既包括对物原有价值的返还，同时又含有多出一倍的惩罚性罚金。这种情况“反映出从原始制度向发达制度发展的过渡危机，在前一种制度中，非法行为所造成的只是罚金，而在后一种制度中，人们逐渐趋向于确定这一原则：任何损害均需赔偿；混合诉讼本身像是后来为掩饰危机和解体而实行的一种更新”[⑥]。

---

① 盖尤斯 I.4，6。

② 在许多中文的罗马法论著中，actio reipersecutoria 被译为“损害赔偿之诉”；笔者以前在翻译和撰写罗马法作品时均采纳了这样的表述。后来看到徐国栋教授在他翻译的优士丁尼《法学阶梯》中将此种诉讼译为“追究物”之诉（参见优士丁尼 I.4，6，16)，笔者认为这也是一个很不错的译法，它在一定程度上更加准确地表达了要求返还和恢复原状的含义。受徐教授的启发，笔者在这里采用了“索回物之诉”的表述。

③ 优士丁尼 I.4，6，17。

④ [意] 彼德罗·彭梵得：《罗马法教科书》(2017年校订版)，73页。

⑤ 盖尤斯 I.4，9。

⑥ [意] 彼德罗·彭梵得：《罗马法教科书》(2017年校订版)，73页。

第四节 严格法诉讼与诚信诉讼

严格法诉讼（actio stricti iuris）也叫作严格审判之诉，它要求审判员严格依照法定程式中的标准进行审判，在此种诉讼中，执法官在法律审阶段采用严格的程式确定审判应遵循的标准，从而使审判员在随后的裁判审中没有自由裁量的余地。比如，在严格法诉讼中，即使审判员发现原告也对被告负有债务，也无权根据实情决定抵销，除非被告又依法提出恶意诈欺之抗辩。① 在罗马法中，关于消费借贷的诉讼属于严格法诉讼的范畴，这或许是因为消费借贷被视为典型的“单务契约”。

诚信诉讼（actio bonae fidei）则赋予审判员较宽的自由裁量权，“允许承审员享有根据善良和公平自由地估计应对原告返还的金额之权力。其中也包括原告在他这一方面必须给付某物的情况，对此作出抵销，就余额对被告作出他应付之数的判决”②。因此，诚信诉讼比较广泛地运用于涉及契约或准契约关系的诉讼当中，例如，关于买卖、租赁、委托、寄托、合伙、使用借贷、质押等债关系的诉讼，关于无因管理的诉讼，关于分割共有物的诉讼，关于嫁资的诉讼，关于要求遗产继承的诉讼等。

Bona fides是罗马法中的一个重要的概念，它包含两层含义：第一层含义是指诚实守信，即所谓“诚信”；第二层含义是指行为人具有不侵害他人权利的“善意”，这是某些民事制度所要求的基本条件，例如，时效取得。盖尤斯说：“在设立买卖、赁借贷、合伙、委托契约时，双方当事人应当根据公平和善意原则相互承担责任。”③

实际上，除了契约关系外，bona fides也适用于其他非契约关系，例如，在侵权问题上，当事人在多大程度上违反诚实信用原则是衡量其主观恶意程度的重要标准。因此，在一些针对非法行为（如侵辱行为）提起的诉讼中，审判员也被授权按照自己认为最公正的和最适当的标准决定对被告的处罚数额，或者“评定须以何种方式使原告得到满足”④；在罗马法中，这种类似于诚信诉讼的审判被称为“善良公正之诉”（in bonum et aequum conceptae）。

第五节 拟制诉讼与扩用诉讼

在罗马法中，每一项实体权利都有相应的诉讼（诉权）作保障。为了使某些在实践中新形成的事实上的权利获得诉权保障，裁判官可以采用两种方法对之套用现有的诉讼模式。一种是当新的权利义务关系中缺乏某种法定要素时，执法官假设该要素存在，从而赋予当事人相应种类的诉权，这被称为“拟制诉讼”（actio ficticia）。另一种是执法官将适用于特定情况或关系的法定诉讼形式扩展适用于某些相似的情况或关系，这被称为“扩用诉讼”（actio utilis）。

典型的拟制诉讼是布布里其诉讼（actio Publiciana），此诉讼是由罗马共和国末期的裁判官

① 在严格法诉讼中，诈欺抗辩必须在诉讼的第一阶段（即法律审阶段）提出；否则，不予受理。而在诚信诉讼中，此抗辩可随时提出，即使未被执法官列入诉讼程式，审判员也可以在其裁判时予以考虑。

② 优士丁尼 I.4，6，30。

③ D.44，7，2，3（《民法大全选译/契约之债与准契约之债》，丁玫译，327页，北京，中国政法大学出版社，1998）。这里所说的“赁借贷”也就是“租赁”。

④ 优士丁尼 I.4，6，31。

布布里其创设的，并以其名字命名，一般也称为善意占有之诉。优士丁尼《法学阶梯》对此作出实例说明："事实上，如果某人根据正当的原因被交付某物，例如根据买受、赠与、嫁资或遗赠的原因的情况，在他尚未成为该物之所有人时，如果他由于意外丧失了其物的占有，为了获得物，他不享有任何直接的对物诉权，因为根据市民法，这样的诉权出现，是为了某人能要求返还其所有权。但由于在这种情况下缺乏诉权肯定是冷酷的，裁判官发明了一种诉权，丧失占有者据之断言自己已因取得时效取得了该物，并这样主张物为他所有。"① 在这里，裁判官推定占有人已经实现了时效取得，而在一般情况下，对可动物的时效取得至少需要1年的时间，显然，裁判官的上述推定是虚拟的。

盖尤斯在他的《法学阶梯》中也举了几个拟制诉讼的例子。例如，当某个经裁判官告示认可的新型继承人要求遗产占有时，"他可以把自己虚拟为继承人提起诉讼"②。遗产买受人同样可以将自己虚拟成继承人，向被继承人的债务人提起诉讼［即所谓的"鲁第里诉讼"③（actio Rutiliana）］。对于异邦人，也可以虚拟给予罗马市民籍，使他们在遭受非法行为侵害的时候可以对加害人依据《阿奎利亚法》提起诉讼④，等等。

至于扩用诉讼，它同拟制诉讼颇为相似，区别仅在于：裁判官不再虚拟某一法定要素的存在，而是直接将原有的诉讼扩展适用于新的情况，拉丁文 utilis 的含义就是"有用的""适宜的"，这一术语的使用表明此种诉讼以讲求效益为基本标准。

扩用诉讼的例子是大量存在的。例如，在早期的罗马法中只存在对所有权的时效取得制度，但不存在对役权的时效取得；为了使长时间对土地享有役权的人获得法律保护，裁判官就允许有关当事人按照与申请对不动产的长期时效取得相同的方式行使诉权。随着对不满25周岁未成年人保佐制度的出现，裁判官允许对有关保佐人扩展适用监护之诉。罗马法中债的转让往往是通过由转让方将受让方设立为诉讼代理人来实现的，然而，在真正的委托关系中，委托人的死亡将导致有关诉权的消灭，为了让作为诉讼代理人的受让方能够继续保留对被转让之债的诉权，裁判官允许受让方在委托人死亡的情况下提起扩用诉讼。为加强对用益权人的保护，裁判官允许该人像物的所有主一样通过扩用诉讼为物遭受的损害提出赔偿请求，等等。

拟制诉讼和扩用诉讼都是由执法官在司法活动中创设的诉权，因此，在理论上它们也被称为"裁判官法诉讼"（actiones praetoriae 或 honorarie）。相对于拟制诉讼和扩用诉讼，由市民法明确规定的、与特定的权利义务关系相配套的诉讼（即据以派生拟制诉讼或扩用诉讼的诉讼）则被称为"直接诉讼"（actio directa）。

第六节 抗 辩

抗辩（exceptio）也是行使诉权的一种方式，正如乌尔比安所指出的那样，"采用抗辩的人好似在提起诉讼，因为在抗辩中，被告是原告"⑤。因此，抗辩是被告据以对抗原告诉权的权利，它能够使被告的权益得到司法保护，是"使被告摆脱惩罚或减轻对其惩罚的条件"⑥。

① 优士丁尼 I.4，6，4。
② 盖尤斯 I.4，35。
③ 盖尤斯 I.4，36。
④ 参见盖尤斯 I.4，37。
⑤ D.44，1，1（《民法大全选译/司法管辖权 审判 诉讼》，31页）。
⑥ D.44，1，22（同上书，30页）。

与诉讼（actio）一样，在罗马法中，每一种抗辩也都与受法律保护的权利相对应，因而也都有着各自的名称，例如，既定简约抗辩（exceptio pacti conventi）、钱款抵销抗辩（exceptio pensatae pecuniae）、正当所有权抗辩（exceptio iusti domini）、普莱多里法抗辩（exceptio legis plaetoriae），等等。“抗辩有的是由裁判官在告示中规定的，有的是在审理案件时适用的。所有的抗辩都是从法律或者具有法律地位的规定中获得根据，或者是根据裁判官的司法权而创设的。”①

实际上，许多实体权利是由于法律或者裁判官赋予当事人以抗辩权而获得承认和保护的。例如，简约（pactum）曾经不被罗马法承认具有债的效力，后来，由于裁判官允许当事人依据已经达成的简约提出既定简约抗辩，因而演变为产生权利与义务关系的契约形式；一方当事人因遭受另一方当事人的诈欺或胁迫而要求解除债关系的权利，是随着诈欺抗辩（exceptio doli）和胁迫抗辩（exceptio metus）制度的引入而得以确立的；不满25周岁的未成年人要求宣告已达成的、对自己不利的法律行为无效的权利，也是因《普莱多里法》所赋予的抗辩权而创设的。

抗辩可以构成导致某一法律关系消灭的原因。在罗马债法中，“债的消灭原因区分为‘当然’（ipso iure）消灭和‘因抗辩’（ope exceptionis）消灭”②，这后一种消灭原因只是为消除债关系提供争讼的权利，该权利一般通过允许对起诉的债权人提出抗辩的方式来授予，享有该权利的人可以使用它，也可以自愿放弃它。

提出抗辩的被告，与提起诉讼的原告一样，负有为自己的抗辩理由举证的义务。抗辩分为无限期的和有限期的，前者是永久有效的（比如，针对诈欺或胁迫的抗辩，关于违反法律或元老院决议的抗辩，关于在任何情况下均不再要求给付钱款的既定简约抗辩）；后者只在一定时间内有效（比如，关于在5年内不提出清偿要求的既定简约抗辩）。“有限期抗辩不仅与时间有关，而且也与人有关”③，例如，针对原告指定不合格的诉讼代理人提出的抗辩。

针对被告的抗辩，原告可以提出答辩④（replicatio），“答辩是反抗辩，就像是对抗辩的抗辩”⑤。当出现这种情况时，需要为被告提供补充辩解的机会，这叫作再抗辩（duplicatio）。原告针对再抗辩的回答叫作再答辩（triplicatio）。⑥ 这种相互间的争辩可以多次提出。

第七节　特殊的诉讼形式：令状

正如我们前面提到的，在罗马法学家看来，令状（interdictum）也包括在“诉讼”的词义之中。所谓令状是指执法官在紧急情况下根据一方当事人的请求而发布的命令，通常表现为禁止对方当事人或者双方当事人实施某一行为或者勒令其实施某一行为。但是，令状不是一种可以普遍适用的诉讼形式，它只适用于符合下列条件的特定案件。

（1）当事人需要获得紧急司法救济的情况，例如，当事人对某物的正当占有受到暴力剥夺，当事人亟待享用有关权利以满足其正常生活或生产的需要，等等。

---

① 盖尤斯 I.4，118。
② ［意］彼德罗·彭梵得：《罗马法教科书》（2017年校订版），216页。
③ 盖尤斯 I.4，124。
④ 徐国栋教授在翻译优士丁尼《法学阶梯》时，将 replicatio 译为“反抗辩”。
⑤ 保罗语，载 D.44，1，22（《民法大全选译/司法管辖权　审判　诉讼》，30页）。
⑥ 参见盖尤斯 I.4，127 和 I.4，128。

(2) 某些据以获得权利保护的事实是显而易见的，或者被执法官推定存在，例如，当事人对某物的占有是在无暴力、无欺瞒、无临时受让情况下实现的，某人已在1年的时间中正当地享用了某项役权，等等。

上述适用条件的存在，使得令状成为一种临时性司法处置，该处置决定的作出无须经过争讼程序（litis contestatio），也就是说，无须通过一般调查程序审查当事人所提出的事实是否属实。如果令状所针对的人遵从了该令状，有关诉讼案件即告完结。如果该人不服有关令状，案件将进入正常的司法审判程序，有关当事人“必须随调查的开始而提起诉讼并提交有关的文件”①，并由审判员对争议作出最终裁决。

令状可以划分为三大类，“或者是禁止性的，或者是返还性的或者是出示性的”②。

禁止性令状（interdictum prohibitoria），可以是简单的，也可以是双重的。前一种只针对被告发布，例如，禁止被告做某事；后一种则针对双方当事人共同发布，例如，禁止双方中任何一方占据某物。在双重令状中，诉讼双方地位平等，“每一方都既是原告也是被告；因而裁判官对双方说同样的话”③。

返还性令状（interdictum restitutoria），往往是针对占有问题发布的，它可以再细分为三种：获得占有令状（interdictum adipiscendae possessionis），“该令状只帮助初次试图获得对物的占有的人”④，比如，获准实行遗产占有的人从他人那里取得对有关财物的占有；维护占有令状（interdictum retinendae possessionis），“当双方当事人中的一方就某物的所属发生争议并且需要调查争议双方哪个应当实行占有和哪个应当提出请求时，通常发布维护占有令状”⑤；恢复占有令状（interdictum recuperandae possessionis），它适用于“某人被以暴力剥夺了占有”的情况。⑥

出示性令状（interdictum exhibitoria），从名义上讲，“是为保卫自由而颁布的，当然是为了避免自由人不被任何人持有”⑦。事实上。一般是为了维护当事人对处于自己权力之下的人所享有的权利。“保卫某人的权利的令状关系到出示子女，同样关系到出示解放自由人。”⑧ 这种令状都是简单的，即只针对一方当事人发布。

令状还可划分为有期限的和无期限的，按照乌尔比安的说法，“有些令状以一年为期，有些令状是永久性的”。

第八节 特殊的诉讼形式：裁判官要式口约

在某些特殊的情况下，当事人可以通过在裁判官面前达成要式口约（stipulatio）的方式来解决争议，在此种要式口约中，一方当事人向另一方当事人保证：一旦发生某一事件，前一方

---

① C. 8，1，4（《民法大全选译/司法管辖权 审判 诉讼》，36页）。

② 盖尤斯 I. 4，142。

③ 盖尤斯 I. 4，160。

④ 盖尤斯 I. 4，144。

⑤ 盖尤斯 I. 4，148。

⑥ 参见盖尤斯 I. 4，154。

⑦ 乌尔比安语，载 D. 43，29，1，1 [《民法大全选译/债 私犯之债（Ⅱ）和犯罪》，徐国栋译，167页，北京，中国政法大学出版社，1998]。

⑧ 保罗语，载 D. 43，1，2，1（同上书，122页）。

将向后一方给付一定数额的钱款作为补偿。这被称为“裁判官要式口约”（stipulatio praetoria），同时也被称为“保证约据”（cautiones）。乌尔比安说：“诉讼”一词也包括裁判官要式口约，“因为这些口约具有诉讼的作用”①。通过裁判官要式口约解决争议可以省略一般诉讼所要求的争讼、调查和裁决等程序。如果一方当事人不履行在裁判官面前达成的要式口约，他将当然地承担违约责任。

裁判官要式口约“是产生于纯粹的裁判官职责的要式口约”②，裁判官可采用一定的强制手段要求当事人缔结此口约，比如，可以威胁说：对于不缔结此要式口约的当事人，将否认其享有为维护自己利益而提起诉讼的权利，或者将允许另一方当事人对其财物实行“授权占有”（missio in possessionem）。

显然，裁判官要式口约特别具有风险防范作用，或者在一定意义上讲，具有诉讼保全的作用。比较古老的和典型的是针对潜在损害（damnum infectum）缔结的要式口约。“如果因为房屋的瑕疵或在房上、在城市或乡村的公共的或私人的土地上施工的瑕疵将引起某种损害，裁判官便将设法使担心遭受损害的人获得要式口约。”③ 如果对方当事人拒绝缔结这样的要式口约，担心受到损害的人可以要求裁判官发布新施工告令（nuntiatio novi operis），或者要求裁判官允许自己占据可能造成损害的土地，而且在时效取得所要求的期限届满后，占有人将取得对被占据土地的所有权。

第九节　特殊的诉讼形式：恢复原状

在某些特定的情况下，有关当事人有权直接从执法官那里获得“恢复原状”（in integrum restitutio）的命令；执法官也可以不经一般诉讼所要求的争讼和调查程序立即作出这样的决定。恢复原状的决定一旦作出，某些现存的事实就被推定为没有发生，因该事实而产生的法律结果或者权利状态也被宣告撤销，当事人将恢复行使原有的诉权（或抗辩权）。因此，“恢复原状是一种类似于撤销之诉的非常手段”④。

请求恢复原状“或者是由于恐惧，或者是由于他人的诡计，或者是由于年龄，或者是由于不在场”⑤，其典型情况有：当在战争中被俘或者失踪的市民返回罗马后，他有权通过恢复原状的制度要求执法官制止他人对其财物的时效取得。当不满 25 周岁的未成年人因缺乏经验而与他人缔结了有损其利益的契约或法律行为时，《普莱多里法》允许执法官通过撤销有关契约或法律行为来恢复原状。因遭受他人胁迫而与之缔结法律行为的人也可以要求执法官宣告恢复原状，以撤销已完成的法律行为。所有恢复原状的措施都是由裁判官来对其原因进行预先审查，为的是检查它们的原因是否与正义相符，也就是说，裁判官所依据的恢复原状的原因是否成立。⑥

---

① 乌尔比安语，载 D. 44，7，37pr.（《民法大全选译/司法管辖权　审判　诉讼》，29 页）。

② 优士丁尼 I. 3，18，2。

③ 盖尤斯语，载 D. 39，2，19，1（《民法大全选译/物与物权》，107 页）。

④ ［意］彼德罗·彭梵得：《罗马法教科书》（2017 年校订版），87 页。

⑤ 乌尔比安语，载 D. 4，1，1（《学说汇纂》，第 4 卷·恢复原状与责任的承担，窦海阳译，［意］艾马努埃莱·拉依尼校，3 页，北京，中国政法大学出版社，2012）。

⑥ 参见 D. 4，1，1（同上书，3 页）。

第十节　特殊的诉讼形式：预备审

按照乌尔比安的解释，"预备审"[①]（praeiudicium）也包括在"诉讼"一词的含义当中。[②]所谓预备审实际上是一种附带诉讼，主要用来审查主诉讼所要求的条件、身份或者情形是否具备（例如，某人是否具备自由人身份，诉讼所涉及的财物数量，等等），但是，它的裁决结果往往是至关重要的，它可以确定某人是否属于权利主体。

优士丁尼《法学阶梯》认为：预备审"是对物的"[③]。这说明该诉讼形式不适用于关于债的纠纷，预备审的目的是解决某人或某物的地位或权属问题。虽然预备审可能以人为对象，但它不是针对特定人而设置的，也就是说，它不是要解决预备审对象与特定人的权利义务关系，而是要解决该对象相对于所有人的地位问题。

在预备审中，"有法律根据的，也许只有据之调查某人是否为［生来］自由人的诉权，其他都是从裁判官本人的管辖权获得其存在的"[④]。

① 在有关的中译文当中，praeiudicium一词有多种译法，笔者曾将其翻译为"初审"或"预备诉讼"；徐国栋教授则将其翻译为"先决诉权"。笔者在有关引文中保留着不同译法。

② 参见D.44，7，37pr.（《民法大全选译/司法管辖权　审判　诉讼》，29页）。

③④ 优士丁尼I.4，6，13。

第二章
诉讼程序及其历史沿革

第一节　法律诉讼：主要特点

各类诉权的行使均需要采取一定的程序。在罗马法的历史发展进程中，民事诉讼程序经历了三个主要的发展时期，即法律诉讼时期、程式诉讼时期和非常审判时期。

法律诉讼（legis actiones）是最古老的诉讼形式，曾在《十二表法》时代广泛存在并且得到该法律以及随后法律的确认，它们之所以被这样称呼也是“由于它们是由法律所创立的（因为当时据以引入许多诉讼形式的裁判官告示还未出现），或者是由于这些诉讼遵循法律的词句并且因而同法律一样被奉为不可改变的”①。

在法律诉讼时期，民事诉讼程序表现出以下主要特点。

第一，特别讲究形式主义。在诉讼过程中必须使用法律所规定的固定套语，“过分地拘泥于细节，因而情况甚至发展到这种地步：哪怕只犯有极其细小的错误，都将败诉”。盖尤斯举例说：如果某人就葡萄树被他人砍伐一事提起诉讼，在诉讼中使用的是“葡萄树”这个名词，他必定因用错了套语而败诉，因为在《十二表法》所规定的“追究偷伐树木行为之诉”（actio arborum furtim caesarum）中，必须使用“树木”一词。② 这种形式主义还表现在返还所有物之诉中必须把标的物或其象征物带上法庭等情形当中。

第二，不大注重对事实和证据的审查。法律诉讼一般区分为两个阶段，法律审（in iure）和裁判审（apud iudicem），前一阶段在执法官面前进行，主要是确定争议的事项和请求的范围；后一阶段在由执法官选定的审判员（iudex privatus）面前进行，主要是对有关争议事项和请求作出裁断。法律诉讼中的这种阶段划分对于事实调查活动没有特别的实质性意义，更像是走程序，审判的结果往往取决于一些偶然的情况，例如赌誓的结果，甚至带有神明裁判的痕迹。

第三，注重强制执行，尤其是对当事人人身的强制执行程序。法律诉讼往往成为将债权人或有关权利人自我维权行为合法化的途径，它倡导对债务人或败诉的当事人采取人身强制措施，例如，用锁链将其拘带回家，将其出卖为奴，等等。在一定程度上它反映出民刑混合的诉讼特征，裁判结果具有强烈的惩罚性。

第二节　法律诉讼：誓金诉讼

誓金法律诉讼（legis actio sacramenti）是最典型的法律诉讼形式，它要求原告和被告分别

---

① 盖尤斯 I. 4，7。

② 参见上书。

就自己诉讼主张的真实性发出赌誓（sacramentum），即庄重地保证（发誓）以给付一定数额的金钱作为其主张被认定为虚假的代价。“人们习惯于用宣誓的神圣性作为解决争议的办法之一。”[①] 显然，誓金法律诉讼把当事人道德上的可信度作为辨别事实真假的基本标准，这同当时的人们对道德约束力的特别依赖有着直接的联系。

誓金法律诉讼可以是对物的，也可以是对人的。在对物的誓金诉讼中，原告和被告来到执法官面前，原告手持一根木棍针对争议标的物郑重地宣称享有所有权。这时候，如果被告不提出相反的主张，该物即被判归原告所有。如果被告也以同样的形式发出同样的宣称，执法官就出面制止原告与被告之间的“象征性搏斗”，说“你们俩都放开物”，并且要求他们相互就一定数额的钱款发出赌誓。

执法官根据自己的印象决定让当事人中的一方暂时占有争议标的物，同时要求该方保证在败诉的情况下将向对方当事人返还该物及其孳息。随后，执法官将指定一名审判员进行审判，并裁决赌誓的输赢。

对人誓金诉讼也遵循类似的程序，所不同的是：原告所主张的是债权，而不是物权。“如果被告人轻率地否认自己的债务，他的赌誓将使他面临危险，如果原告要求的是他不应当得到的东西，他发出的反赌誓同样将使他面临危险。”根据盖尤斯的说法，当事人在诉讼中的赌金将作为对败诉者的罚金“被纳入公共钱库”，而不是由胜诉方获得这笔赌金。[②] 据说，赌金在判决结果出来之前保存在祭司的钱柜中。

赌金的数额依争议标的物的价值多少而不同，如果争议标的物的价值为1 000或1 000以上阿斯（古罗马的货币单位），赌誓的罚金为500阿斯；如果争议标的物的价值为1 000阿斯以下，赌金则是50阿斯。如果争议涉及的是人的自由权，即使该人非常高贵，赌金也是50阿斯，因为《十二表法》“不想加重主张自由权者的负担”[③]。

第三节 法律诉讼：请求审判员或仲裁人之诉

请求审判员或仲裁人的法律诉讼（legis actio per iudicis arbitrive postulationem）是一种适用于难以用“是”或“否”加以判定的、较为复杂的争议的诉讼形式。根据《十二表法》的规定，在以下两种情况下可以提起这种诉讼：第一，当有关的债权产生于誓约（sponsio）或要式口约之时；第二，当共同继承人为请求获得应属于自己的遗产份额而行使遗产分割之诉权（actio familiae erciscundae）之时。

请求审判员或仲裁人之诉在程序上有点像简化了的誓金诉讼，原告和被告共同来到执法官面前，原告先提出自己的债权主张，比如，“我主张：根据要式口约你应给我一万塞斯特兹[④]，我要求你对此作出确认或者否认”。如果被告予以否认，既不进行“象征性搏斗”，也不相互发出赌誓，而是由原告向被告和执法官说：“既然你否认，我要求你裁判官指定一名审判员或者仲裁人。”随后，执法官即根据上述要求为当事人指定一名审判员或仲裁人（arbiter），对有关争议进行审判和裁决。

---

① 盖尤斯语，载D.12，2，1（《民法大全选译/司法管辖权 审判 诉讼》，55页）。

② 参见盖尤斯I.4，13。

③ 盖尤斯I.4，14。

④ 古罗马的一种银币。

后来颁布的《关于请求审判员的李其尼法》（Lex Licinia de iudicis postulatione）将这一法律诉讼形式扩展适用于另外一种情况，即行使共同财产分割之诉权（actio communi dividundo）的情况；而在实践中，该诉讼形式也在地界调整之诉（actio finium regundorum）中被采用。在这两种情况下，双方当事人在向执法官列举诉讼原因之后立即要求指定仲裁人，以便主持分配共同财产或者重划地界。

相对于审判员来说，仲裁人具有更广的裁量权，除了就事实的真实与否作出认定外，他还有责任根据公平原则对物的分配或债务的合理承担作出裁判。

第四节　法律诉讼：请求给付之诉

请求给付的法律诉讼（legis actio per condictionem）起源于公元前 3 世纪颁布的《西利法》（Lex Silia），是一种为追讨债务而提起的诉讼，最初是针对钱款之债设立的，后来被《关于请求给付之诉的坎尔布尼亚法》（Lex Calpurnia de condictione）扩展适用于一切确定物之债[①]，可以说是最典型的和最古老的对人之诉。

请求给付之诉与誓金诉讼在程序上有一个明显的不同点：原告先直接向被告主张债权，宣称被告对原告负有一定数额的债务，并且要求被告承认此债务；这一程序不是在执法官面前进行的。如果被告否认，则原告通知被告在第 30 天时向执法官出庭，接受由执法官指定的审判员。“在古代语言中，condicere 的含义是‘通知’，因此该诉讼（请求给付之诉）被称为 condictio.”[②] 在许多情况下，被告为避免原告发出 condictio，就立即承认有关债务，并自行设法予以清偿。

请求给付之诉相对于誓金诉讼是一个进步，它以裁判者的审判和裁决取代了“赌誓”，从而减少了古老诉讼形式中的宗教色彩。在请求给付之诉中，败诉的一方除了应履行有关的清偿义务外，还可能被判向胜诉方给付一定数额的钱款作为罚金。

第五节　法律诉讼：拘禁之诉

拘禁之诉（legis actio iniectionem）是一种较为古老的、以强制执行为目的的法律诉讼，最初产生于《十二表法》；它的适用前提条件是有关的权利义务关系已得到司法裁决确认。

债权人在获得司法裁决的 30 天后将没有清偿能力的债务人带到（可以采用强制手段）执法官面前，抓住债务人躯体的某一部分说：“由于你被判罚向我支付一万塞斯特兹，而且你没有支付，因此我抓住你以便获得被判罚的一万塞斯特兹。”被判罚的人不得摆脱原告的手，也不得为自己提起法律诉讼，但可以提供担保人（vindex），通过后者为自己应诉进行辩解[③]，因此，该担保人也被称为“推迟应诉保证人”。未提供担保人的债务人将被原告带到私宅，被戴上足枷或手铐，其重量不轻于十五磅，而且假如愿意，还可以加重。[④]

---

① 参见盖尤斯 I.4，19。
② 盖尤斯 I.4，18。
③ 参见盖尤斯 I.4，21。
④ 参见《十二铜表法》，10 页，北京，法律出版社，2000。

如果在经过60天的拘禁后债务仍未得到清偿，债权人有权强制被拘禁人为自己劳动以抵偿债务，也有权将其杀死或者在罗马城邦领域之外出卖。[①] 根据《十二表法》的规定，如果有数个债权人，债务人被杀死后，其肢体将被“砍切成块”，在这些债权人之间进行分配。

随着时间的推移，拘禁之诉越来越注意保障被告的权利，允许他针对原告的请求提出抗辩。公元前200年颁布的《关于拘禁的瓦里法》(Lex Vallia de manus iniectione) 规定：如果债务人有足够的清偿能力，也可以在拘禁之诉中充任自己的推迟应诉保证人。

拘禁之诉后来不仅适用于所谓的“已决案”，还被扩展适用于某些虽未经过司法审判、但不存在争议的债关系，例如，《关于誓约的布布里利法》(Lex Publilia de sponsu)（颁布年代不详）允许担保人在清偿了被担保人的债务后对债务人提起拘禁之诉。公元前200年颁布的《关于遗嘱的富里法》(Lex Furia testamentaria) 规定：如果某人接受了超过1 000阿斯的遗赠，可以就超过该限额的部分对被遗赠人提起拘禁之诉。《马其尔法》(Lex Marcia) 允许对收取高利贷的人通过提起拘禁之诉要求获得返还。[②] 这种被扩展适用的并且为被告保留抗辩权的拘禁之诉被称为“单纯的拘禁之诉”。

第六节 法律诉讼：扣押之诉

扣押之诉 (legis actio per pignoris capionem) 是另一种以强制执行为基本特征的诉讼形式。与拘禁之诉不同的是，扣押之诉不是以债务人的人身为直接对象，而是以债务人的财物为直接对象。

扣押之诉的适用不需要以存在已作出的司法裁决为前提条件，它甚至不要求对方当事人和执法官在场。某些享有特定债权的当事人有权采用此方式自行对不履行清偿义务者的物品实行扣押，但在这样做时必须先庄重地发表一番套语。

扣押之诉“在有些情况下是根据习惯提起的，在有些情况下是根据法律提起的”[③]。盖尤斯在《法学阶梯》中列举了几种根据军事习惯采用扣押之诉的情况，例如，为了获得军饷，军人可以对那些欠他军饷又不给付的人实行质物扣押；对于用来购买马匹或者购买马饲料的钱款，军人也有权对欠款人的财物实行扣押。关于根据法律而采用扣押之诉的情况，盖尤斯也举了一些例子，例如，对于购买牺牲品但不付价金的人，对于不支付租用驮兽的租金的人，在该租金将被作祭祀活动的经费使用的情况下，均可实行物的扣押。罗马公共税收的包税人 (publicani) 也可以依照监察官的决定针对根据某一法律应当纳税的人实行物的扣押。

严格地讲，扣押之诉不是一种真正的诉讼制度，只不过是一种经法律认可的、债权人针对债务人财产所采用的强制性自救手段，因为它完全是在法庭以外进行的，并且可以不经过任何争讼程序；此外，“还因为扣押可以在凶日 (dies nefasti) 进行，而在这种日子是不允许进行法律诉讼的”[④]。

① 即在特韦雷河（又称台伯河）旁出卖，该河曾被认为是罗马城邦的边界。

② 参见盖尤斯I.4，22～24。

③ 盖尤斯I.4，26。

④ 盖尤斯I.4，29。

第七节　程式诉讼：主要特点

程式诉讼（processo per formulas）是从什么时候开始引进的，人们不得而知。由于法律诉讼适用范围狭窄、方式僵硬，随着执法官司法权力的逐渐扩大，程式诉讼肯定在一个相当长的时间内是作为对法律诉讼的补充而与其并存的。根据盖尤斯的说法，《阿布兹法》[①]（Lex Aebutia）正式规定：如果罗马市民约定在发生争议的情况下采用程式诉讼，则对该争议不得适用法律诉讼。随后，两部《尤利法》[②]强制性地规定用程式诉讼取代法律诉讼（某些特殊情况除外）。"从此，'程式诉讼'变为法定诉讼程序，并且取得了那种据以维护市民法诉权的诉讼所具有的法律效力。"[③]

在程式诉讼时期，罗马的民事诉讼程序表现出以下主要特点。

第一，一般诉讼程序实现了正规的阶段划分，使审判活动有明确的和合理的分工。在法律诉讼中已经出现的"法律审"和"裁判审"划分，在程式诉讼中被强制性地确定下来，并且明确各自的任务以及相互间的关系，同时在它们之间正式设立了承上启下的"争讼程序"，使得诉讼的各个阶段对于争议的解决具有特定的法律意义，不再仅仅是走形式；在各个诉讼阶段，当事人都有相应的机会和条件行使各自的诉权和辩护权，他们的诉讼权利也由此而得到多重的保护。

第二，扩大了执法官通过审判造法的权力，为他们的创造力提供了广阔的用武之地。在程式诉讼中，执法官可以通过对"程式"（formula）的创设、调整或灵活运用，赋予当事人以新的诉权，拒绝维护某些已经不合时宜的诉权，或者以较大的自由裁量权处理某些在实践中新出现的问题或关系。这使得执法官的审判活动带有原创性特色，并且使这种活动成为罗马法的重要渊源之一。

第三，司法裁量权的扩大使得"公平"和"诚信"成为越来越具有约束力的标准。人们普遍认为，程式诉讼最初主要是为处理异邦人相互之间或者异邦人与罗马人的争议而启用的，"尤其当涉及异邦人时，当必须适用诚信规则时，以下做法似乎是相当自然的：一旦在裁判官面前确定下来诉讼的理由，人们就应当把它固定在一个计划当中，这个计划通常是书面的，是专供审判员使用的。由此产生出诉讼的核心"[④]。正是程式的灵活性和审判人员的裁量权打破了早期形式主义的禁锢，把对诚信和公平的维护和追求变为民事审判的基本准则。

第四，程式诉讼以"争讼程序"为核心，使得争议的解决具有重新缔结私人契约的特点。当事人通过在执法官面前缔结这种"诉讼契约"来界定争议的事项和范围，确定解决争议的程式并且选择裁判人员。"总而言之，整个这种普通诉讼完全以提起诉讼的当事人的契约意思为根据，并且接受这种意思的指引。"[⑤]

---

① 一般认为该法律颁布于公元前2世纪，有的学者进一步推断颁布于公元前130年左右。

② 即由奥古斯都（屋大维）于公元前17年颁布的《关于私人审判的尤利法》（Lex Iulia iudiciorum privatorum）和《关于公共审判的尤利法》（Lex Iulia iudiciorum publicorum）。

③ ［意］朱塞佩·格罗索：《罗马法史》（2018年校订版），200页。

④ 同上书，199页。

⑤ Giorgio La Pira，ISTITUZIONI DI DIRITTO ROMANO，Editrice Universitaria-Firenze，146页。

第八节　程式诉讼：法律审

程式诉讼也划分为法律审（in iure）和裁判审（apud iudicem）两个主要的诉讼阶段。需要说明的是，所谓"法律审"并不像现代诉讼法理论所说的那样只审查法律问题，而是意味着有关的诉讼行为必须在执法官面前进行。执法官一方面应当审查当事人实施的有关诉讼行为是否合法，另一方面还应当对有关诉讼请求的内容和根据进行评估，以确认或者否认有关的诉权（dare 或者 denegare actionem）。

法律审的引入程序叫作"传唤受审"（in ius vocatio），表现为原告向被告发出口头通知，要求其与自己一起向执法官出庭；这意味着"任何人不应被从自己家中拖出"[①]。后来逐渐出现了一个附加程序，即"出庭保证"（vadimonium），被告根据原告的要求，采用要式口约的形式承诺将在某一确定的日期和时间出席庭审，并且保证在未出庭的情况下将向原告给付罚金；这后一项保证也可以由某一第三人（比如被告的亲属或其他有经济实力的人）作出。有些学者认为，原告在发出传唤的同时还应当向被告发出"起诉要旨"（editio actionis），以此宣告自己所打算采取的诉讼手段；如果原告不向被告作出这样的说明，后者甚至有权拒绝接受关于向执法官出庭的要求。也有的观点认为，上述告知行为是在双方当事人向执法官出庭时由原告履行的。

乌尔比安精辟地指出法律审上述告知程序的意义："每个人都应当宣告他想提起的诉讼请求，因为这看来是极公正的：打算提起诉讼的人宣告诉讼请求，以便让被告知道他是应当退让还是应当坚持争讼；如果被告在了解诉讼请求后认为应当坚持争讼，则使其能够做好辩护准备。"[②] 实际上，被告在了解到原告的诉讼请求后可以作出以下三种选择。

（1）如果承认原告的诉讼请求有理，即在执法官面前实行"当庭供认"（confessio in iure），在此情况下，执法官当庭对原告的诉讼请求予以确认，原告有权立即要求被告履行所负有的义务。"在认过之后，认过者履行义务的期限同已决案中的期限一样。"[③]

（2）被告也可以对原告的诉讼请求保持沉默，既不提出异议，也不承认有理，这种情况被称为"不辩护"（indefensio），执法官可以据此宣告原告的主张已得到证实，并且作出支持原告主张的判决。

（3）对原告的诉讼请求提出反对意见，既可以要求法庭否认原告的诉权，也可以针对原告的诉讼请求提出相反的事实或法律异议，要求执法官允许他提出抗辩。

由此看来，被告在法律审中作出的任何回答或反应均会导致相应的法律后果；被告对自己的虚假陈述也将承担法律责任。

第九节　程式诉讼：争讼程序

法律审随着"争讼程序"（litis contestatio）的完成而结束。所谓"争讼程序"在程式诉讼

---

① 保罗语，载 D. 50，17，103（《民法大全选译/司法管辖权　审判　诉讼》，38 页）。一项君主谕令还规定"在收割和收获时节，不得强迫对手出席审判"，载 D. 2，12，1pr.（同上书，39 页）。

② D. 2，13，1pr.（同上书，39 页）。

③ 乌尔比安语，载 D. 42，2，6，6（《民法大全选译/司法管辖权　审判　诉讼》，62 页）。

中是一个决定性的时刻，它意味着原告和被告就所争议的问题达成协议，即按照一定的程式将争议提交审判并且服从该审判的结论。

在争讼程序开始时，执法官先为当事人指命审判员（datio iudicis）。随后，原告具体地说明审判员需裁决的问题（res iudicanda），也就是说，对有关争议的范围作出明确界定，被告也对此作出确认，从而达成协议。一般来说，审判员不得审查任何未在程式中提交给他的事项或问题。

在达成这样的协议时，不仅执法官在场，当事人还应当邀请见证人出席，就像是缔结一项要式口约一样。该协议一旦采用上述方式达成，就不能再进行修改，因此，“争讼程序具有完全消灭以前曾存在于当事人之间的关系即债的效力，并产生一种新的契约关系，即当事人必须接受审判；因而从那时起，诉权‘当然地’告终，人们再不能提起诉讼”①。盖尤斯在列举债的消灭方式时特别提到了争讼程序，他明确地指出：“实际上主债自那时起解除，被告开始受争讼程序的约束。”②

既然争讼程序标志着新的契约关系的成立，该契约也导致诉讼当事人承担相应的义务，即败诉一方应当自争讼程序开始向胜诉方支付迟延利息。关于这一点，乌尔比安说：“宁可提起争议而不愿返还的人，被视为制造迟延（mora）。”③ 保罗则进一步提出：“在争讼程序开始后，计算利息。”④

随着关于将特定争议提交审判的协议的达成，执法官向选定的审判员发布“授权审判令”（iussum iudicandi），并且为随后的审判发布相应的“程式”。“每一方当事人都试图在程式中塞进有助于使自己的请求有效的句子，但不能随便往程式中塞东西，要求塞进程式中的句子应当得到对方当事人的同意，因为程式是当事人共同意志的体现。”⑤

诉讼的第二阶段（即“裁判审”阶段）随着争讼程序的完成而启动。

第十节　程式诉讼：程式的主要组成部分

程式（formula）是由执法官向审判员发出的、关于当事人的事实状况和权利状况的审查纲要，审判员必须依照此纲要进行审核和裁判，因此，它为审判员确定了必须在个案审判中遵守的执法原则。程式一般以书面形式表述。

程式由四个主要部分组成。我们举一个例子：A 把自己的奴隶 C 卖给了 B，要求 B 向自己支付 C 的价款 10 000 塞斯特兹。执法官为此案的审理将确定以下程式。

（1）请求原因（domostratio），表现为简要地列举争议所涉及的事实。在上述案例中，它的表述是：“被诉的事实是：A 卖给 B 一个奴隶 C。”

（2）原告请求（intentio），表现为简要地列举原告针对被告提出的诉讼主张。在上述案例中，它的表述是：“如果查明奴隶 C 根据市民法归 A 所有”，或者“如果查明 B 应当向 A 给付 10 000 塞斯特兹”。

（3）判决程式（condemnatio）或者叫判罚，表现为授权审判员根据原告提出的事实是否

① ［意］彼德罗·彭梵得：《罗马法教科书》（2017 年校订版），82 页。

② 盖尤斯 I. 3，180。

③ D. 45，1，82，2（《民法大全选译/司法管辖权　审判　诉讼》，53 页）。

④ D. 22，1，35（同上书，53 页）。

⑤ Giorgio La Pira，ISTITUZIONI DI DIRITTO ROMANO，Editrice Universitaria－Firenze，142 页。

真实而决定对被告判罚或者开释。在上述案例中，它的表述是："审判员，判罚 B 向 A 给付 10 000 塞斯特兹。如果事实不成立，则予以开释。"

(4) 分配裁判（adiudicatio），它实际上是适用于物权归属或者共同物分割案件的判决程式，要求审判员在查明一定事实后把某物判给某一诉讼当事人，或者在共同权利人当中分配共同财物。它的表述是："审判员，把应判给 A 的那些东西判给他。"

这四个程式组成部分在各个具体案件中不一定全部使用。原告请求有时候可能单独使用，比如在预备审中，为查清某人是否属于自由人或者嫁资的数额是多少，执法官只需发出关于原告请求的程式。但是，请求原因、判决程式和分配裁判则不可能单独使用，"如果没有原告请求或者判决程式，任何请求原因都将毫无意义；同样，没有请求原因或者原告请求的判决程式以及没有请求原因或者原告请求的分配裁判，均毫无效力"①。

需要注意的是，程式可以是涉及权利问题的，也可以是涉及事实问题的，前者被称为关于权利的程式，例如，"某物根据市民法是某人的"；后者则被称为关于事实的程式，例如，"如果查明某人是在违反裁判官告示的情况下提起诉讼的，仲裁官将对该人判罚 10 000 塞斯特兹。如果该事实不成立，则予以开释"。这种关于事实的程式往往构成所谓的"事实诉讼"（actio in factum），在此种诉讼中，执法官保护的不是法律明确承认的权利，而是事实上存在的公平关系。当然，在有些情况下，裁判官制定的程式既涉及权利又涉及事实。

第十一节　程式诉讼：程式的附加部分

除上述主要部分外，程式还可能由适用于某些特殊案件或者特定情形的以下几个附加部分组成。

(1) 抗辩（exceptio）、答辩（receptio）和再抗辩（duplicatio），这些程式是根据当事人的要求而附加的，主要是为了保障有关的审判活动在当事人诉讼权利平等的条件下开展。抗辩的请求由被告提出，它不仅是对原告提出的案件事实和诉讼请求的简单否认，而且表现为针锋相对地提出相反的事实和请求；它一旦被认定有理，不但能使被告免于判罚，而且能使原告受到判罚。比如，被告认为原告实行了诈欺因而有关的法律行为无效，他可要求执法官在"请求原因"和"原告请求"之后增加这样的"抗辩"程式："查明 A 对 B 是否实施了诈欺"。

"有时候出现这样的情况：抗辩初看起来像是正确的，但它对原告造成不公平的损害。当这种情况发生时，需要有再作补充的机会，以帮助原告；这种补充叫作答辩，因为人们通过它对抗辩加以反驳和消解。"② 因此，原告可以针对被告的抗辩要求执法官再增加"答辩"程式，查明自己反抗辩所依据的事实或权利是否真实有效。根据同样的道理，对于原告的答辩，被告还可以再次要求增加"再抗辩"程式。

(2) 诉求前书（praescriptio），它一般被置于"原告请求"之前，其作用是对有关诉讼请求的范围加以限定，同时为当事人保留就未纳入诉讼请求范围内的事项另行提起诉讼的权利。比如，原告借给被告 100 000 塞斯特兹，并且约定每个月归还 10 000 塞斯特兹，原告因被告前 3 个月没有还钱而对其提起诉讼，他可以要求执法官在诉讼请求前增加"诉求前书"，只针对借款期满的 30 000 塞斯特兹要求判罚，而对于尚未届满借款期的 70 000 塞斯特兹不予审理，

① 盖尤斯 I.4，44。

② 盖尤斯 I.4，126。

其程式是："诉讼所针对的是那些已到期的物"。这样，原告的诉讼请求将更有针对性，更加有理，更容易得到支持，同时也为自己以后针对其他到期债权提出请求保留了诉讼权利。"人们之所以称其为前书，是因为它被书写在程式之前。"①

（3）估定限额（taxatio），它是"判决程式"的附加部分，当诉讼请求的数额不确定时，执法官可以决定增加此程式，根据对诉讼标的物的估价或者被告的给付能力，预先为判罚确定一个最高限额。享有"能力限度照顾"（beneficium competentiae）的人有权要求执法官在判决程式中附加此程式。

第十二节　程式诉讼：裁判审

裁判审（apud iudicem）随着争讼程序的结束而开始。双方当事人按照约定的时间向由执法官指定的审判员（iudex privatus）出庭。双方当事人可以亲自或者通过自己的诉讼代理人就各自的诉讼主张向审判员举证。

审判员的任务是：针对当事人在争讼程序中确定的争议事项和范围，并且根据执法官发布的授权审判令和有关程式的要求开展审判活动，他享有对有关证据材料进行评估并决定是否予以采纳的广泛自由权。如果审判员认为提交他审判的事实难以查清，因而不能够按照有关的程式下判，他可以宣布事实不清（rem sibi non liquere），在此种情况下，可以要求执法官更换审判员。

"审判员应当注意：当所有的判罚数额是确定的时，既不要高于也不要低于所要求的数额判罚，否则他将陷入争讼。同样，如果提出了判罚限度（taxatio），则要注意不要超过此限度判罚，否则同样会陷入争讼。然而允许低于该限度判罚。"② 在返还所有物之诉中，如果审判员根据自己的判断确信原告有理，他可以向被告发出返还令（iussum de restituendo）；在被告拒不执行该命令的情况下，原告有权通过估价宣誓（iusiurandum in litem）对争议标的物的价值作出评估，以便为审判员的判罚数额提供依据。

根据《关于私人审判的尤利法》，审判员应当自争讼程序结束后18个月内作出判决。在依权审判③（iudicia imperio continentia）的情况下，有关判决应当在主持争讼程序的执法官任职期满以前作出。超过上述期限，则必须重新获得"授权审判令"④。

对于由审判员作出的判决，在程式诉讼时期，原则上是不能上诉的。只是到了帝国时代（大约从奥古斯都时代起），才在民事诉讼中正式出现了上诉（appellatio）制度，与此相伴随的是一种新的诉讼程序，即非常审判（cognitio extra ordinem）。

在某些情况下，程式诉讼可能无须启动裁判审，执法官可以采用某些简易方式解决或者处理争议，例如，采用令状、裁判官要式口约、恢复原状和授权占有等方式。这最后一种方式可针对拒不接受传唤者或者在法律审中不辩护者（indefensus）采用，也可用来迫使当事人接受裁判官要式口约。

---

① 盖尤斯 I.4，132。

② 盖尤斯 I.4，52。

③ 即由执法官在其任期内依据被授予的权力主持的审判，此种审判的诉讼当事人既可以均为罗马市民，也可以一方是罗马市民，另一方是异邦人。

④ 根据优士丁尼的一项谕令，一切诉讼"自争讼程序开始后，均不得超过三年的期限"[C.3，1，13pr.（《民法大全选译/司法管辖权　审判　诉讼》，64页）]。

第十三节　程式诉讼：执行程序

程式诉讼实现了审判与执行的分离：对于那些在裁判审中受到判罚的人或者在法律审中认过的人来说，他们应当自觉地执行司法裁决（认过也等同于受到审判①），在规定的期限内向胜诉方或者原告履行给付或返还义务；超过此期限不履行义务，胜诉方有权提起“已决案之诉”（actio iudicati），请求强制执行，这是一种单独的执行之诉。

在已决案之诉中，被告可以对原告的执行请求提出异议，比如，证明有关的判决或者认过是不存在的或者是无效的，在这样的情况下，执法官将按照程式诉讼的程序进行审判，但应当要求被告提供“履行判决义务担保”（satisdatio iudicatum solvi）；被告的异议一旦被判定属于“抵赖”（infitiatio），将对其判处双倍于已决案或认过所定清偿义务的钱款。如果被告在已决案之诉的法律审中承认自己败诉或者在随后的审判中败诉，执法官则批准胜诉者对败诉者实行财产的或者人身的强制执行。

对财产的强制执行措施主要表现为“财产拍卖”（bonorum venditio）程序，它以败诉者的全部财产为对象。

首先，有关的债权人应当向执法官提出请求（postulatio）实行“财产占取”（missio in bona）或者“授权占有”（missio in possessionem），即要求执法官授权自己对逃跑的或者未履行清偿义务的被告的全部或者部分财产实行占有。② 裁判官根据上述请求发布有关的公告（publico annuncio），债权人在随后的30天内对败诉债务人的财产实行占有以作为清偿担保，并且任命一位保佐人（curator bonorum）负责管理被暂时占有的财产，也可以通过该保佐人对单件财物实行“财产零卖”（bonorum distractio），直至清偿了全部债务。

在经过30天后，如果败诉的债务人仍未履行清偿义务，债权人则推举一位财产托管人（magister bonorum），由该人负责编制拍卖计划，清点资不抵债者（破产者）的全部财产、债权和债务状况，列举拍卖的条件，并且具体组织对债务人的全部财产实行一揽子拍卖。在竞价中出价最高者获得被拍卖的财产，该财产买受人（bonorum emptor）继受债务人的地位，对后者的债务承担清偿义务。

财产拍卖的一项法律后果是：使债务人成为“不名誉”的。为了避免这种法律后果，《关于财产转让的尤利法》（Lex Iulia de bonis cedendis）允许债务人向某个债权人自愿转让自己的全部财产（bonorum cessio），在此情况下，受让人将继受转让人的法律地位。“愿意占有抵押物的人好似通过简约就债权达成和解协议；他不能占有一定数额的抵押物，又要求差额部分。”③

对人身的强制执行措施，作为早期诉讼形式的残余，也曾一度保留于程式诉讼当中，它表现为：执法官批准胜诉者将败诉者带回家，强迫败诉者为债权人劳动，以抵偿自己的债务。

第十四节　非常审判：主要特点

所谓“非常审判”（cognitio extra ordinem）是相对于正常的程式诉讼而言的特殊诉讼形

---

① 保罗说：“采用某种方式以自己的判定承认有过的人，被视为已受到审判。”［D. 42，2，1（《民法大全选译/司法管辖权　审判　诉讼》，62页）。］

② “财产占取”与“授权占有”的区别在于：前者针对的是被告的整个财产，后者则可以只针对单项财物。

③ 乌尔比安语，载D. 42，1，15，3（《民法大全选译/司法管辖权　审判　诉讼》，77页）。

式，它产生于罗马共和国末期，最初由执法官在罗马城邦以外实行，随后也在罗马城内实行[①]；先是主要针对刑事和行政案件，后来被广泛适用于民事诉讼，在古典法时期得到充分发展，甚至逐渐取代了程式诉讼。

在非常审判时期，罗马的民事诉讼表现出以下特点。

第一，它取消了法律审和裁判审的诉讼阶段划分，整个诉讼活动统一在执法官的主持下进行，无论是听取当事人的诉讼请求、确定争议的范围、审查案件事实，还是对争议作出裁判。整个司法活动变成了国家行使管理职能，而不再取决于“私人契约”。

第二，审判人员完全由行使公共职权的执法官充任，不再存在由当事人挑选的私人审判员，因而，也没有必要再为私人审判员的审判制定“程式”。当事人的诉讼请求和意思表示完全通过直接向执法官提交的起诉状（libellus conventionis）和答辩状（libellus contradictionis）表达，并且直接由执法官进行审核。

第三，审判不再要求必须有双方当事人出庭，即使一方当事人不在场，执法官同样可以根据有关的证据材料和自己的裁量作出缺席判决，只要对缺席的当事人已履行了庭审通知程序。

第四，允许当事人对执法官作出的判决提出上诉，正式将上诉规定为审判的正常程序之一，并且确定为当事人的正常诉讼权利。

第五，司法裁决不再是对有关诉讼请求的简单肯定或者否定，执法官可以根据公平原则比较具体地确定当事人的法律责任，要求诉讼当事人履行或者禁止其履行某一行为，或者判决当事人以给付一定数额的钱款履行其义务。

第六，对判决的强制执行被委托给专门的机构负责，即执行吏（apparitores），诉讼当事人不再享有采用强制执行手段的权力。

第十五节　非常审判：基本程序

非常审判不是由当事人间的传唤受审（in ius vocatio）启动的，而是由司法机关的传唤行为启动的，这种传唤行为最初表现为三种形式：（1）由帝国官员向被告送达庭审通知（denuntiatio），要求被告在规定的时间出席有关的庭审；（2）由原告负责通过书信（litteris）的方式向被告寄送执法官的传唤通知；（3）由法官[②]直接向被告发布庭审告示（edictis）。在优士丁尼时期，原告先直接向法官呈递起诉状（libellus conventionis），如果法官经审查认为有关的诉讼请求并非没有根据，则宣布受理此诉求，并责成被称为“执达吏”（exsecutor）的官员向被告送达起诉状并通知庭审的时间，而原告无须实施任何传唤行为。

被告可以在庭审之前向法官提交答辩状（libellus contradictionis），并由法官安排向原告送达此文书。如果诉讼当事人不按时向法官出庭，庭审仍将照样进行，法官将进行缺席审判，未出庭的当事人一般会受到对其不利的判决，而且他不能对该判决提出上诉。

---

① 最初，非常审判是由行省总督、行省执政官（proconsules）、大区长官（praefectus praetorio）或者他们委派的官员在罗马以外实行的。奥古斯都时代，可以由执政官或者专门指定的裁判官［例如，监护裁判官（praetor tutelaris）和遗产信托裁判官（praetor fideicommissarius）等］）在罗马城内开展。到了专制君主制时代，皇帝有权直接或者授权其下属官员进行此种审判。

② 在拉丁文中仍使用“iudex”一词，但是，由于非常审判中的审判员是由执法官担任的，iudex一词在这里应当翻译为“法官”。

在诉讼当事人向法官出庭时，如果被告当庭认过，则诉讼终结，否则，开始所谓的“争讼程序”。与程式诉讼不同，非常审判中的争讼程序不表现为一种“私人契约”行为，而表现为当事人在法官面前提出各自的主张、理由和请求，它从原告发表陈述（narratio）开始，随后由被告进行答辩（contradictio）。在这里，争讼程序实际上变成了诉讼活动进入审理阶段的标志。“在争讼程序和提起诉讼之间有很大距离。只有当审判员通过事实陈述开始听审案件时，才视为诉讼进入争讼程序。”①

法官应当依照法律确定的规则判断证据材料的效力，并且将有关的庭审辩论活动记录在案，最后由法官作出判决。这种判决以书面形式制作，当庭向当事人宣读。根据优士丁尼法的规定，判决还应当规定由败诉方向胜诉方补偿诉讼费用。

对于法官的判决，诉讼当事人可以在规定的期限内向一审法官提交上诉状（libellus appellatorius），由该法官向上级司法机关予以转递。上诉一般以对事实认定有误为理由；如果判决明显违反法律，“即便未对它提出上诉，诉讼也可以重新提起”②。根据优士丁尼的一项谕令，不允许“在同一诉讼中就相同问题上诉第三次”③。对于提出上诉的败诉方，上诉审法官可以加重对他的判罚。

判决一旦发生法律效力，如果败诉方拒不执行，原告可以请求法官采取以下措施强制执行：（1）通过执行吏（apparitores）或者执达吏扣押败诉方的财产（pignus in causa iudicati captum）；（2）通过上述官员变卖被扣押的财产，以履行有关的清偿义务，但多余部分应当返还给败诉方；（3）对于资不抵债的败诉方可以实行财产占取（missio in bona），并且通过保佐人实行财产零卖（bonorum distractio）。

第十六节　非常审判：特别程序

在非常审判时期，还同时存在两种特别审判程序，即直接向君主上书（per rescriptum principis）和简易审判（summaria cognitio 或者 summatim cognoscere）。

在前一种特别审判程序中，当事人可以通过乞求（supplicatio）或者书信（epistula）恳求皇帝亲自或者指定专门的官员审理某一争议。皇帝可以直接通过批复（rescriptum）就争议作出裁决，或者就指定的执法官在审理案件时请示的法律问题作出裁断，但前提条件是：原告的陈述属实（si preces veritates nituntur）。对于皇帝作出的裁决，不允许提出上诉，“也不允许重新审查最卓越的大区长官的判决”④。败诉方可据以摆脱皇帝裁决约束力的唯一方法是：证明胜诉方陈述的事实是虚假的。

简易审判程序只适用于特定的或者明显需要加快审理速度的案件，它可以变通非常审判的某些程序规则，压缩诉讼的法定期限，允许法官依据某些显而易见的事实及时地作出裁决。在优士丁尼法中，某些类似于早期申请令状程序的诉讼形式也被视为简易审判。

① C.3，9，1（《民法大全选译/司法管辖权　审判　诉讼》，53页）。

② 莫德斯丁语，载D.49，1，19（同上书，87页）。

③④ C.7，70，1（同上书，89页）。

第三章

若干诉讼规则和制度

第一节　一事不再理

“一事不再理”（ne bis in idem）原则来自拉丁文短语“bis de eadem ne sit action”（对同一案件不得提起两次诉讼）。它在罗马诉讼法中有着最充分的体现。该原则的精神被盖尤斯作出这样的解释：“良好信义不允许同一东西被人要求两次。”[①]

“一事不再理”原则的适用要求具备两项条件：第一，有关的诉讼请求针对的是同一事实；第二，有关的诉讼是在同样的当事人之间进行的。保罗对此总结说，应当考虑“请求的诉因是否相同，人身条件是否相同，如果不是所有这些情况竞合，案件就是不同的”[②]。只要同时具备上述两项条件，即构成“一事”（in idem）。如果在相同的当事人之间可以针对同一事实提出不同种类的诉讼，例如，某人没有按照约定的用途使用出借物，这在罗马法中也将构成“盗窃”，物的出借人可以对他提出“盗窃之诉”或者“出借物之诉”，但只要出借人提起其中一种诉讼，就不能再提起另一种诉讼。[③]

与“一事不再理”原则密切相关的是“已决案”（res iudicata）概念。根据莫德斯丁的解释，“那些以审判员的判决使争议结束的情况叫作已决案，它或者随处罚或者随开释而产生”[④]。乌尔比安说，“已决案被视为真理”[⑤]，是不能被随意推翻的。因此，如果在相同当事人之间发生的同一问题已经获得了司法裁决，对于重新向司法机关提出此问题的人，对方当事人有权提出“已决案抗辩”（exceptio rei iudicatae）。

“一事不再理”原则也同“争讼程序”（litis contestatio）概念相关，尤其在程式诉讼中。争讼程序的完成不仅意味着法律审的结束，还意味着诉讼当事人已就争议的审判问题达成协议，这种协议对于当事人是具有约束力的，因此，当事人不能就已经纳入审判的问题向执法官再次提出诉讼请求，即使审判员对该问题尚未作出判决。如果一方不顾在争讼程序中达成的协议而就同一事再次提起诉讼，对方当事人可以提出“经审判物抗辩”（exceptio rei in iudicium deductae），要求执法官驳回其诉讼请求；在某些情况下（例如，有关诉讼涉及的是市民法明确规定的权利），执法官可以直接依法驳回再次提出的诉讼请求，而无须当事人提出上述抗辩。[⑥]

---

① D.50，17，57（《民法大全选译/司法管辖权　审判　诉讼》，72页）。

② D.44，2，18（同上书，71页）。

③ 但是，乌尔比安认为：“盗窃之诉要求法定惩罚，要求返还之诉（condictio）要求物之本身。这种情形使得盗窃之诉不吸收要求返还之诉，要求返还之诉也不吸收盗窃之诉。”（同上书，72页。）

④ D.42，1，1（同上书，66页）。

⑤ 同上书，66页。

⑥ 参见盖尤斯I.4，106～107。

第二节 举证和证明

在罗马的民事诉讼中实行的是谁主张谁举证的原则。保罗说："举证的责任由提出主张的人承担，而不是由否定该主张的人承担。"① 这意味着，在起诉中，原告承担举证责任；在抗辩中，"提出抗辩的人或坚持认为已清偿了债务的人，应对此举证"②。

关于对证据的审查和判断，大约在古典法时期已形成了一整套规则，各种证据的效力被按照强弱次序加以排列，审判人员在证据采纳方面的自由裁量权受到一定的限制。这些关于证据效力的规则特别适用于非常审判当中。

证明效力最强的证据是由公职人员在履行公务时出具或者制作的文书（acta 或者 documenta），就这类文书所记载或提及的事实而言，该文书具有充分的证明力，审判人员无权自由裁量是否接受此类证据。

证明效力其次的证据是由具有一定社会信誉度的文书记述人（tabellio）根据当事人的要求制作或证明的文书（tabelliones），这种文书类似于现在的经公证人证明的文书，其可信度也比较高。

紧随其后的是当事人的亲笔字据（chirographa），这种私人文书，如果得到 3 名以上的见证人签署，其证明效力与上述公证文书的效力相当。

对于证人证言，罗马法首先注重的是证人的数量，一句法律谚语说："一名证人不足为证（unus testis，nullus testis）。"因此，在罗马的民事诉讼中，只有在 2 名以上的证人提供同样的证明时，此证言才被予以考虑。证人的身份和社会地位也影响其证言的可信性。所谓"上等人"（honestiores），例如元老院议员、骑士及其亲属，他们的证言要比所谓"下等人"（humiliores）（例如被解放的奴隶）的证言更为可信。此外，当事人不能自己为自己作证；父子之间也不宜相互作证。③ 总之，"有时候根据证人的数量，有时候根据身份和权威，有时候则根据可靠的声誉确认被调查事物的可信性"④。执法官可以下令对拒不作证或者有作伪证嫌疑的证人进行拷问。

当事人的当庭供认（confessio in iure），即被告对原告列举事实所作的明示的或者默示的承认，也是一种决定性的证据，因为供认"被视为已受到审判"⑤（confessio pro iudicato habetur），它对执法官具有"已决案"的拘束力。

宣誓，在不同的情况下，也产生一定的证明效力。对此，将随后专门加以介绍。

在罗马的民事诉讼中还存在法律推定制度，即允许法官根据某一已获证明的事实就另一尚未证明的事实推导出结论。这种证明方式分为"法定推定"（praesumptiones iuris et de iure）和"有限的法定推定"（praesumptiones iuris tantum），前者不接受对有关结论的相反证明，而后者可接受对被推定事实的相反证明，也就是说，可以被相反证据推翻。

---

① 保罗语，载 D. 22，3，2（《民法大全选译/司法管辖权　审判　诉讼》，57 页）。

② D. 22，3，25，2（同上书，58 页）。

③ 参见 D. 22，5，9；D. 22，5，10（同上书，59 页）。

④ 卡里斯特拉特语，载 D. 22，5，3，2（同上书，60 页）。

⑤ 保罗语，载 D. 42，1（同上书，62 页）。

第三节 宣 誓

宣誓（iusiurandum）是罗马民事诉讼中的一项重要制度，它试图凭借当事人良心的道德约束力和宗教信仰的神圣性来澄清事实和解决争议。它一方面是早期具有宗教色彩的诉讼形式的残余，另一方面，对于一些难以依靠确凿证据分清是非的案件，它也不失为一种有效的裁断方式。实际上，一方当事人的宣誓和另一方当事人对该宣誓的接受可以构成诉讼中的和解（transactio），“并且具有比已决案更大的权威”①。因此，宣誓程序的完成可以导致司法审判的终结，尤其是在程式诉讼时期。

原告在提起诉讼后，可以当着执法官的面要求被告就争议所涉及的某一问题提供宣誓（iusiurandum deferre），通常是要求被告以宣誓的方式认定原告提出的诉讼请求是否成立；如果被告宣誓说该诉讼请求没有根据，或者如果在被告准备宣誓时原告放弃了宣誓要求（remissio iurisiurandi），执法官将否定（原告的）诉权（denegatio actionis），或者允许被告提出“因宣誓的抗辩”（exceptio iurisiurandi），据以要求审判员在简单地确定被告已履行给付义务或者原告已放弃宣誓要求后作出开释判决。

被要求宣誓的被告也可以向原告提出反宣誓的要求（iusiurandum referre），如果原告作出宣誓，或者如果在原告准备宣誓时被告放弃了反宣誓要求，执法官将允许原告行使一种特殊的诉权——“因宣誓的诉权”（actio ex iureiurando），据以要求审判员在简单地确定原告的宣誓真实或者被告已放弃反宣誓要求后对被告予以判罚。

在一般情况下，诉讼当事人有权决定是否接受关于提供宣誓的要求，但是，在某些涉及消费借贷的诉讼中，按要求提供宣誓成为一种义务，这被称为“必要宣誓”，因为执法官将强迫被告在宣誓与否之间作出抉择。“裁判官这样说：‘我将强迫被要求提供宣誓的人或者清偿或者宣誓。’因而，被告应在两者中择其一：或者给付原告所要求的钱款，或者宣誓自己不负有这样的给付义务。如果他不宣誓，裁判官将迫使他清偿。”② 在被告拒不宣誓的情况下，“这就类似于那些既不答辩又不出庭的缺席者一样”③，执法官将认定被告为“不辩护者”（indefensus），并且可以允许对该被告的财产实行授权占有和财产拍卖。

在难以采用其他方式确定诉讼标的物的价值时，审判员可以要求原告对上述物品进行估价并对其准确性作出宣誓，这被称为估价宣誓（iusiurandum in litem）。

第四节 对过分诉讼请求的限制

在罗马的民事诉讼中，尤其是在程式诉讼时期，当事人提出的任何诉讼请求应当是适度的，这意味着，当事人的请求应当与其享有的诉权相对应，不得超越其权利实质性内涵和外延。“如果某人在原告请求中提出过分的要求，他将输掉诉讼，也就是说将败诉，裁判官也不

---

① 保罗语，载D.12，2，2（《民法大全选译/司法管辖权　审判　诉讼》，55页）。

② 乌尔比安语，载D.12，2，34，6（同上书，55页）。

③ D.9，4，21，4（同上书，56页）。

能使他恢复原状。”[①]

过分的诉讼请求可能通过以下四种方式表现出来。

（1）物品过分。当事人不能超越争议标的物的范围提出请求，例如，在被告欠原告10 000塞斯特兹的情况下，原告不能要求被告实行11 000塞斯特兹的清偿。当然，这不意味着，不能要求法庭判处被告支付罚金，但这种罚金的数额和标准是由法律确定的或者由执法官掌握的，不属于争议标的物的范围。

（2）时间过分。当事人不能在为有关权利生效规定的期限届满之前提出诉讼请求，例如，有关消费借贷契约规定的偿还时间是12月30日，债权人就不能在该日期之前提出清偿请求。如果有关的借贷契约约定以分期还款方式履行清偿义务，债权人可以采用“诉求前书”的形式要求债务人清偿到期债务，并保留对尚未到期债务的请求权。如果当事人未就有关债权确定任何期限，债权人可以随时要求清偿，但必须先向债务人正式提出清偿要求，即所谓“催告”（interpellatio）。

罗马法在相当长的时期内没有关于诉讼时效的规定，诉权“在古典法时期是永远存在的”[②]。只是到了公元424年，狄奥多西皇帝才规定了一般的诉讼时效，即30年时效，“因此，自有权合法起诉之日起连续30年保持沉默而未提起的诉讼，无权再继续生存”[③]。优士丁尼法继续保留这一时效制度，并且增加了一项关于40年时效的规定。[④]

（3）地点过分。当事人不能要求在约定的地点以外履行给付义务，因为这种在约定的地点以外的给付可能会加重对方当事人的负担。“要考虑债务人在规定的地点偿付将享有的便利。人们发现，在商品是诸如酒、油或谷物，它们随地区的不同具有不同的价格的情况下，上述便利通常很大。”[⑤]

（4）诉因过分。当事人的诉讼请求在性质上不能超越其相应的权利，比如，如果有关争议涉及的是选择之债，当事人在提出诉讼请求时不能排斥对方当事人根据债法所享有的选择权。盖尤斯举例说：如果某人“在要式口约中曾经这样说过：‘你答应给付一万塞斯特兹或者奴隶斯蒂科？’而后又要求获得这两个物中的一个；虽然他要求的是价值较低的那个物，但实际上他的要求看起来是过分的，因为有时候对方可以比较容易地给付他并未要求的那个物”[⑥]。

可以看出，以上对过分诉讼请求的限制在一定意义上反映出罗马法中“债务人优先”（favor debitoris）原则，体现出罗马诉讼法对被告权益的特别保护；作为弱者，“被告比原告更该受到照顾”[⑦]。

第五节 诉讼代理

当原告或者被告不愿意或者不可能亲自出席审判时，罗马法允许他们为自己指定代理人（procurator或者cognitor）进行诉讼。“事实上，疾病、年龄、必要的居住国外以及其他许多原

① 盖尤斯 I.4，53。
② A. Burdese，MANUALE DI DIRITTO PRIVATO ROMANO，129页。
③ C.7，39，3，1（《民法大全选译/司法管辖权　审判　诉讼》，33页）。
④ 参见C.7，39，8，4（同上书，33页）。
⑤ 优士丁尼 I.4，6，33c。
⑥ 盖尤斯 I.4，53d。
⑦ 盖尤斯语，载D.50，17，125（同上书，32页）。

因经常妨碍人们可执行自己的事务”，实行诉讼代理能够为当事人解决“不小的麻烦”①。

与罗马法中的委托（mandatum）制度不同，诉讼代理不是一种合意契约，而是一种单方面的指派行为，“诉讼代表在被指定时是否在场，这无关紧要”②。有时候，它还可以是一种类似于无因管理的单方面援助行为，“即使某人没有得到委托，如果他善意地参与了事务并且保证将获得事主的有关批准，也可以被视为代理人”③。精神病人、浪费人、妇女或未成年人的监护人或保佐人当然地有权作为代理人以被监护人或者被保佐人的名义起诉或者应诉。

诉讼代理人以被代理人的名义参加诉讼，被代理人应承担因该人的诉讼活动而产生的后果。在程式诉讼时期，代理人以被代理人的名义提出原告请求（intentio），但以自己的名义提出判罚程式（condemnatio），也就是说，要求被告向代理人履行被判罚的义务，因为有时候原告不能亲自接受被告的义务履行。

保罗认为：在一般的诉讼委托中“不包括有关达成和解的委托，因此，如果事后委托人未批准和解，不得拒绝他提起诉讼”④。

被告的诉讼代理人，无论在刑事诉讼还是民事诉讼中，都被称为“辩护人”（defensor）。在罗马法发展成熟时期，出现了凭借自己的法律专业知识和经验为当事人提供咨询、辩护或者诉讼代理的专门职业人员，他们被称为“律师”（advocatus）。公元5世纪的两位罗马执政皇帝曾经这样赞扬律师：

> 那些消解诉讼中产生的疑问并以其常在公共和私人事务中进行的辩护帮助他人避免错误、帮助疲惫者恢复精力的律师，为人类提供的帮助不亚于那些以战斗和负伤拯救祖国和父母的人。因此，对于我们的帝国来说，我们不仅把身披盔甲、手持剑盾奋战的人视为战士，同样认为律师也是战士。因为那些受托捍卫荣誉，保卫忧患者的希望、生活和后代的诉讼辩护人是在战斗。⑤

第六节　诉讼担保

为了确保当事人接受审判并且履行判决所确定的义务，罗马民事诉讼通常要求提供相应的诉讼担保，这种担保既可以是人的担保，即由自己或者第三人以要式口约的形式作出，也可以是物的担保，即向法庭质押一定数额的钱款。诉讼担保可归纳为以下几种。

（1）出庭保证（vadimonium）。这是一种古老的诉讼担保形式，由被告在接到原告的出庭受审传唤之后以要式口约的形式作出保证：将在某一确定的日期和时间出席庭审，如果未履行上述出庭承诺，将向原告给付罚金。提供这种保证的人被称为应诉保证人（vades）。盖尤斯说：出庭保证“在有些情况下需要提供保证金”⑥。

（2）推迟应诉保证。它主要出现在法律诉讼当中，为推迟传唤受审或者实行拘禁的时间，由第三人保证：被告将按照重新确定的时间出席庭审或者履行有关的义务。提供该保证的人被

---

① 优士丁尼 I.4，10pr.。
② 盖尤斯 I.4，83。
③ 盖尤斯 I.4，84。
④ D.3，3，60（《民法大全选译/司法管辖权　审判　诉讼》，41页）。
⑤ 参见 C.2，7，14（同上书，42页）。
⑥ 盖尤斯 I.4，185。

称为“推迟应诉保证人”（vindex）。

（3）返还标的物保证。它也主要存在于法律诉讼时期，当执法官责成争议双方当事人中的一方先暂时占有和保管标的物时，要求该方保证：在败诉的情况下将退还该物以及在其占有期间产生的孳息。这种保证最初由某一第三人作出，该人被称为“诉讼保证人”（praedes litis et vindiciarum）；后来也可由被告本人以要式口约或者保证金的形式提供，并被称为“被告诉讼担保”（cautio pro praede litis et vindiciarum）。

（4）诉讼代理担保。这种担保分为原告代理人担保和被告代理人担保。前一种担保被称为“已获授权担保”（satisdatio ratam rem dominum habiturum），原告的代理人应当以此保证：他完全代表被代理人行事，后者将承认司法审判的结果，“对于通过诉讼代表提起诉讼的事情，当事人就像亲自起诉一样，不再拥有更多的诉权”[①]；这种保证也可以由原告在诉讼文书中作出。后一种担保被称为“履行判决义务担保”（satisdatio iudicatum solvi），由被告以要式口约的形式作出，“根据这一担保，他自己就偿付判决额之担保的全部条款成为其代理人的保证人”[②]。这种担保也可由被告的辩护人提供。

诉讼代理担保既可以表现为人的担保，也可以表现为物的担保，即由担保人“就其财产作出抵押”，“而且其继承人都受债之约束”[③]。

（5）裁判官法担保（satisdatio praetoria）。特别适用于程式诉讼当中，表现为裁判官要求一方当事人向另一方当事人以要式口约的形式作出承诺：不发生另一方当事人担心发生的事件或者保证将执行有关的司法裁决；它也可以表现为提供一笔保证金。这种担保也被称为“保证约据”（cautiones）或者“裁判官要式口约”（stipulatio praetoria）。与其他诉讼担保形式不同的是，这种担保的提供可能导致诉讼的终结，只要未出现违反有关承诺的情况。

（6）提存（depositum in sequestrem）。佛罗伦丁说：“提存是当就一件物品的归属发生争议时的寄托”[④]，它往往表现为诉讼当事人将争议标的物交给某一中立的第三人暂时保存，以等待对争议作出司法裁决，因而可以理解为一种特殊的诉讼担保。与其他诉讼担保形式不同的是，这种物的担保不表现为向执法官或者一方当事人交付物品，而表现为向有关当事人共同选择的第三人交付物品。在提存期间，被提存物处于裁判官指定的第三方或者神庙的管控之下，任何一方当事人均无权占有寄托物。[⑤]

本编思考题

1. 在罗马法中，诉讼与权利的关系是什么？
2. 什么是对物之诉？什么是对人之诉？它们之间有哪些区别？
3. 罗马法如何通过扩用诉讼保护新出现的民事关系？
4. 抗辩是由哪些诉讼当事人行使的权利？
5. 令状划分为哪些主要类型？分别具有怎样的功能？

---

① 盖尤斯 I.4，98。

②③ 优士丁尼 I.4，11，4。

④ D.16，3，17pr.（《民法大全选译/债 契约之债》，丁玫译，55页，北京，中国政法大学出版社，1992）。这里的“提存”后来被改译为“托管”。但笔者还是倾向于使用“提存”。参见《民法大全选译/契约之债与准契约之债》，101页。

⑤ 参见 D.16，3，6［《学说汇纂》，第16卷·抵销与寄托，李超译，［意］腊兰校，103页，北京，中国政法大学出版社，2016］。

6. 罗马民事诉讼程序经历了哪三个发展时期？它们各自的特点是什么？
7. “一事不再理”原则的适用要求具备怎样的条件？
8. 过分的诉讼请求表现为哪四种形式？
9. 罗马法中的诉讼代理与委托契约有何区别？
10. 什么是提存？它与诉讼担保有何区别？

第二编

人法

第四章 人的身份

第一节 人与人格

在罗马法中，拉丁文“persona”这个单词经历了一个词义变迁过程。该词最初是指演戏时使用的面具，并引申出“角色”的含义；当它被用来指人时，在相当长的时间中是不区分人的类别的，直到古典法时期，盖尤斯还在说：“毫无疑问，‘人’这个词涵盖女人和男人。”①这表明，当时人们主要是从自然的含义上理解“人”（persona）这个词，奴隶也可以包括在该词的外延范围内。

在罗马法中还使用另外一个词用来指人，即拉丁文“caput”，该词的本义是“头”“个体”，它比较侧重相对于某一群体指某一个人，也就是说，暗含着个人与群体（如家庭、社会等）的归属关系，因此，该词的使用与人的地位和身份发生了关系。为了体现“persona”和“caput”两词之间的词义差别，在中文里，一般用“人格”一词表述拉丁文caput，例如，“capitis deminutio”被译为没“人格减等”，而实际上，人格减等确实意味着个人与某一群体或者社会关系的脱离。

在后来的发展中，拉丁文persona和caput在使用上逐渐趋同，均被用来指拥有某种身份或社会地位的人，它们与拉丁文另一个单词“status”（身份、地位）产生了密切的联系，都具有或派生出“人格”的含义。因此，从法律术语的角度讲，“人”是一定的权利与义务关系的主体，并不是所有的人都是“人”，或者说都具有“人格”，如奴隶就不是权利主体意义上的“人”或者不具有人格②，而仅仅是法律关系的客体，是一种“财物”。

就奴隶的地位而言，在罗马法中存在重大的矛盾，“根据市民法的规则，奴隶什么也不是。但是，根据自然法，情况并非如此。因为根据属于自然法的规则，一切人都是平等的”。请注意，在乌尔比安的这段话中，奴隶与其他主体均被称为“人”。不过，在这里使用的是拉丁文另外一个单词“homo”，从这个术语的意义上理解，奴隶与拥有市民法“人格”的自由人是相同的。

实际上，在当时的社会生活中，奴隶虽然不是权利主体，但却可以是大量法律行为的主体，具有一定的行为能力。从这样的意义上讲，罗马法的人法也应当包含关于奴隶及其行为的调整规范。甚至可以说，奴隶同样是“人”（或者说是法律行为的主体），只不过是具有不同身

---

① D.50，16，152（《民法大全选译/人法》，黄风译，1页，北京，中国政法大学出版社，1995）。

② 在后古典法时期的文献中，奴隶既不是persona，也不是caput。比如，狄奥多西二世说：“…servos…quasi nec personas habents…”（A. Burdese，MANUALE DI DIRITTO PRIVATO ROMANO，136页）。优士丁尼《法学阶梯》说：奴隶“不具有人格”（nullum caput habet）（参见I.1，16，4）。

份和社会地位的人或者主体，是不具有市民法“人格”的人。

在罗马法中，“人格”涉及三种身份：自由人身份、市民身份和家庭身份（地位）。这三种身份的有无和高低影响到人格的充实程度。实际上，具有自由人和市民身份的“家长”在罗马法中具有最充足的人格。

第二节　自由人身份

“人法中最重要的划分是：所有的人或者是自由人或者是奴隶。”① 可以说，判断一个人是否具有人格，具有决定性意义的标准就是看他是否属于自由人。

自由人，作为一种身份，是相对于奴隶身份而言的，也就是说，自由人不遭受奴隶所受到的那种奴役，在社会中享有自由权，“可以做自己想做的事情，除非受到法律或其他强力的禁止”②。

自由人的身份可以通过两种方式取得：一种是因出生而取得，一种是因获得解放而取得。通过前一种方式取得自由人身份的人叫作生来自由人（ingenuus），通过后一种方式取得自由人身份的人叫作解放自由人（libertinus）。

由作为自由人的母亲生下的子女是生来自由人，无论该母亲是生来自由人还是解放自由人。在古典法时期，在合法婚姻中受孕的胎儿出生后是生来自由人，即使其母亲在分娩时变成了奴隶。后来，根据自由权优先（favor libertatis）的原则，无论是否存在合法婚姻，只要母亲在自怀孕到分娩的过程中有过自由人身份，由该母亲生下的子女均属于生来自由人。解放自由人，在被皇帝授予“佩戴金戒指权”（ius aureorum anulorum）后，即转变为生来自由人。生来自由人如果在变成奴隶后又被解放，仍将恢复生来自由人的身份。到了优士丁尼时代，优帝通过新律允许所有的解放自由人转变为生来自由人。

相对于生来自由人，解放自由人的地位比较低，他们的自由权受到一定的限制，比如，他们不能担任某些公职，不能与具有元老院议员身份的人结婚，对于自己的解放者或者原来的主人仍负有一定的义务。

自由人身份因以下原因而丧失。

（1）因严重犯罪行为而被判处极刑。比如，被判处死刑、但并不立即执行的人，他们作为奴隶参加劳动或者去斗兽、击剑。

（2）在战争中被俘。但是，如果在被俘期间死亡，俘虏将被推定为在死亡时是自由人，以便能够承认他在被俘前所立的遗嘱具有效力。③ 被俘者在返回祖国之后可以因行使“复境权”④（ius postliminii）而恢复自由人身份。

（3）债务人因丧失清偿能力而被出卖为奴。这种出卖一般在环绕罗马城的特韦雷河边进行。在早期，除债务人外，被抓获的窃贼、犯有过错的家子、逃兵和逃避人口登记的人也曾一度可能成为这种出卖的对象，并因此而丧失自由人身份。但在后来的法制中，此种处于“受役

---

① 盖尤斯 I. 4，9。

② 佛罗伦丁语，载 D. 1，5，4pr.（《民法大全选译/人法》，35 页）。

③ 这被称为“科尔内利法拟制”（fictio legis Corneliae）。

④ 关于复境权，彭波尼解释说：“如果该人在战争中返回，他则享有复境权，也就是说，他恢复一切权利，就像未曾被敌人抓获一样。”“如果他抵达我们的朋友那里或者进入我们的阵地，即被视为返回。”［D. 49，15，5，1（《民法大全选译/人法》，49 页）。］

状态”的人只具有“准奴隶”的地位。

此外，根据某些法律规定，女自由人不顾奴隶主人的反对坚持与男奴发生性关系也将丧失自由人身份；贫穷的父亲可以出卖自己的子女为奴，并且有权随后将其赎回；“根据市民法，年满20周岁的人可以为分享价金而让人出卖自己”[①]。

第三节 自由人身份：解放奴隶

奴隶（servus）是丧失自由人身份的人。从词源学的角度讲，servus一词来源于servare（保存），据说，战胜者为了利用被抓获的俘虏为自己劳动，就使其继续存活，不加以杀害，因而将他们称为servus。[②] 在罗马法中，奴隶被视为“物”（res），是权利的客体，而不是权利主体，可以成为所有权、用益权、质押权的标的，可以被出租、赠与和占有。奴隶在法律上没有任何人格（servile caput nullum ius habet）。奴隶的主人（dominus）对奴隶就像对自己的所有财物一样，可以任意处置，甚至可以将其杀死。[③]

奴隶可以因解放而获得自由人身份。解放奴隶（manumissio）意味着解除主人对奴隶的支配权（manus）。这种解放是不可撤销的，但可以附加条件。解放奴隶可以采用市民法的方式或者裁判官法的方式进行。

解放奴隶的市民法方式比较古老，通常要求采用比较严格的形式或手续，属于“要式”解放，主要表现如下。

（1）登记解放（manumissio censu），即在进行人口登记时，经主人同意，将奴隶登记为自由人。这种方式在共和国末期消失。

（2）诉请解放（manumissio vindicta），即由释奴人（adsertor libertatis）在执法官面前为某个奴隶声请自由（adsertio in libertatem），也就是庄重地宣布该奴隶是自由的，而奴隶的主人对此不提出任何异议，然后由执法官认可自由（addictio libertatis）。

（3）遗嘱解放（manumissio testamento），即主人在遗嘱中宣布解放自己的奴隶并将其设立为继承人。遗嘱解放可以采取两种不同的方式：一种是直接在遗嘱中宣布解放，使奴隶在主人死亡时或者在继承人接受继承时取得自由；另一种方式是主人通过遗产信托责成继承人、受遗赠人或遗产信托受益人在某一时间履行解放奴隶的义务。

遗嘱解放经常是附条件的或者附期限的，在有关条件成就或者有关期限届满之前，奴隶处于“待自由人”（statuliber）地位，他属于主人的继承人或受遗赠人的财产，但不能受到损害，也不能被加以转让。

解放奴隶的裁判官法方式属于“非要式”解放，是由执法官在司法实践中认可的，主要表现如下。

（1）当着朋友面解放（manumissio inter amicos），即主人当着自己所信任的见证人的面明确表示对某一奴隶实行解放。

（2）通过书信解放（manumissio per epistulam），即主人在写给他人的书信中明确表达解

---

① 马尔西安语，载D.1，5，5，1（《民法大全选译/人法》，38页）。

② 参见D.1，5，4，2（同上书，38页）。

③ 主人的这一权力后来受到限制，根据安东尼皇帝（公元138年—公元161年）的一项谕令，无故杀死自己奴隶的人所承担的责任不亚于杀死他人奴隶的人所承担的责任。参见盖尤斯I.1，53。

放某一奴隶的意愿。

（3）在宴席上解放（manumissio per mensam），即主人在举行宴席时当着客人的面明确宣布某一奴隶为自由人。

在后古典法和优士丁尼法时期，非要式解放的方式有所增加，例如，可以在神圣教堂中解放（manumissio in sacrosantis ecclesiis），可以通过在公文书中称某一奴隶为“子”（filius）加以解放，可以通过娶女奴为妻并使其获得嫁资的方式解放，等等。

被解放的奴隶叫作解放自由人，其原来的主人被称为“庇主”（patronus），后者对前者仍享有一定的权力，即所谓庇主权（iura patronatus），可由庇主的子女继承，但对于被解放者的子女不发生效力。这意味着，解放自由人对庇主负有一定的服从（obsequium）义务，不得随便对庇主提起诉讼；对庇主负有一定的劳作（operae）义务和财产方面的（bona）义务，庇主对解放自由人的遗产享有某种法定继承权。同时，庇主也应当保护由他解放的人，并且在诉讼中为其提供帮助；不履行此义务的庇主将丧失庇主权。庇主和解放自由人相互负有赡养义务。

在奴隶与主人关系问题上，罗马法特别注重“自由权优先”（favor libertatis）原则，在特定情况下，奴隶可以针对其主人提起诉讼，比如，奴隶可以诉称主人曾经在遗嘱中给予其自由，而该遗嘱被隐瞒了；可以采用诉讼方式请求获得存在于遗嘱信托中的自由权；已经为自己赎身的奴隶，如果之后并未获得解放，也可以要求获得自由。此外，奴隶还可以揭发其主人是违反了罗马粮食配给制度的投机罪犯，或者揭发其主人在财产调查中有欺诈行为或者有伪造货币的行为。[①]

第四节　市民身份

对于人格具有重大影响的第二个因素是市民（civis）身份的有无。根据罗马市民法，享有权利能力往往以具有罗马市民籍（civitas）为前提条件。在公法领域，只有罗马市民才享有在民众会议上的“表决权”（ius suffragii）以及当选为罗马执法官的“任职权”（ius honorum）。在私法领域，所有罗马市民均享有相互缔结合法婚姻的“通婚权”（ius connubii），并且享有根据市民法有效实施法律行为的“通商权”（ius commercii）。

与罗马市民身份直接相对的是“异邦人”（peregrini）身份，这种人可能是来自其他国家的外国人（hoste）或者是其他行省的属民（peregrini alicuius civitatis）。从一定意义上讲，居住在罗马城内的归降人也可以被称为异邦人。他们虽然是自由的，但却不享有罗马市民所特有的权利，一般不享有或者只是部分地享有“通婚权”和“通商权”；因此，在相当大的程度上不受市民法保护。在历史上，异邦人曾经不享有诉权，执法官只受理发生在罗马市民之间的争议；只是随着外事裁判官的出现和裁判官法的发展，异邦人才根据万民法受到保护，或者有可能通过拟制诉讼被虚拟为罗马市民行使诉权。异邦人遵守自己共同体的法律并且可以在其内部适用该法律。

罗马市民身份可以基于以下原因而取得：（1）出生于两名罗马市民之间的合法婚姻；（2）出生于一名男罗马市民与一名享有通婚权的女异邦人之间合法婚姻；（3）虽然出生于非合法婚

① 参见D.5，1，53（《学说汇纂》，第5卷·遗产及其对物之诉保护，吴鹏译，［意］腊兰校，49页，北京，中国政法大学出版社，2018）。

姻，但母亲在分娩时是罗马市民；(4) 由罗马共同体的公共行政机构向异邦人授予市民籍（civitas donatio）。

被解放的奴隶，“凡同时具备以下三项条件者，将变为罗马市民：超过30周岁；他的主人根据罗马法而对他拥有权力；他被以正当的和合法的方式解放，比如采用诉请解放、登记解放或遗嘱解放的方式”①。

公元212年，安东尼·卡拉卡拉皇帝颁布了一项谕令（即著名的《卡拉卡拉告示》），授予所有罗马帝国领域内并且参加市民共同体的自由人（包括异邦人）以罗马市民籍。从此，罗马市民与异邦人之间的区别失去了原有的重要性。

罗马市民身份因自由权的丧失而自然丧失，当然，也因“复境权”的效力而获得恢复。罗马市民籍因被宣布流放（aqua et igni interdictio）或者被判处流放孤岛刑②（deportatio in insulam）而丧失。

第五节 市民身份：拉丁人和归降人

介于市民与异邦人之间还存在其他一些身份，主要的是拉丁人（latini）和归降人（dediticii）。

拉丁人本身分为三种类别，各自有着不同的法律地位。

(1) 早期拉丁人（latini veteres 或 prisci）。他们是早期拉齐奥（Lazio）地区的居民和与罗马城邦结盟的其他拉丁城邦的居民，其地位几乎与罗马市民相同，享有“通婚权”、“通商权”、“表决权”、“任职权”和“迁居权”；但是，他们不享有“遗嘱能力”（testamenti factio attiva）。在共和国时期，所有早期拉丁人均获得了罗马市民籍，这一类别拉丁人由此而消失。

(2) 殖民区拉丁人（latini coloniarii）。由于拉丁人数量的不断增加，从公元前268年起，罗马人在其征服地建立大量的殖民区（colonia），居住在该殖民区的拉丁人享有“表决权”和“通商权”，但一般不享有“通婚权”。

(3) 尤尼亚拉丁人（latini Iuniani）。这是因《尤尼亚法》（Lex Iunia Norbana）的颁布而产生的一种拉丁人类别，这种身份主要被授予那些不符合取得罗马市民籍条件的解放自由人。尤尼亚拉丁人“被等同于殖民区拉丁人”，一般仅享有“通商权”，但“《尤尼亚法》不允许他们自己立遗嘱，不允许他们根据他人的遗嘱取得财产，也不允许他们通过遗嘱被指定为监护人”③。

归降人，根据盖尤斯的说法，是指“那些曾经手拿武器参加反对罗马共同体的战争，后来因被战胜而投降的人”④。这种人的法律地位非常糟糕，甚至比一般异邦人的地位还低，因为他们在政治上不具有任何自主权，不能拥有自己的法，也不能在其内部适用该法。“没有任何法律、元老院决议或者君主谕令允许他们获得罗马市民籍。”⑤

根据《艾里亚和森迪亚法》（Lex Aelia Sentia）的规定，那些因受惩罚而被主人套上枷锁

---

① 盖尤斯 I.4，17。

② 这是两种出现于不同时期的刑罚，前一种流放比较古老，由《十二表法》规定；后一种流放则作为一种刑罚出现在非常审判时期，与之相类似的刑罚是遣送孤岛（relegatio in insulam），后者可以不与没收财产刑（publicatio bonorum）并处。

③ 盖尤斯 I.1，22～24。

④ 盖尤斯 I.1，14。

⑤ 盖尤斯 I.1，26。

的奴隶，那些被刺了字的奴隶，那些因被指控犯罪而受到拷问并且被定罪的奴隶，那些被送去击剑或者斗兽并且被关进击剑学校或被监禁的奴隶，总之，所有“做过坏事的奴隶”，如果被主人或者其他人解放，将取得与归降人相同的地位。[①] 在有些罗马法著作中，此种解放自由人被称为“艾里亚拉丁人”（latini Aeliani）。

第六节　家庭身份（地位）：自权人

一个人拥有自由权和罗马市民籍仍不足以意味着享有充分的人格，为了在私法领域取得完全的权利能力，他还应当具备另一项身份，即在自己的家庭中是“自权人”（sui iuris），也就是说，不从属于任何人的家庭权力。这种自主的家庭身份或地位，一般来说，只有一种人才可能真正享有，这就是“家父”（paterfamilias）。

所谓“家父”是指具有自由人身份和罗马市民身份，没有任何在世的男性直系尊亲属的人。只要具备上述条件，无论某人年龄大小，即使刚刚出生或者尚未满适婚年龄，均可以被称为“家父”，均属于自权人。乌尔比安说：“被称为‘家父’者在家中有着最高的地位，即使他没有儿子，依然宜用这一称谓。因此，我们理解为：家父不仅仅是指他这个人，也是指一种支配权。”[②] 显然，“家父”不仅在社会上是自由的，是市民法的权利主体，而且不受任何来自家庭的权力的支配，充分享受与家庭有关的各项财产权利和人身权利。

根据乌尔比安的说法，奴隶在被依法解放之后同样可以变成“家父”，但是，奴隶在自己的群体生活中不能取得“家父”的身份，因为他们的共同生活“不构成家庭”[③]。

与“家父”概念相对应的是作为他权人的“家子”（filiifamilias）和“家外人”（extraneus），后者虽然可能具有自由人身份和市民身份，却因不具有家庭身份而不能成为某些家庭权利的主体。

除了“家父”以外，就家庭身份而言，还有两种人可以从某种意义上被称为“自权人”：一种是脱离了父权的人，一种是所谓的“家母”。

前者通过“脱离父权”（emancipatio）制度摆脱了父权的管制，从一定意义上讲，成为一个新家庭的“家父”。但是，他在脱离父权的同时也丧失了在原来家庭中的身份以及相关的权利。从这个意义上讲，他遭受了一种“人格减等”。

所谓“家母”（mater familias）一般是指“家父”的妻子或者独立于父权的女子，此种妇女也可以被称为自权人。[④] 但是，“家父”的妻子在家庭中仍然处于夫权（manus maritalis）之下，“家母”只是作为一种荣誉称号。而脱离了父权的妇女，仅仅构成“自己的家庭中单一的人格”[⑤]（caput et finis familiae suae），法律不承认此种妇女对自由人享有任何权力，例如，“她无权自负其责地在诉讼中担任原告的角色，因为她无权以儿子的名义进行诉讼，不能出卖儿子财产中的物品，而且不能从儿子的债务人那里接受钱款以使其摆脱债务”[⑥]；并且作为自权人

---

① 参见盖尤斯 I.1，13；I.1，15。

② D.50，16，195，2（《民法大全选译/婚姻　家庭和遗产继承》，费安玲译，5 页，北京，中国政法大学出版社，2001）。

③ D.50，16，195，2；D.50，16，40，3（同上书，5、9 页）。

④ 参见 D.1，6，4（同上书，9 页）。

⑤ D.50，16，195，2。转引自 A. Burdese，MANUALE DI DIRITTO PRIVATO ROMANO，222 页。

⑥ 帕比尼安语，载 D.3，5，30（31），6（《民法大全选译/人法》，22 页）。

的妇女总是被要求处于监护之下。

第七节　家庭身份（地位）：他权人

他权人（alieni iuris）是指处于他人权力管制之下的人，从广义上讲，该术语涵盖奴隶、“家子”和处于受役状态的人（personae in causa mancipi）。从家庭身份的角度看，他权人主要是指处于“家父”权力之下的“家子”（filiifamilias）。

最初，“家父”对他权人行使的权力被统一地称为manus，这个词的本义是“手”，意味着控制和掌管。后来，人们针对不同的对象使用下列不同的术语表达特定的权力概念。对于通过与“家父”或其“家子”结婚而进入家庭并成为该家庭的他权人的妇女，使用manus一词表示“家父”所享有的夫权。对于奴隶和“家父”的子女，使用potestas一词表示“家父”所享有的支配权。[①] 对于处于受役状态的人，则使用mancipium一词表示“家父”所享有的财产所有权。因此，对他权人的完整拉丁文表述应当是qui in potestate manu mancipio sunt（处于支配权、夫权或受役状态下的人）。

这里所说的“家子”包括“家父”的所有子女，即直系卑亲属，无论是儿子还是孙子，无论是男性还是女性，无论是婚生的还是收养的。“家子、家女一样都处在他人支配权之下。”[②]相对于奴隶而言，“家子”拥有自由人身份[③]和市民身份，但是，在家庭当中，“家子”基本上不能成为权利主体，他们不能拥有自己的财产，所取得的一切均归“家父”所有；“处于父权之下的人没有遗嘱权”[④]。从这个意义上讲，“家子”的法律地位与奴隶差不多。与奴隶不同的是，经“家父”同意，“家子”可以缔结婚姻，可以有条件地依法缔结某些债关系，可以在“特有产”（peculium）的范围内实施一定的民事行为和行使诉讼权利。

妇女在通过“归顺夫权”制度进入丈夫家庭后取得类似于该家庭“家子”的地位。具体地说，如果她的丈夫是“家父”，则变成“家女”（filiafamilias），直接受制于丈夫的权力，但这“并不妨碍以‘家母’为荣誉称号来称呼她”[⑤]。如果她的丈夫是“家子”，则处于“准孙女”（neptis loco）的地位。

“家子”因侵害他人被“家父”出卖或实行损害投偿（noxae deditio）之后，以及债务人以身抵债之后处于受役状态，在新的家庭中处于“准奴隶”（servi loco）地位，属于该家庭“家父”的财产，可以被任意役使。但是，处于受役状态的人仍可以在一定意义上被视为自由人和市民，或者保留着恢复自由人身份和市民身份的可能性；尤其是在后来的发展中，“‘受役者’不能白白地受主人欺辱，并且允许他们提起‘侵辱之诉’”[⑥]。

---

① 保罗进一步指出：“‘支配权’（potestas）一词有多种含义：对官员而言，它意味着被赋予的统治权（imperium）；对子女而言，它意味着父权；对奴隶而言，它意味着所有权（dominium）。”（《民法大全选译/婚姻　家庭和遗产继承》，3页。）

② D.1，6，4（《学说汇纂》，第1卷·正义与法·人的身份与物的划分·执法官，罗智敏译，111页，北京，中国政法大学出版社，2008）。

③ 因此，在拉丁文罗马法术语中，子女被称为liberi，该词也有“自由的”含义。

④ 盖尤斯语，载D.28，1，6pr.（《民法大全选译/婚姻　家庭和遗产继承》，241页）。

⑤ ［意］彼德罗·彭梵得：《罗马法教科书》（2017年校订版），100页注1。

⑥ 同上书，136页。

第八节　人格减等

人格减等（capitis deminutio）是指前面介绍的三种身份发生灭失的情况，是人格在法律上的降低或者“死亡”，即使有关的自然人仍然在世。人格减等根据所灭失身份的重要性分为最大人格减等、中人格减等和最小人格减等三种。

最大人格减等（capitis deminutio maxima）表现为自由人身份的丧失以及随之而发生的市民身份的丧失。正如我们前面谈到的，自由人身份是罗马市民身份的前提条件，前者一旦丧失，后者也当然消灭，因此，自由人身份的丧失，例如被敌人俘虏，实际上同时意味着市民身份的丧失；更进一步说，它等同于在市民法上的死亡（iure civili morti coaequatur），“在其权利的一切方面，那些没有从敌人处返回的人，自被抓获之日起即被视为死亡”①。

中人格减等（capitis deminutio media）表现为仅仅丧失市民身份的情况，例如，罗马市民因犯罪而被流放，在此种情况下，被流放的人仍可以保留自由人身份，他们“不享有市民法所规定的权利，但享有万民法所规定的权利”②。

最小人格减等（capitis deminutio minima）发生在家庭成员丧失其家庭地位的情况中，例如，“家父”或者“家子”被他人家庭收养，儿子脱离父权，等等。最小人格减等者失去了与原属家庭的宗亲关系以及相应的权利义务关系③，但却可能在新的家庭中取得相应的，甚至是更有利的法律地位（例如，脱离了父权的“家子”可能变成“家父”），因而，这不一定真正构成对其人格的削弱。

在一些罗马法文献中，最大人格减等和中人格减等也被统称为“人格大减等”（capitis deminutio magna）。

第九节　不名誉

名誉也对人的身份或者人格产生影响。这里所说的名誉“是一种未受到损害的或者根据法律或习俗而赋予的尊严状态，它可以因犯罪或者依据法律而被削弱或被剥夺”④。在罗马法中，对人格造成影响的主要名誉减损情况被称为 infamia，相应的中文表述是“不名誉”或者“丧廉耻”。

根据罗马法学家的归纳，下列情形可能导致“不名誉”。

（1）因可耻之事被将领或有权作出此决定的人从军队中开除；

（2）从事拉皮条活动；

（3）在公共审判中被判定犯有诬陷罪或渎职罪；

（4）因盗窃、暴力抢劫、侵辱行为、恶意或诈欺行为而被判罚或者负债；

（5）在不属于反诉讼的有关合伙、监护、委托、寄托的审判中被判罚；

① 乌尔比安语，载 D. 49，15，18（《民法大全选译/人法》，50 页）。

② 马尔西安语，载 D. 48，19，17，1（同上书，51 页）。

③ “宗亲关系因人格减等而消灭，血亲关系则不因此而改变，因为市民法的制度可以改变市民法的权利，却不能改变自然法的权利。”（盖尤斯 I. 1，158。）

④ 尤里斯特拉特语，载 D. 50，13，4，1（《民法大全选译/人法》，79 页）。

(6) 对女儿享有支配权的人，明知其丈夫死亡而在根据习惯应当服丧的时期（通常为 300 天）中安排该女儿再婚；

(7)“家子”未经“家父”同意娶上述女子为妻；

(8)“家父”允许自己的“家子”娶上述女子为妻；

(9) 同时订婚或者结婚两次；

(10) 命令受自己权力支配的人同时实行两次订婚或结婚。

被宣告“不名誉”者无权代理他人参与诉讼，无权为自己指定诉讼代理人，无权向法庭提供证言，无权在重要的民事行为中担任见证人，无权立遗嘱（intestabilis），也没有资格行使表决权和任职权。那些人因耻辱而被逐出军队的人，不允许居住在罗马城中，也不允许居住在皇帝所在的其他地方。①

与“不名誉”相类似的名誉减损情况还有“监察官记过”（nota censoria）和“秽名”（turpitudo）。前者表现为监察官在人口登记中对市民品行的书面评价报告，常常被作为对行为不检点者科处的处分，可导致被记过者公共职务的撤销或者被排除在贵族等级之外；后者则是一种对有劣迹或者丧失信义的人施加的、具有否定意义的道德评价，法官可据此剥夺有关人员的某些权能，例如，不让其担任证人，禁止其与某个类别的人通婚，等等。与“不名誉”不同的是，这后两种情况的道德评价意义重于法律评价。

---

① 参见 D. 3, 2, 2, 4（《学说汇纂》，第 3 卷·起诉的问题与基本制度，吴鹏译，[意] 腊兰校，25 页，北京，中国政法大学出版社，2016）。

第五章 人的能力

第一节 权利能力

权利能力是指在法定的权利义务关系中成为主体的能力，严格地说，它不是指行使权利的能力，而是指成为权利主体的资格。一个刚刚出生的婴儿因缺乏行为能力而不可能亲自行使某一权利，但他可以获得某一权利主体的资格，也就是说享有权利能力。

并非所有的人根据罗马法均可具备权利能力。某人是否具备权利能力，具备何等程度的权利能力，主要取决于该人是否拥有人格以及该人格的充实程度，即是否拥有本编第四章所介绍的身份以及拥有哪些身份，同时还需要考虑是否存在其他限制性因素。

一个具备完全权利能力的人一般有资格行使以下基本权能：(1) 通商权（ius commercii)，也叫交易资格，即根据市民法实施财产性法律行为的权利；(2) 通婚权（ius conubii)，也叫婚姻资格，即与罗马市民缔结合法婚姻（iustae nuptiae）的权利；(3) 遗嘱能力（testamenti factio activa)，即通过订立遗嘱处置其财产的权利；(4) 遗嘱继承能力（testamenti factio passiva)，即根据遗嘱被设立为继承人的权利；(5) 表决权（ius suffragii)，即推选执法官和在民众会议上发表意见的权利；(6) 任职权（ius honorum)，即担任公共职务的权利。

上述各种权利还包含着一些具体的内容，特别是通商权（或交易资格），其内涵是很丰富的。除上述一般权利外，权利能力也可能涉及某些特殊的权利（权力），例如，“家父”所享有的父权（patria potestas）和庇主所享有的庇主权（patronatus)。

正如盖尤斯所说：“我们所需要的一切权利，或者关系到人身，或者关系到财物，或者关系到诉讼。”① 一个具备权利能力的人同样有资格为维护自己的相应权利而向法庭起诉、应诉或者为起诉或应诉指定自己的诉讼代理人（辩护人)。

第二节 权利能力的起始和终止

人的实际存在是取得权利能力的基本条件，因此，人的出生（partus）一般被认为是自然人存在的起点。这种出生应当符合以下四项标准：

(1) 胎儿必须完全同母体分离，“因为胎儿在出世之前是妇女的一部分，或者说是其肉体的一部分”②。

① D.1，5，1（《民法大全选译/人法》，1页)。

② 乌尔比安语，载D.25，4，1，1（《民法大全选译/人法》，8页)。

（2）分娩出来的新生儿应当是活的。“那些生下后立即死亡的胎儿被视为未出生，因为它们根本不能被称为子女。”[1] 至于成活的标准，普罗库勒学派认为是发出啼哭（vagitus），萨宾学派则认为只要有任何活着的特征（如呼吸、动弹等）即足以认定新生儿是活的。

（3）新生儿必须具有人的形态。“那些因严重的变异而被生得与人类形象相差甚远的人不被视为子女”[2]；怪胎如果能够给母亲带来利益（比如，根据《德尔图里安元老院决议》因生子多而获优待，参见本书第六编第二十五章第二节），则也被算为子女，但怪胎本身不能成为权利主体。

（4）分娩前胎儿在母体中至少孕育6个月。“应当认为在合法婚姻的第七个月降生的新生儿是合法子女。”[3]

关于如何认定尚未出生的胎儿的权利能力这个问题，罗马法学家之间存在严重分歧。比如，尤里安认为：“孕育在母腹中的胎儿，在整个市民法上几乎均被视为自然存在的人。”[4] 帕比尼安则认为：“尚未出生的胎儿不宜被称为人。”[5] 但有一点大家的看法是一致的，即在继承法方面，应当为尚未出生的胎儿保留他出生后本可享受的权利，允许为胎儿实行遗产占有；在必要时，可以通过设立胎儿保佐人保护胎儿可能享受的权益。

未出生的胎儿也与人的权利能力问题有关，这从另一个角度同样可以得到证实。我们在论及自由人身份和市民身份时谈到：根据古典法时期的标准，为确定子女是否具有这样的身份，主要看其母亲在妊娠期间是否曾有过自由人和市民的身份，而母亲分娩时的身份却无关紧要。这一原则在一定意义上证明，罗马的人法把孕育在母腹中的胎儿已经视为具有“人格”的人。

人的权利能力随着人的死亡而自然终止。在死亡问题上，罗马法包含着某种推定死亡的制度，尤其适用于有亲属关系的人同时发生自然死亡的情况当中。在上述情况中，罗马法试图通过推定死亡的先后次序来解决继承权问题。

（1）假如某人同已成年的儿子在灾祸中一起死亡，而且他在遗嘱中只将该儿子设立为继承人，那么，将推定父亲先死，儿子后死，以便能使该儿子成为遗嘱继承人，并使该儿子的遗产转归他的继承人所有。

（2）假如父亲与未成年的儿子一起死亡，则推定儿子先死，父亲后死，除非有相反的证明，从而避免复杂的未成年人继承问题。

（3）如果数个有亲属关系的人在同一灾祸中死亡并且不能证明谁先谁后，则推定他们同时死亡，也就是说，推定他们的权利能力同时终止。

第三节　限制权利能力的因素

一个人的权利能力，除受本编第四章列举的身份、人格减等情形等原因的影响外，还可能由于以下因素而受到限制，当然，这些限制在不同的历史时期中或者在不同的条件下往往是有变化的。

（1）年龄。关于年龄的影响，本书打算主要从对行为能力限制的角度加以论述。实际上，

① 保罗语，载D.50，16，129（《民法大全选译/人法》，6页）。

② 保罗语，载D.1，5，14（同上书，9页）。

③ 保罗语，载D.1，5，12（同上书，9页）。

④ 尤里安语，载D.1，5，26（同上书，4页）。

⑤ D.35，2，9，1（同上书，5页）。

一个具有充分人格的未适婚人同样享有通婚权，只不过在达到适婚年龄前他行使这种权利的能力（即行为能力）受到限制。

（2）性别。在古罗马社会，女性的权利能力要比男性的低许多。女性不能行使政治权利和公共职权；“妇女既不能担任审判员，也不能行使司法职务；既不能为他人或以他人名义参与诉讼，也不能作代理人”①。即使是处于家母地位的妇女，也不能行使父权（patria potestas）。公元前169年的《沃科尼亚法》（Lex Voconia）限制了妇女的遗嘱继承能力。

对于所谓“两性人”（hermaphroditum），罗马法学家认为，应当“把在他身上占主导地位的性视为他的性别”②。

被阉割者，根据优士丁尼法，既不能结婚，也无权收养子女。

（3）社会地位和职业。元老院议员不能与被解放的女奴结婚，不能拥有船舶，也不能从事某些商业活动。行省执法官不得在本省取得不动产和接受赠与，不得在本省做买卖，不得娶本省女子为妻，不得在本省解放奴隶。从事某些低贱职业的人（如戏子和妓女）不具有与生来自由人结婚的权能。

（4）隶农身份。隶农③（colonus）是罗马社会的一个特殊阶层，一般由自由人甚至生来自由人构成，但被束缚在自己为之劳作的土地上，受制于土地所有主，其权利能力受到相应的限制。“虽然他们的地位与生来自由人相似，但仍被视为自己出生地的奴隶，他们无权随意外出或改变住地。土地所有主（对他们）行使自己的权力，就像庇主行使照管权和主人行使支配权一样。”④ 隶农的身份一般来自出生、自愿投身、土地的30年取得时效或者乞讨。

（5）宗教信仰。从后古典法时代起，随着基督教被确立为罗马社会的官方信仰，某些非基督教徒在权利能力方面遭受到不平等的限制，“犹太人不能同女基督教徒结婚，基督教徒也不能同女犹太人结婚”⑤；“犹太人不得购买信仰基督教的奴隶，也不得以接受赠与的名义或者以任何其他名义获得上述奴隶”⑥。非基督教教徒、犹太人以及背教者无权充当见证人，并且被剥夺了遗产继承权能。

第四节　行为能力

所谓行为能力是指一个人调整自己的利益并且实施足以发生一定法律效力的行为的能力。虽然在罗马私法中尚未出现关于“行为能力”概念的定义，但有关的规则是存在的，这尤其表现在人的权利能力与行为能力的分离方面。

正如我们前面讲到的，根据罗马法的规定，一个人可以自出生时起就具有自由人身份、市民身份和自权人身份，甚至可以在幼儿时就成为“家父”，也就是说，取得最充分的权利能力，但是，他的行为能力则只有在届满一定年龄并且具备一定的心智条件之后才能具备，在这样的标准达到之前，他的行为在法律上往往是无效的，除非获得监护人或保佐人的“准

① 乌尔比安语，载D.50，17，2pr.（《民法大全选译/人法》，21页）。

② 乌尔比安语，载D.1，5，10（同上书，22页）。

③ 在有些论著以及笔者的其他罗马法译作中，colonus一词也被表述为“佃农”。

④ C.11，52（51），1，1（《民法大全选译/人法》，7页）。由于排印中的错误，此处有一部分遗漏，笔者对该书的译文作了补充。

⑤ C.1，9，6（同上书，75页）。

⑥ C.1，10，1（同上书，75页）。

可”。“自权的、适婚的和心智健全的家父可以承担债务。非经监护人的授权，被监护人不能承担市民法的债。”[①]“精神病人，不管他是作为债务人还是作为债权人，不能有效地为任何行为。”[②]

权利能力与行为能力的分离，在罗马法中还可以从另一个角度得到证实，即一个权利能力受到限制或者根本不具有权利能力的人可以具有行为能力，可以有效地履行适法行为。最有典型意义的是奴隶的活动，这些在法律上被视为“物”、不享有基本人格的奴隶“不仅被作为劳动力，而且也被用作贸易和工业领域中精明的管理人员”[③]。作为经管人，“该人是男还是女，是自由人还是奴隶，是自己的奴隶还是他人的奴隶，这些都不重要”[④]。

“家子”和奴隶完全可以通过自己的行为实现利益取得，虽然是为“家父”或主人的取得，但取得行为本身在法律上却是有效的。“家子”和奴隶也可以有效地从事某些经营活动，并且在自己的特有产范围内承担财产责任；在一定条件下，他权人也可以使“家父”或主人承担产生于其经营活动中的债务。“家子如同家父，可以承担所有的债务，为此，能够像起诉家父一样地起诉家子。”[⑤]“奴隶可以因私犯而负债”，“奴隶在市民法上不因契约负债，然而他们在自然法上却可以负债或者拥有债权”[⑥]。

行为能力与人格、权利能力以及法律责任的这种根本分离可以说是罗马法中人法的重要特点之一。

第五节　行为能力：适法行为

并不是所有行为的实施都要求行为人具有行为能力，只有那些需要当事人按照自己的意愿加以完成并且将根据法律产生特定后果的行为，才与行为能力问题相关。这种行为在理论上被称为适法行为（negozio giuridico），它要求两大基本要件。

第一，它应当产生于当事人的真实意愿。与公法上的行为不同，私法上的适法行为是由当事人自行决定其内容的，例如，关于交易的具体要求、标的、条件、时间等，因此，需要当事人对有关事项的充分知情以及据此所下定的决心。“一切必须以心灵的决定去实施的行为，除非有合理的、明确的知情，是不能被完成的。”[⑦]

第二，它应当基于正当原因（iusta causa）。所谓正当原因是指得到法律认可的理由和目的，它表明有关行为不构成对他人权利的侵犯并且具有积极的社会、经济意义，从而使该行为合法化，例如，财产取得行为的正当原因可以是买卖、赠与、继承等。“不论是自始无原因地允诺，还是允诺的原因已经消灭或没有接着发生，必须说，（这两种情况）都将发生要求返还之诉。”[⑧] 也就是说，无原因的取得行为在法律上是无效的和应予撤销的。

---

① 保罗语，载D.44，7，43（《民法大全选译/法律行为》，徐国栋译，5页，北京，中国政法大学出版社，1998）。

② 盖尤斯语，载D.44，7，1，12（同上书，5页）。

③ [意] 阿尔多·贝杜奇：《罗马商法的若干基本原则》，载《外国法译评》，92页，1993（4）。

④ 乌尔比安语，载D.14，3，7，1（《民法大全选译/婚姻　家庭和遗产继承》，197页）。

⑤ 盖尤斯语，载D.44，7，39（同上书，191页）。

⑥ 乌尔比安语，载D.44，7，14（《民法大全选译/人法》，64页）。

⑦ 帕比尼安语，载D.50，17，76（《民法大全选译/法律行为》，7页）。

⑧ 乌尔比安语，载D.12，7，1，2（同上书，67页）。

对于罗马法中的适法行为，可以进行以下归类。

（1）单边行为和双边行为，前者是通过一方当事人的意思表示而实施的（如遗嘱），后者是通过两方当事人共同接受的意思表示而实施的（如缔结契约、结婚）。

（2）有偿行为和无偿行为，前者要求实现取得的一方承担相应的给付义务（如买卖、互易），后者则不要求实现取得的一方给付对价（如赠与、使用借贷）。

（3）要式行为和略式行为，前者要求采用法定的郑重形式实现意思表示，并且其效力与该形式运用的准确与否紧密相关（如要式买卖），后者则不以这样的形式作为必要条件（如让渡）。

（4）生者间行为和死因行为，前者是为了在当事人活着时产生效力而实施的（如收养），后者则是为了在一方当事人死后产生效力而实施的（如遗赠）。

（5）有因行为和无因行为，前者明确显示行为的特定原因或理由（如委托、租赁），后者则可以不明确说明原因，因而也被称为"抽象行为"（如要式口约）。

（6）财产性行为和人身性行为，前者涉及对财产关系的调整（如借贷、占有），后者则涉及对人身或家庭关系的调整（如结婚、收养）。

第六节　行为能力的年龄

年龄是影响行为能力的重要因素。在罗马法中，关于年龄的比较传统的划分是适婚人（puber）和未适婚人（impuber）。

适婚人是指其身体发育程度已达到适宜结婚生育的水平并且可据此推定具有足够智力发育水平的人。最初，人们一般根据身体检验逐个地判断一个人是否属于适婚人，而缺乏统一的确认标准。公元 529 年，优士丁尼皇帝发布谕令宣布："为废除在确定男性适婚年龄时所使用的那些不体面的检查方法，我们命令：女性在满 12 周岁后均被列为适婚人，男性在满 14 周岁后也均被视为适婚人；停止实行那些不光彩的身体检查。"① 从此，女性 12 周岁和男性 14 周岁分别成为适婚期的起始标准。适婚人可以自主地实施适法行为并且独立地承担相应的法律责任。而未届适婚年龄的自权人在行为能力问题上接受监护。

未适婚人不一定完全没有行为能力，罗马法对他们作了进一步的划分。

（1）幼儿（infans），其拉丁文本义是"还不会讲话的人"，在优士丁尼法中是指不满 7 周岁的人。幼儿没有任何行为能力，只能通过监护人实施财产性行为。

（2）大幼儿（infantia maior），在优士丁尼法中是指已满 7 周岁但不满 12 周岁（女性）或 14 周岁（男性）的人。大幼儿开始取得有限的行为能力，"可以缔结契约，然而他仍处于父权之下；他不能负债，即便是经父亲准可"②。

届至适婚年龄的人，在一定的年限之内也可以享受特殊的法律保护，其行为能力得到扶助。这主要表现为由公元前 191 年《普莱多里法》（Lex Platoria）确立的一项制度，即任何人如果以欺骗手段与不满 25 周岁者缔结契约，后者有权为维护自己的利益而针对有关适法行为的有效性提出抗辩，获得恢复原状的救助。后来，25 周岁似乎逐渐成为成年与否的分界线，"在届满这一年龄之后显然具备了成年人的能力"，"未达到此年龄的青少年得到保佐人的帮助；

---

① C. 5，60，3（《民法大全选译/人法》，11 页）。

② 盖尤斯语，载 D. 45，1，141，2（《民法大全选译/人法》，12 页）。

在此年龄之前不应当让他们管理自己的财物，尽管他们可以经管得很好”[①]。

从后古典法时代起，年满18周岁的女性和年满20周岁的男性，如果属于自权人并且有足够的管理财物的能力，就可以从君主那里获得“年龄恩准”（venia aetatis），从而取得包括实行不动产抵押和转让等行为在内的、完全的行为能力。

第七节 行为能力的心智条件

一个人是否能够有效地实施适法行为，与该人是否具备正常的认识、理解和意愿表达能力有着密切的联系，即使是成年人，也可能因上述心智条件的欠缺或者遇到障碍而导致行为能力受限。在罗马法中，下列主体被认为心智条件或意思表达能力具有缺陷或者需要得到特别扶助。

（1）精神病人（furiosus）和痴呆者（demens）。他们缺乏正常的认识和理解能力，无法控制自己的行为，因而与幼儿一样，不具有任何行为能力。“精神病人不能实施任何法律行为”[②]，虽然他们仍可以作为权利主体，但是，“他们所拥有的地位、尊严、官职和权力均被保存起来，就像将他们所拥有的财产保存起来一样”[③]。间歇性精神病人在未犯病期间可以有效地实施适法行为。

（2）浪费人（prodigus），指具有铺张浪费习性，随意挥霍家庭财产的人。此类人被认为丧失了正常的意志；针对他们，可以通过申请裁判官令状对其实行禁治产（即禁止经管财产）。“《十二表法》禁止浪费人经管自己的财产，实际上这一法则是根据习惯从来就有的，但是在今天，如果裁判官或行省长官发现某人不分时间和分寸地花钱，消耗和浪费自己的财产，则通常为他指定一名保佐人，就像针对精神病人一样。”[④] 不过，在权益取得问题上，浪费人享有行为能力，类似于大幼儿（infantia maior）。

（3）聋哑人。生理上的缺陷在不妨碍正常的认识、理解和意愿表达能力时，不构成对行为能力的障碍，比如，“在那些不需要出声只要求出席的场合，具有智力的哑人可以被视为作出答复。此法则也适用于聋人”[⑤]。但在有些情况下，上述生理缺陷可能使当事人不能实施某些适法行为（如要式口约），需要使之获得特殊的保护，因而，罗马法“不禁止为聋人和哑人指派代理人，以使其能够参与诉讼。为他们指派代理人也可以不是为了诉讼的目的，而是为了管理事务”[⑥]。

第八节 意思瑕疵

正如前面谈到的，私法上的“适法行为”通常允许当事人根据其意愿自主地确定其具体内容，因此，当事人的行为能力的有无和程度在很大程度上取决于该人的意思能力，即对有关事实的认识、理解和意愿表达能力。

所谓“意思”是指当事人的意愿或意志，它的基础是当事人的意识。罗马法学家帕比尼安

① 乌尔比安语，载D.4，4，1，2和D.4，4，1，3（《民法大全选译/人法》，16页）。
② 保罗语，载D.50，17，5（同上书，23页）。
③ 乌尔比安语，载D.1，5，20（同上书，24页）。
④ 乌尔比安语，载D.27，10，1pr.（同上书，25页）。
⑤ 保罗语，载D.50，17，124pr.（同上书，23页）。
⑥ 保罗语，载D.3，3，43pr.（《民法大全选译/人法》，23页）。

精辟地将“意思”的上述两个要素表述为“心灵的决定”和“合理的、明确的知情”①。行为人的意思可能因某些对行为人发生作用的原因而出现瑕疵，从而导致有关适法行为的无效或者可被要求撤销。这些原因主要包括错误、诈欺和胁迫。

（1）错误（error），指当事人对某一情形的误解或者不真实认识，当错误使得意思表示完全背离了实际意愿时，即构成妨碍性错误（errore ostativo），可导致有关行为无效。乌尔比安举例说：“如果我想送你一笔钱而将这笔钱给了你，而你却以为是消费借贷，那么，尤里安认为赠与不成立。我们来看一下消费借贷是否成立。我认为，消费借贷亦不成立。因为，这笔钱不能属于基于不同意愿接受它的人。”② 这种实质性错误可能涉及行为（in negotio），可能涉及人身（in persona），可能涉及标的物的性质（in substantia），还可能涉及标的物的体态（in corpore）。如果错误只是形式上的，比如，对受赠人的名称在表述时出现误差，则不具有实质性意义，一般不影响行为的效力，因为当事人“可以在后来作出补充说明”，加以澄清。③

错误还可能表现为法律不知（iuris ignorantia）和事实不知（facti ignorantia），前者一般不能使行为人获得救济，后者则可以使行为人获得救济，因此，保罗说：“法律不知给所有人都带来损害，而事实不知却不给人带来损害”，“除非这个人被认为有重大疏忽”④。

（2）诈欺（dolus）。罗马法学家将诈欺区分为恶诈欺（dolus malus）和善诈欺（dolus bonus），前者“是用于蒙蔽、误导、欺骗他人的一切骗局、阴谋和诡计”⑤，是一方当事人诱使另一方当事人发生错误并对其造成损害的欺骗行为，因而是不能容忍的；受到诈欺的一方有权获得司法救济，据以要求撤销有关的法律行为。与恶诈欺不同，所谓善诈欺“这一术语意指精明，尤其是指为对付敌人或强盗而设计出的计谋”⑥，表现为在民事行为和交易中可以容忍的狡猾或伪装，“通过这样的伪装满足和保护自己或他人的［利益］”⑦，并且不直接地对他人利益造成侵害。

（3）胁迫（metus）⑧，是指通过身体的或精神的强迫致使当事人作出违背其真实意愿的意思表示，它既可能表现为一种精神威胁，即“因现在的或将来的危险使心灵恐惧”，也可能表现为一种体力强制（vis），即“通过野蛮的暴力所做的一切”⑨。当事人因遭受胁迫而作出的意思表示在法律上是无效的，因为“没有比暴力和胁迫更违反同意的，确认这种行为，有违善良风俗”⑩。

第九节　通过第三人的法律行为

罗马法一直承认：当事人在实施适法行为时不一定要亲自在场，他可以通过第三人表达自

---

① D.50，17，76（《民法大全选译/法律行为》，7页）。

② D.12，1，18pr.（《民法大全选译/契约之债与准契约之债》，69页）。

③ 参见D.28，1，21，1（《民法大全选译/法律行为》，15页）。

④ 保罗语，载D.22，6，9pr.和D.22，6，9，2（《民法大全选译/契约之债与准契约之债》，45、47页）。

⑤ 乌尔比安语，载D.4，3，1，2（《民法大全选译/法律行为》，45页）。

⑥ D.4，3，1，3（《学说汇纂》，第4卷·恢复原状与责任的承担，窦海阳译，41页，北京，中国政法大学出版社，2012）。

⑦ D.4，3，1，2（同上书，45页）。徐国栋教授在有关的译注中列举了一些进行伪装、但无害他人的例子，“如买卖被伪装成拟诉弃权；解放被伪装成出卖家子；继承被伪装成信托等”。

⑧ metus在罗马法文献中通常被翻译为“恐惧”，侧重于表示因外部压迫性行为而内心产生畏惧，从而被迫做某事。参见《学说汇纂》，第4卷·恢复原状与责任的承担，9页译者注释。

⑨ D.4，2，1（同上书，22页）。

⑩ 乌尔比安语，载D.50，17，116pr.（同上书，21页）。

己的意愿，正如保罗所说："在不在场的人之间，也可以通过书信或信使［达成合意］"①。一些罗马法学家甚至把这种通过第三人转达意思表示的做法理解为"代理"②。实际上，在这种情况下，有关的行为被认为是由借助信使（nuntius）表达意愿的人亲自完成的，产生于该行为的一切结果也完全由该人自行承担。

显然，罗马法学家对"代理"（procura）的理解与现代民法的概念不同。在相当长的一段时间中，罗马市民法不承认第三人可以通过自己的意思表示，代表他人实施法律行为，并且由该他人直接承担被代理行为的后果，除非第三人与被代理人之间就有关责任的承担问题达成专门的协议。罗马法的这一传统原则典型地体现在戴克里先皇帝的以下谕令当中："任何物都不能通过不受制于他人权力的自由人取得，占有的情况除外，这是无可置疑的法。"③

实际上，从某种意义上讲，罗马社会的直接代理问题是通过自权人与他权人的关系调整加以解决的：他权人（"家子"或奴隶）具备行为能力，但却只享受有限的权利能力，甚至根本不享有任何权利能力，因而，他们行为的法律后果就自然地落到了自权人（"家父"或主人）的身上。这形成了一种事实上的直接代理。但是，在许多情况下，自权人是可以拒不承担他权人所缔结的债务的（例如，未经授权而缔结的债）。

随着贸易活动和民事生活不断提出新的需求，在古典法时期，形成了一整套关于第三人法律行为的责任承担规则。由于这些规则主要是执法官在司法审判实践中确立的，与之相关的代理行为在理论上被称为"裁判官法代理"；裁判官法允许针对有关的代理行为提起一系列诉讼，以确定当事人的相关责任，例如，依令行为之诉（actio quod iussu）、船东之诉（actio exercitoria）、经管人之诉（actio institoria）、分配之诉（actio tributoria）、特有产之诉（actio de peculio）和转化物之诉（actio de in rem verso）。关于这些诉权的行使问题，本书将在下一章的第五节"商事活动中的有限责任"中加以具体论述。

---

① D.2，14，2pr.（《学说汇纂》，第4卷·恢复原状与责任的承担，110页）。

② D.3，3，1，1（同上书，111页）。

③ C.4，27，1pr.（《民法大全选译/法律行为》，111页）。

第六章 法　人

第一节 概　述

严格地讲，在罗马法中不存在“法人”概念以及完备的法人制度，但是，在罗马法漫长的发展历程中已经形成了一套类似于法人制度的规范，根据这样的规范，某个不同于自然人的实体可以成为权利主体，实施某些法律行为，并承担相应的法律责任。“当人们被允许组织社团、行会或者任何其他此类组织，那么他们就像一个公众共同体一样，可以拥有共同财产，他们可以拥有一个共同的财产箱，一个代表人或者一个代理人，就像在公众共同体的情况下一样，任何需要为全体人办理的事都通过他办理。”①

这种与自然人不同的实体可以划分为两大类：一类是自然人集合体，另一类是财产性实体。

自然人集合体通常表现为某地的居民共同体、团体、社团等组织，它以该集合体的名义实施行为，行使权利和履行义务，而作为集合体成员的自然人，相对于该集合体，则构成另一个权利主体。自然人集合体有的具有较强的公共色彩，即主要是为公共行政管理的目的而形成的（如国家、自治市等）；有的则具有明显的私人性质，主要是为了便利某些民商事活动的开展而形成的（如某些私人社团）。如果可以把它们分别称为“公法人”和“私法人”的话，前者在地位和能力上肯定优于后者。

财产性实体则通常表现为某种被单独经管的财产或财物，由于特定经管目的的存在，这类财产或财物取得了独立的法律地位，也就是说，受到特殊的法律保护。物的经管人不构成权利主体，而只是经管活动的代理人，有关的权利与义务在法律上由财产性实体自身享受和承担。

权利能力和行为能力在自然人身上的分离，在罗马法中导致个人财产所有权和财物经管权的分离。为了调整产生于这种分离的民事责任，罗马法创造了一系列责任划分规则，无论是自权人还是他权人，都可以依据这样的规则获得相应的司法保护，把自己的责任限定在合理的范围之内。从一定的意义上讲，这些责任划分规则可以被视为现代法人有限责任制度之滥觞。

第二节　公共团体

一、国家

罗马人的国家被称为“奎里蒂人民共同体”（populus romanus Quiritium），是一个独立的

① 盖尤斯语，载 D. 3，4，1，1（《学说汇纂》，第 3 卷 · 起诉的问题与基本制度，123 页）。

权利主体。罗马法学家阿尔芬在论述某些公共实体的独立性时特别提到国家，他说："国家也仍然同百年前的国家相同，即便当时的市民已无人存活"；对它适用关于团体的相同规则，"即便当事人有变，事物也仍被视为是同一的"①。国家享有的是一种至高无上的权力，即主权，因此，它在私法领域不可能与其他民事主体处于平等的地位，"国格"的法律意义并不明显。但是，相对于其他国家来说，罗马国家主要是代表人民享有和行使权利并且承担相应的义务。

二、自治市（municipium）

它是指罗马境内的居民共同体，与国家不同，它在私法领域享有一定的权利能力，比如，"自治市可以实行占有和时效取得"②；自治市有权解放奴隶，并且"对于被其解放的自由人的财产享有充分的权利，即那种也被授予庇主的权利"③；自治市可以接受遗产、遗赠、遗产信托和赠与；"可以负消费之债，如果它为了自己的利益而借钱"④；自治市还可以作为原告起诉或者作为被告应诉，当它作为原告起诉时，"不应当说诉讼是由多人提起的，因为这些人是为了公共事务或者为了团体，而不是为了个人提起诉讼的"⑤。

三、殖民区（colonia）

它是指罗马国家用来安置自己的移民（如城市无产者）的地方，通常是被罗马征服或占领的地方。作为居民共同体，它也是一个独立的权利主体，所享有的权利和应承担的义务基本上与自治市的相同，虽然殖民区内的一些居民只具有拉丁人地位。

第三节 私人社团

私人社团通常是指为了宗教、职业、相互帮助等目的而由个人组成的集体，其称谓可以是collegia、corpora、sodalicia、societates等，如祭司社团（collegia sacredotalia）和互济团体（sodalitates）。罗马法学家一般认为："三人即可形成社团。"⑥

在相当长的时期内，成立社团不需要获得国家的批准，只要存在合法目的即足矣。从帝国时代开始，成立社团须经国家批准，"如果未经元老院决议或者皇帝批准，均属于违反元老院决议、君主训令或谕令的结社"⑦。从一定意义上讲，国家的批准意味着对社团法律地位或"人格"的承认。

每个社团都有自己的章程和领导机构。盖尤斯说：社团应当"使用自己的名称，像国家（reipublicae）一样拥有共同财产、自己的共同金库、共同的代表（actor）或代理人（syndicus），像国家一样通过他们做需要共同去办的事情，起诉或者被诉"⑧。在这里，盖尤斯特别提到社团的"共同金库"，这种钱财曾经被视为社团成员按份所有的共同财产，"在社团解散时允

① D.5，1，76（《民法大全选译/人法》，97页）。
② 乌尔比安语，载D.10，4，7，3（同上书，100页）。
③ D.38，16，3，6（同上书，100页）。
④ D.12，1，27（同上书，102页）。
⑤ D.3，4，2（同上书，99页）。
⑥ 马尔切勒语，载D.50，16，85（同上书，104页）。
⑦ 马尔西安语，载D.47，22，3，1（同上书，106页）。
⑧ D.3，4，1，1（同上书，107页）。

许他们加以分割”[①]。

作为一个实体，社团可以独立行使权利和承担义务，例如，有权解放奴隶；可以实行无遗嘱继承；可以接受遗赠；可以行使诉权，等等。乌尔比安针对团体的法律资格所说的那句名言同样适用于私人社团，即“如果什么东西应当付给团体，则不应当将其付给团体所属的个人，个人也不应当偿还团体所欠之债”[②]。

私人社团因下列原因而消灭：所有成员消失；所有成员作出自愿解散的决定；为组建社团而确定的目的已实现；受到国家的取缔。

第四节 财产性实体

一、慈善团体（piae causae）

从后古典法时代起，在基督教精神的影响下，出现了一些以救济弱势或困难群体为宗旨的慈善组织，如养育院、孤儿院、医院等，这些主体的组成部分不是自然人，而是服务于上述宗旨的资产，因而也往往被后来的学者称为基金会（fondazioni）。

慈善团体的法律主体地位在优士丁尼法中得到明确承认，优帝在一项谕令中授予慈善团体以接受遗产继承的权利和处置有关财物的权利，他说：“当以笼统的方式将穷人设立为继承人时，一律由城市贫民救济院获得遗产，并由救济院领导按照我们为战俘作的那些规定在病人中进行分配：或者发给年收入，或者变卖可动物或动物，以便购买不动物并每年向病人提供膳食。”[③] 为了实现自己的目的，慈善团体通常委托教会僧侣负责钱财的管理以及有关的组织工作。

二、国库（fiscus Caesaris）

国库是由皇帝掌管的财产，但它与皇帝的个人财产相分离，被视为一个独立的实体，它不因皇帝的死亡而由其继承人继承，而只是由新的皇帝继续掌管，皇帝只是该实体的代理人。国库享有某些特权，例如，有权取得无人继承的遗产。

三、尚未继承的遗产（hereditas iacens）

根据罗马继承法规则，继承人在决定接受继承（aditio hereditatis）后开始接替被继承人的法律地位。在继承人决定接受继承之前，遗产属于无主物（res nullius），它不归任何人所有，独立地存在。古典法学家甚至认为它仍然代表着死者的地位，乌尔比安写道：“遗产不是代替继承人，而是代替死者，这已被市民法的许多规定所证实。”[④] 与所有的财产性实体一样，尚未继承的遗产可以通过自己的代理人行使有关的权利并履行有关的义务，所不同的是，尚未继承的遗产可以由奴隶作为代理人：“在法律的许多规定中，遗产被视为主人，因此，就遗产而

---

① D.47，22，3pr.（《民法大全选译/人法》，105页）。

② D.3，4，7，1（同上书，103页）。

③ C.1，3，48（49），3（同上书，109页）。

④ D.41，1，34（《民法大全选译/婚姻　家庭和遗产继承》，511页）。

言，遗产就如同主人，通过一名遗产奴隶的劳作而得到增加”①。萨宾学派甚至认为：奴隶可以通过要式口约的方式代表尚未继承的遗产缔结债关系。②

第五节 商事活动中的有限责任

在商事活动中，主人或者“家父”往往通过授予奴隶或“家子”一笔特有产（peculium）承担有限责任。这种“用于经营商行的特有产”就像是有限责任公司股东的出资（股份）一样，一方面，使主人和“家父”有权取得奴隶和“家子”通过经商活动所取得的利益和利润；另一方面，又使主人和“家父”仅仅在该出资范围内对奴隶和“家子”所欠下的债务或者所造成的亏损承担责任。意大利罗马法教授阿尔多·贝杜奇对此作出精辟解释：这笔构成特有产的财产归奴隶的主人或儿子的父亲所有，但是，儿子和奴隶在经营企业时对这笔财产享有充分的处分权。这种组织形式是很占便宜的，因为赢利和取得都归入特有产之中，从而归奴隶的主人或儿子的父亲所有，而他们对于亏损和债务的责任却以特有产为限不会使他们的全部财产受到影响。因为，在法律上，特有产被视为同奴隶主和父亲的其余财产相分离的实体。③

正如一位罗马法学家正确指出的那样：“特有产类似于人”④（peculium simile esse homini），罗马社会的特有产制度在一定意义上可以被看作法人有限责任制度的雏形。

对这种有限责任的保护和调整，主要是通过裁判法实施的，其基本做法如下。

（1）以特有产之诉（actio de peculio）限定责任范围。当奴隶或“家子”在未经主人或“家父”同意的情况下与他人进行交易时，主人或“家父”将在因该交易而获利的范围内承担责任；如果主人或“家父”未从中获利，则可对其提起特有产之诉，要求其在为有关奴隶或“家子”设立的特有产的范围内承担责任。在对特有产的数额进行估价时，一般应当扣除奴隶或“家子”欠主人或“家父”的债务数额。

（2）以分配之诉（actio tributoria）限制主人或“家父”的优先受偿权。如果主人或“家父”不了解奴隶或“家子”所进行的经济活动的种类，他们有权先于其他债权人获得对其债权的清偿；相反，如果他们是知情的，所有的债权则均处于同一层次，并且平等地按比例清偿；如果主人或“家父”自行从特有产中提前扣除自己的债权并致使其他债权人得不到合理的清偿，后者可以提起分配之诉，要求按照公正的比例分割特有产。⑤

（3）以转化物之诉（actio de in rem verso）限制撤资行为。当主人或“家父”以欺诈方式或者非恶意地减少或者收回自己对特有产的出资或者排除自己的责任时，奴隶或“家子”的债权人可以提起转化物之诉，要求主人或“家父”将收回的财产重新纳入特有产，并要求他们在其获利的范围内对产生于有关交易活动的债务承担责任。⑥

需要说明的是，如果奴隶或“家子”的交易活动完全是根据主人或“家父”的命令、指派或委托进行的，后者对于因前者受托行为而产生的债务则承担无限责任，有关债权人可以通过“主人或家父责任之诉”（actiones adiecticiae qualitatis），即依令行为之诉（actio quod iussu）、

① 赫尔莫杰尼安语，载D.41，1，61pr.（《民法大全选译/婚姻 家庭和遗产继承》，511页）。
② 但是，普罗库勒学派对此则持否定态度。参见D.45，3，28，4（同上书，511页）。
③ 参见［意］阿尔多·贝杜奇：《罗马商法的若干基本原则》，载《外国法译评》，1993（4），93页。
④ D.15，1，40pr.（《民法大全选译/婚姻 家庭和遗产继承》，213页）。
⑤ 参见上书，201～205页。此书的译者将分配之诉译为“分摊之诉”。
⑥ 参见上书，217～221页。此书的译者将转化物之诉译为“给家父的财产返还于特有产之诉”。

经管人之诉（actio institoria）或船东之诉（actio exercitoria），要求主人或“家父”承担这样的无限责任。

本编思考题

1. 在罗马法中，自由人的身份是怎样取得的？
2. 罗马市民享有哪两项基本的权利？
3. 自权人和他权人的区别是什么？哪些人属于自权人？哪些人属于他权人？
4. 在罗马法中，奴隶具有怎样的法律地位？
5. 什么是人格减等？它划分为哪些种类？
6. 什么是权利能力？人从何时开始享有权利能力？
7. 什么是行为能力？哪些人拥有行为能力？
8. 哪些因素可以导致意思瑕疵的发生？
9. 在罗马法中，哪些财产性实体具有独立的法律地位？
10. “家父”通过什么法律制度在商事活动中承担有限责任？

第三编

家庭和婚姻法

第七章
家　庭

第一节　familia（家庭）的含义

拉丁文 familia 一词，在罗马法中，有着自己特有的含义。

在比较严格的意义上，familia（家庭）特指所有服从同一家长权力的自由人集合体，这种服从既可能产生于自然血缘关系，也可能产生于特定的法律制度（如收养）。上述家长被称为“家父”（pater familias），隶属于他的不仅包括他的儿子、女儿，还包括孙子、孙女以及所有的后代。乌尔比安说：“家父不仅仅是指他这个人，也是指一种支配权。”① 可以说，罗马社会的家庭是以“家父”为核心的人的集合体。

在狭义家庭（familia proprio iure）中，只有“家父”是自权人（sui iuris），其他家庭成员均属于他权人（alieni iuris）。当“家父”死亡或者丧失自由权或市民籍后，这种家庭依从关系就随之而解除，男性“家子”即从他权人变成为自权人，自立新的狭义家庭。

Familia（家庭）可以有更广阔的含义，即在共同“家父”还存在的情况下，本应从属于该“家父”的所有成员的共同体。也就是说，即使原来的“家子”都变成了“家父”，他们仍属于广义家庭（familia communi iure）的成员。正如乌尔比安所说：“就‘广义家庭’而言，它包括全部的有宗亲属关系的人，虽然伴随着家父的死亡，每一个人都有其家庭，但是所有的都曾处于同一父权之下的人都是同一家庭的成员，因为他们来自于同一个宗族。”② 在此意义上，familia 是数个狭义家庭的集合体。

在罗马法中，familia 一词还可以理解为家庭财产（包括奴隶、牲畜和其他财物）的总和。比如，《十二表法》规定，最近的宗亲属有权继承未立遗嘱而死亡者的 familia，从这个意义上讲，它在中文中被翻译为“家产”。

第二节　亲属关系：宗亲、血亲和姻亲

所谓亲属关系是指“几乎出生于或者来自于一个共同祖先所繁衍的人”之间的关系。③ 它区分为不同的类型：宗亲、血亲和姻亲。

宗亲（adgnatio）指家庭中的父系亲属关系，即指将所有服从于同一“家父”权力的家庭

---

①② D.50，16，195，2（《民法大全选译/婚姻　家庭和遗产继承》，5 页）。

③ 参见 D.38，10，4，1（同上书，13 页）。笔者认为，此处的 cognatio 一词应当理解为广义的亲属关系，而不仅限于“血亲”。

成员联系在一起的关系。“因此，由同一父亲所生的兄弟相互之间是宗亲属，他们也被叫做同父兄弟，而不问他们的母亲是否是同一人。同样，叔叔和其兄弟的儿子互为宗亲属。”① 实际上，这是一种“法定亲属关系”，它既可能产生于自然生育，也可能产生于法律拟制（收养）；一切因“家父”或其家庭的男性成员的合法婚姻而出生的人以及一切被“家父”收养的家外人，均构成该“家父”家庭的宗亲属。在罗马法中，一些与家庭有关的重要权利和义务往往是基于宗亲关系而发生的，例如，父权、继承权。

血亲（cognatio）也被称为狭义的自然血缘关系，“基于母系出生的亲人仅被称为血亲”②。盖尤斯解释说：“那些通过女性人员联系在一起的亲属不是宗亲属，而是另一种自然法的亲属。因而，舅舅和外甥不是宗亲属，而是血亲属。同样，姑、姨的儿子不是我的宗亲属，而是血亲属。”③ 事实上，存在着只依自然法而成立、但根据市民法不能成立的血亲关系，例如，妇女分娩的非婚生子女。④ 血亲关系最初在法律上的意义是很有限的，特别是在继承问题上，人们曾谨慎地防止家产流失到宗亲关系以外。一般来说，血亲只构成缔结婚姻的障碍；此外，在选择监护人时，血亲属比家外人享有优先权。

在优士丁尼法中，父系亲属和母系亲属的区分趋于消失，所有的宗亲属和血亲属均被称为“亲属”（cognati）。优士丁尼皇帝在一项谕令中写道：“我们判定，家庭一词具有这样的含义：包含父母、子女和所有亲属（propinquos）。”⑤

姻亲（adfinitas）指一方配偶与另一方配偶的亲属之间的亲属关系，“姻亲关系产生的原因是婚姻”，婚姻将两种不同的亲属关系联系在一起。⑥ 姻亲属包括：岳父、岳母、公公、婆婆、女婿、儿媳、继父、继母、继子、继女等。但是，一方配偶的亲属与另一方配偶的亲属之间不产生姻亲关系。在法律上，姻亲关系可能构成缔结婚姻的障碍，比如，优士丁尼禁止娶继女（再婚妻子带来的女儿）、儿媳或者岳母为妻。⑦

第三节　亲属关系：亲系和亲等

亲属关系的远近有两个标准：一个是亲系（linea），另一个是亲等（gradus）。

亲系分为直系亲属和旁系亲属。直系亲属是指相互之间有着直接的和连续的派生关系的亲属，体现着一种纵向的上下垂直关系，如父亲、祖父、儿子、孙子等；在罗马法中通常使用 ascendentes（向上追溯的）和 discendentes（向下追溯的）这两个词来分别表示直系尊亲属和直系卑亲属。保罗说：“隶属于父权之下的人们被认为是宗亲属中关系最近的人。”⑧ 这里实际上是说直系亲属关系。

旁系亲属是指因横向发展而偏离了直系关系的亲属，横向的繁衍使得亲属关系相对变得疏远。“在旁系亲属关系中，有兄弟和姐妹及他们所生的子女。此外还有叔爷、伯爷、姑奶、姨

① 盖尤斯 I. 3，10。
② 保罗语，载 D. 38，10，10，2（《民法大全选译/婚姻　家庭和遗产继承》，13 页）。
③ 盖尤斯 I. 1，156。
④ 参见 D. 38，10，10，2（《民法大全选译/婚姻　家庭和遗产继承》，13 页）。
⑤ 转引自 A. Burdese，MANUALE DI DIRITTO PRIVATO ROMANAO，225 页。
⑥ 参见 D. 38，10，4，3（《民法大全选译/婚姻　家庭和遗产继承》，19 页）。
⑦ 参见优士丁尼 I. 1，10，6 和 I. 1，10，7。
⑧ D. 38，10，10，3（《民法大全选译/婚姻　家庭和遗产继承》，15 页）。

奶、叔、伯、姑、舅、姨及其配偶等。”[①]

实际衡量某一亲属关系远近的标准是亲等。对于直系亲属，亲等按代计算，每隔一代就增加一个亲等，“生育我和兄弟的父亲和母亲在亲属关系中被认为处于第一亲等”[②]，因此，父子之间是第一亲等，爷孙之间是第二亲等，以此类推。对于旁系亲属，采用另一种方法计算亲等，即由己身向共同的祖先上溯，再从该共同祖先向另一亲属对象回溯，并计算其间代数。比如，兄弟之间是第二亲等[③]，叔侄之间是第三亲等，兄弟的子女之间则是第四亲等。

一般来说，亲属关系只考虑到第七亲等为止，莫德斯丁的解释是：“因为事物的自然性决定着不可能有超过这一亲等的生命存在。”[④]

在姻亲之间不计算亲等。[⑤]

第四节 父 权

正如我们前面谈到的，“家父”权力曾经包含对“家子”和奴隶的支配权（potestas）、对娶进家庭的妇女的夫权（manus）以及对因损害投偿而获得的他人“家子”的财产权（mancipium）。“父权”（patria potestas）是后来从“家父”权力中派生出来的一种权力，它仅仅以具有自由人身份的“家子”为对象，按照优士丁尼的说法，“我们在合法婚姻中所生的我们的子女，处在我们的权力下”[⑥]。这里所说的“权力”就是指父权；这里所说的“子女”不仅包括亲生的子女，还包括孙子、孙女、曾孙子、曾孙女，以此类推。“但你女儿所生的人，不处在你的权力下，而处在其父亲的权力下。”[⑦]

在人身方面，父权曾经是绝对的和广泛的，它甚至包含生杀权（ius vitae ac necis）。“家父”有权遗弃新生儿；有权出卖“家子”；有权在“家子”犯有侵害行为时将其移交给受害方，以便摆脱对自己责任的追究；有权将“家子”交给债权人以作为履行债务的质押（人质）；更有权对“家子”进行矫正和惩罚，这种惩教活动可在由亲友组成的“家庭委员会”（consilium domesticum）的参与下公开地进行。

当然，上述某些权力在历史发展进程中不断受到限制。据说，在早期的君王法（leges regisa）中就存在对“家父”生杀权的限制，禁止杀死或者遗弃男性幼少儿、长女和不满3岁的幼儿，除非能够证明他们属于怪胎并且在行使权力时邀请邻居作为见证人[⑧]；早期法还禁止出卖已获准结婚的子女。[⑨] 有些权力的滥用还可能导致有利于子女的结果，比如，《十二表法》规定：“父如三卖其子，子则可以［由］父［权］之下解放出来。”[⑩] 在后古典法时代，随着基督教观念的普及和国家专制权力的确立，“家父”的生杀权被彻底废除。优士丁尼则将“家父”的移交罪犯权（ius noxae dandi）限制适用于奴隶。[⑪]

---

① D.38，10，10，8（《民法大全选译/婚姻 家庭和遗产继承》，17页）。
②③ D.38，10，10，9（同上书，17页）。
④ D.38，10，4pr.（同上书，17页）。
⑤ 参见D.38，10，4，5（同上书，19页）。
⑥ 优士丁尼I.1，9pr.。
⑦ 优士丁尼I.1，9，3。
⑧ 参见A. Burdese，MANUALE DI DIRITTO PRIVATO ROMANAO，263页。
⑨ 参见上书，264页。
⑩ 《十二铜表法》，13页。
⑪ 参见优士丁尼I.4，8，7。

在财产方面，“家父”享有对家庭财产的垄断权，一切家庭财产均归“家父”所有，并由其全权处置。“家子”虽然在民事上享有一定的行为能力，但却不构成家庭财产关系的权利主体，因此，他所取得的一切财产均归“家父”所有。为了充分利用“家子”的行为能力和有关才智，“家父”通常为“家子”提供一定的特有产，让其从事商贸活动，而自己则像控股股东一样地坐享收益并仅在其出资范围以内承担经济责任。随着特有产制度的发展，“家子”后来开始获得自己的财产所有权，并且导致“家父”对某些特有产仅享有用益权，而不再享有所有权。

第五节　子女的认定

正如前面提到的，父权的对象是产生于“合法婚姻”、收养或归顺父权的“家子”。这里所说的产生于“合法婚姻”的子女，在罗马法中被称为婚生子（legitimi）；根据保罗的解释，“应当认为在合法婚姻的第七个月降生的新生儿是合法子女”①。这意味着，在缔结合法婚姻的第182天以后出生的子女被视为婚生子。

在解除婚姻关系的情况下，前妻如果感到自己已经怀孕，应当在离婚后的30天内通知前夫或其家庭，“如果前夫既不派出保护者，也不针对得到的通知发出反告知，即通知说前妻所怀的孩子不是他的，那么他所接受的惩罚是：强迫前夫认定孩子是他的”。“相反，前夫或者他委托的人通知她怀的不是他的孩子，他不被强迫认定之，除非有人证明他是孩子的亲生父亲。”②

莫德斯丁说：“不得违背非婚生子或已脱离父权的子女的意愿将其置于父权之下。”③ 所谓非婚生子（liberi naturales）主要是指产生于姘合（concubinatus）关系的子女，这种关系虽然不受到法律的正式承认，但得到社会习俗的默认，由此而产生的子女有着确定的生身父母，并且可以通过收养程序或者下列认领（legitimatio）程序获得合法子女的地位。

（1）通过随后结婚（per subsequens matrimonium），即通过随后与姘妇缔结合法婚姻而使由其生育的子女转变为婚生子。

（2）通过资助市政会（per oblationem curiae），即允许经济条件殷实的父亲通过赠与或遗嘱使子女获得足够的财产，以便使其具备必要的资产在长大后担任市政会（curia）议员的职务（该职位要求承担一定的经济负担）。

（3）根据君主批复（per rescriptum principis），此方式只适用于不能因随后结婚而认领子女的情况下（例如姘合的一方死亡）。

与非婚生子不同的是私生子（filii spurii 或 filii vulgo concepti），即由身份不明者生育的或者产生于受到法律禁止的男女结合的子女。“事实上，这些人被认为没有父亲，因为父亲也是不确定的。”④ 根据罗马法的原则，“私生子的地位则随母亲”⑤。

---

① D.1，5，12（《民法大全选译/人法》，9页）。

② 乌尔比安语，载D.25，3，1，4（《民法大全选译/婚姻　家庭和遗产继承》，123页）。

③ D.1，6，11（《民法大全选译/人法》，59页）。

④ 优士丁尼I.1，10，12。

⑤ 杰尔苏语，载D.1，5，23（《民法大全选译/人法》，11页）。

第六节　脱离父权

"家子"可以因各种原因摆脱本家庭的父权，比如，因收养而进入收养人的家庭，脱离自己原有的家庭；因"归顺夫权"（conventio in manum）而脱离原有的家庭，进入丈夫的家庭；因损害投偿（noxae deditio）而被自己的"家父"移交给侵害行为受害方，从而丧失自己的家庭地位；为抵偿债务而被"家父"出卖，等等。但是，真正使"家子"在摆脱原有家庭的父权后获得独立（即取得自权人身份）的制度是脱离父权（emancipatio）。

准确地讲，脱离父权是"家父"放弃对其子女所享有的支配权的行为。它是一种古老的制度，早在《十二表法》中就有规定。盖尤斯在《法学阶梯》中对有关过程作出详细说明："父亲将儿子卖给他人，后者采用诉请解放的方式将其解放，此后儿子重新处于父权之下，父亲再次将儿子卖给同一人或者其他人（但通常是卖给同一人），后者同样采用诉请解放的方式将其解放；随后儿子又回到父权之下，父亲第三次将儿子卖给同一人或者其他人（通常是卖给同一人），这次的要式买卖使儿子摆脱父权，尽管他还没有被解放，甚至仍然属于他人的财产。"

女性只经过一次要式买卖就摆脱父权。①

在上述对"家子"的要式买卖中，买者实际上属于信托买受人，他购买"家子"不是为了拥有，而是为了配合"家父"完成三次的虚拟买卖，使"家子"获得解放，因此该人必须是"家父"信得过的人。在三次买卖过程中，"家父"仍被视为被卖人的法定继承人，有权督促买受人将被卖人退卖给自己，要求对后者实行诉请解放（manumissio vindicta）。

在后古典法时期，阿那斯塔修皇帝创立了一种脱离父权的新方式，即当"家子"远离自己的家庭时，可以根据皇帝的批复脱离父权，这被称为"根据君主批复脱离父权"（emancipatio per rescriptum principis）或者"阿那斯塔修法脱离父权"（emancipatio Anastasiana）。优士丁尼皇帝允许通过在执法官面前制作有关文书确认脱离父权的效力，这种方式被称为"通过文书脱离父权"（emancipatio per tabulas）或者"优士丁尼法脱离父权"（emancipatio Giustinianea）。

在后期的发展中，脱离父权的适用要求获得被解放者的同意。使"家子"脱离父权是"家父"的自愿行为，一般来说，任何人不得强迫"家父"违背自己的意愿解放其"家子"；不过，在某些情况下，"家父"有义务使有关的"家子"脱离父权，例如，"家父"滥用父权。

第七节　自权人收养

收养是罗马家庭接纳"家子"的法定方式之一。在罗马私法中，收养分为两种：自权人收养（adrogatio）和他权人收养（adoptio）。

自权人收养是一种比较古老的收养形式，表现为某一"家父"对另一"家父"实行收养。在早期的实践中，自权人收养是一种具有宗教色彩的政治行为，它导致家庭间的合并，因而一般应当在由大祭司主持的民众会议面前进行。之所以被称为 adrogatio，是"因为收养人被询问（rogatur）是否愿意让被收养的人成为自己的合法儿子；被收养人被询问是否同意这样做；民

① 参见盖尤斯 I.1，132；I.1，132a。

众也被询问是否准许这样做”[①]。在有些情况下，自权人收养也可以在作为30个库里亚象征的侍从官（lictores）面前进行。在优士丁尼法时期，自权人收养一般根据君主的批复（per rescriptum principis）进行。[②]

在收养建议被批准后，被收养的自权人“就不仅自己从属于收养人的支配权，而且其子女也将同样处于收养人的支配权下，如同后者的孙子女”[③]。同时，被收养人必然会将自己的财产也带入新的家庭，使之完全转归收养人所有。被收养者因人格减等而丧失自己原有的自权人地位。因此，这种使收养人继承被收养人财产的做法也曾被认为属于“生者间继承”（successio tra vivi）。

最初的自权人收养不适用于妇女和未适婚人，这一限制在帝国时期得到放宽，“在裁判官面前，在行省总督或者特使面前，我们可以收养任何年龄的人”，“一般也收养女性”[④]，但应审查“收养的原因是否诚实和有利于未成年人”[⑤]。

优士丁尼法对自权人收养的财产后果进行了某些改革，不再使收养人继承被收养人的财产，而只使之取得对该财产的用益权和经营权。如果被收养的自权人尚未届至适婚年龄，在其脱离父权时，收养人应当向其返还财产；如果上述被收养人在未脱离父权情况下死亡，收养人“将把其财产返还给如未作成收养将会继承未成年人的人”[⑥]，即返还给被收养人的法定继承人。

第八节　他权人收养

如果说通过自权人收养接纳“家子”的早期做法具有某种政治兼并色彩的话，随后发展起来的他权人收养（adoptio）制度则主要产生于家庭生活的需要，与现代的收养制度更相类似。优士丁尼说：“收养是模仿自然家庭关系（adoptio enim naturam imitatur）”[⑦]。因此，比照自然生养，收养子女应当符合以下条件：（1）收养人一般应当具有“家父”的身份；根据优士丁尼法，在特殊情况下，妇女也可以收养，“以作为丧子的安慰”[⑧]。（2）收养人应当至少大于被收养人“一个完整的发身期，也就是18周岁”。（3）因自然生理原因而不能生育者（如阳痿者）可以收养，“而被去势者不能收养”[⑨]。（4）被收养人应当是“家子”，至于是男性还是女性、是适婚人还是未适婚人，无关紧要。

他权人收养在最初时采取的是与脱离父权相类似的方式，即作为送养人的“家父”将被收养人连续三次卖给收养人，后者作为信托买受人向法庭主张自己对被收养人享有所有权，被收养人的“家父”不对此主张表示异议，从而使法官能够将被收养人判给信托买受人（收养人）[⑩]，即实行拟诉弃权（in iure cessio）。这种早期的收养方式一般不要求被收养人的同意。优士丁尼法对收养程序进行了简化和改革，要求收养人、被收养人和送养人向执法官表达关于收养的意愿；在执法官对有关意思表示加以记录后，被收养人就与原家庭脱离关系，归顺到收养人的父权之下。

---

① 盖尤斯 I.1，99。
② 参见优士丁尼 I.1，11，1。
③ 盖尤斯 I.1，107。
④ 盖尤斯 I.1，102；I.1，101。
⑤⑥ 优士丁尼 I.1，11，3。
⑦ 优士丁尼 I.1，11，4。
⑧ 优士丁尼 I.1，11，10。
⑨ 优士丁尼 I.1，11，9。
⑩ 参见盖尤斯 I.1，134。

在优士丁尼法中，出现了完全收养（adptio plena）和不完全收养（adptio minus plena）的区分。完全收养是指尊亲属对自己的已脱离父权的卑亲属的子女或者自己女性卑亲属的子女实行收养。在这种情况下，“血亲权和养亲权在一个人身上竞合，养父的权利维持不变，与血缘关系相联合，并通过合法方式的收养得到巩固，这样，儿子既处在家族中，又处在这样的养父的权力下”①；此种收养使被收养人完全丧失在送养人家庭中的权利和义务。不完全收养则指不是由尊亲属，而是由家外人（extraneus）实行的收养，在这种情况下，“生父的支配权不解除，也不转移任何权利给养父，儿子也不处在其权力下”，但是，相对于收养人，养子享有无遗嘱情况下的继承权。②

第九节　扶养关系

扶养（alimenta）是有关人员之间产生于家庭关系的、相互扶助的权利和义务，它既可表现为经济上的赡养，也包括病难时的救助。③ 根据罗马法学家的观点，扶养不仅以家庭关系为基础，更“基于衡平和血缘之爱的原则”④，“基于仁爱之观念”⑤，“基于孝顺”⑥。可以说，这是一种典型的产生于自然法的关系。

扶养责任的这种自然法特点突出地体现在该义务的维系范围上，它远远超出了“家父”与“家子”之间的宗亲关系、夫妻家庭关系或法定亲属关系，适用于所有相互之间存在血缘关系的人。罗马法学家在有关论述中特别提到下列人员之间的赡养义务。

（1）已脱离父权的子女与生身父母之间，不因脱离父权而导致抚养义务的消灭，前者仍然“要承担起赡养贫穷的父亲的责任”，即使已脱离父权者是未适婚人。⑦

（2）母系亲属之间，具体地说，当事人与“母亲和她的亲属及其他外戚”之间，同样存在扶养义务，“外祖父也负有抚养义务”⑧。

（3）母亲与私生子之间，存在着相互扶养的义务。⑨ 如果能够认定私生子生父，根据上述罗马法的扶养原则，后者同样负有抚养义务。

扶养关系通常借助非常审判获得保护，扶养费数额的确定一般应根据扶养义务人的经济承受能力和扶养权利人的需要加以确定。

需要说明的是，这种扶养义务可以因一方当事人的忘恩负义行为而解除，例如，如果儿子将父亲赶出家门，根据君主谕令，“父亲拒绝抚养儿子是公正的”⑩。此外，亲属之间的扶养义务不扩及被扶养人的个人债务承担，“儿子不应当履行父亲债务的义务”⑪。

---

① 优士丁尼 I. 1，11，2。

② 参见优士丁尼 I. 1，11，4。

③ 乌尔比安在谈及扶养义务时特别提到“医治双方的疾病”。参见 D. 25，3，5，2（《民法大全选译/婚姻　家庭和遗产继承》，137 页）。

④ 乌尔比安语，载 D. 25，3，5，2（同上书，137 页）。

⑤ D. 25，3，5，15（同上书，141 页）。

⑥ D. 25，3，5，16（同上书，141 页）。

⑦ 参见 D. 25，3，5，13（同上书，141 页）。

⑧ D. 25，3，5，3；D. 25，3，5，5（同上书，137 页）。

⑨ 参见 D. 25，3，5，4（同上书，137 页）。

⑩ D. 25，3，5，11（同上书，139 页）。

⑪ D. 25，3，5，16（同上书，143 页）。

第八章

婚　姻

第一节　缔结合法婚姻的前提条件

根据罗马法学家莫德斯丁所给的定义，“结婚是男女间的结合，是生活各个方面的结合，是神法和人法的结合”①。但是，并非任何一种男女间在生活上的结合均构成合法婚姻（matrimonium iustum），在罗马法中，缔结合法婚姻需要具备以下前提条件。

（1）男女双方必须都具有通婚权（conubium），也就是说，他们是罗马市民或者享有与罗马市民通婚的资格，并且是自由人。

（2）男女双方均达到适婚年龄，这种年龄的最初标准是看是否具有“结婚的自然能力”②，后来优士丁尼将其确定为男14周岁、女12周岁。

（3）男女双方有明确的合意，也就是说，“婚姻需要同意的意思表示”③。

（4）如果缔结婚姻的任何一方是“家子”，“需要得到他们处于其权力下的尊亲的同意”④。这里所说的“尊亲”通常是“家父”，所谓“同意”可以表现为默示认可，即不表示反对。

在罗马法中还包含着关于结婚的禁止性规范，以下情形构成缔结合法婚姻的法定障碍。

（1）“婚姻在直系亲属之间无论是近亲还是远亲均不能发生。”⑤ 在古典法时期，三亲等以内的旁系亲属之间不能结婚。⑥

（2）“兄弟与姐妹之间，无论他们是同父同母所生，还是出自父母的一方，他们被禁止结婚。”也不得娶兄弟或姐妹的女儿或孙女为妻。⑦

（3）具有某种姻亲关系的人也不能相互结婚，例如，继父与继女，女婿与岳母，公公与儿媳，无论造成姻亲关系的原婚姻是否已经解除。⑧ 即便是被解放的女奴，庇主也不得强娶为妻。⑨

（4）“在收养关系存续期间，基于收养而产生的兄弟姐妹关系对婚姻构成障碍。”养父母与

---

① D.23，2，1（《民法大全选译/婚姻　家庭和遗产继承》，31页）。

② 优士丁尼I.1，10pr.。

③ 保罗语，载D.23，2，16，2（《民法大全选译/婚姻　家庭和遗产继承》，31页）。

④ 优士丁尼I.1，1，10pr.。此段也指出：如果尊亲患有精神病，子女可在无其同意的情况下结婚。

⑤ 盖尤斯语，载D.23，2，53（《民法大全选译/婚姻　家庭和遗产继承》，33页）。

⑥ 参见A. Burdese，MANUALE DI DIRITTO PRIVATO ROMANO，237页。

⑦ 参见优士丁尼I.1，10，2；I.1，10，3。但是，异父异母的兄弟和姐妹之间可以缔结合法婚姻；兄弟姐妹的子女之间也可以结婚。

⑧ 参见优士丁尼I.1，10，6；I.1，10，7。

⑨ 参见D.23，2，28（《学说汇纂》，第23卷·婚姻与嫁资，罗冠男译，27页，北京，中国政法大学出版社，2013）。

被收养者之间更不允许结婚，即使收养关系已经解除。[①]

(5)“精神病患者（furor）不能结婚。”但在结婚后患精神病的，不影响婚姻的效力。[②]

(6)相互之间有过通奸关系的男女不得缔结合法婚姻。

(7)“监护人或者保佐人不能娶被监护或者被保佐的成年女性为妻。”这一禁止性规定也扩及监护人或者保佐人的儿子。[③]

(8)担任某些特定职务的人不得娶特定地区的女性为妻，比如，“在某一行省执行公务的人不得娶有本省籍贯的女性或者居住在本省的女性为妻”[④]。

(9)元老院议员及其儿子不得娶被解放的女奴为妻，前者的女儿也不能嫁给解放自由人。[⑤]“社会地位较显赫的男性不能娶下层的人所不允许娶的女性。”[⑥]

第二节 婚姻的要件

至少从古典法时期开始，在符合上述前提条件的情况下，婚姻的基本构成要件是配偶间的合意，用罗马法学家的话说，叫作“结婚意愿”（affectio maritalis）或“婚意”，即在男女之间建立起一种持久而亲密的同居关系并且共同生育和抚养子女的合意。在罗马社会，婚姻的缔结不一定要求办理某种法律手续或者出具书面证明，重要的是证明上述合意的存在。“任何人既不能被强迫缔结婚姻，也不能被强迫重新恢复一个业已离异的婚姻。”[⑦]

严格地讲，这里所说的“合意”，不仅是一种起始意愿，而且应当是一种愿意作为夫妻共同生活在一起的持续意愿。这种心理要素需要通过一定的外部行为加以表达，由此产生了婚姻的第二个要件——“婚姻待遇”（honor matrimonii），即配偶双方在各个方面以夫妻相互对待，并且达到使其婚姻关系在社会上得到承认的程度。实际上，“交媾并不构成婚姻”，重要的是证明男女双方“彼此遵守着婚约”[⑧]。

足以证明存在“结婚意愿”的、最重要的“婚姻待遇”行为是在丈夫家中接纳妻子（ductio mulieris in domum mariti），即男方将女方接到自己家中居住，只要履行了这样的行为，即使男方不在自己的家中，也同样被认为存在“婚意”，因而婚姻关系成立。相反，如果女方只是通过书信或者传信人表示对婚姻的赞同，却没有被接到男方家中，则不能认为婚姻已经缔结，“因为嫁娶必须在作为结婚住所的丈夫家中而不是在妻子家中进行”[⑨]。

还有其他一些外部行为能够证明“婚意”的存在，例如，男女稳定地共同居住在一起；设立嫁资；订立结婚契约（tabulae nuptiales）；预先办理了订婚手续；公开作出结婚宣告等。在后古典法时期，“婚意”被进一步客观化，并且完全被某一结婚的起始行为（例如，出具嫁资证书、男女双方接受僧侣的宗教祝福等）客观化，因而，“结婚合意”也变成了起始意愿，即

① 参见D.23，2，17pr.；D.23，2，14pr.；D.23，2，14，1（《民法大全选译/婚姻 家庭和遗产继承》，33页）。

② 参见D.23，2，16，2（同上书，31页）。

③ 参见D.23，2，36；D.23，2，64，1（同上书，37～39页）。

④ 保罗语，载D.23，2，38pr.（同上书，39页）。

⑤ 参见D.23，2，23；D.23，2，16pr.（同上书，37页）。

⑥ 马尔切勒语，载D.23，2，49（同上书，41页）。

⑦ C.5，4，14（同上书，49页）。

⑧ D.24，1，32，13（同上书，59页）。此处的“彼此遵守婚约”在拉丁文中的表述是“honorem invicem matrimonii habebant”，也可译为“彼此给予婚姻待遇”。

⑨ 彭波尼语，载D.23，2，5（《民法大全选译/婚姻 家庭和遗产继承》，51页）。

一旦通过特定的行为加以表达，就产生持续的效力，不可随意撤销。

第三节 婚姻的效力

合法婚姻的缔结将导致一系列法律后果，它们可归纳如下。

（1）生于合法婚姻的子女属于婚生子，取得罗马市民籍，并且成为“家子”。

（2）合法婚姻使得在配偶一方与另一方的亲属之间发生姻亲关系。

（3）合法婚姻使丈夫取得某些有关妻子的权利，比如，“当他的妻子遭受侵辱时，他被认为有权以妻子的名义提起‘侵辱之诉’”①。这种权利甚至可以对抗妻子父亲的权利，丈夫可以据此“迫使父亲出示他的妻子并将她归还”②。

（4）合法婚姻使妻子享受丈夫所拥有的社会等级待遇。妻子“在婚姻存续期间被认为是她丈夫所在城市的居民。因此，她不能被强迫同时承担她的出生地的义务”③。

（5）夫妻负有相互尊敬（reverentia）的义务，因此，配偶不得在未经执法官批准的情况下相互提起诉讼，更不得相互提出刑事指控和可能导致一方“不名誉”的诉讼；不得被要求提供对另一方配偶不利的证言；在债务承担问题上，配偶相互享有所谓“能力限度照顾”（beneficium competentiae）。

（6）夫妻之间应当相互忠诚，罗马法惩罚通奸（adulterium）行为。“一个被罗马城统管的人不能同时有两个妻子。”④

（7）一旦缔结了婚姻，夫妻间的赠与无效。关于与婚姻有关的赠与和财产制度问题，我们将在下一章中作进一步论述。

（8）合法婚姻还使夫妻双方相互承担扶养义务，也使配偶双方相互获得继承权。关于这后一个问题，我们将在第六编继承法中加以介绍。

第四节 订 婚

在罗马社会一直存在着订婚（sponsalia）的习俗，在罗马法中也有着相应的规范。根据罗马法学家佛罗伦丁的定义，“订婚是关于未来婚姻的相互允诺”⑤。它采取誓约（sponsio）的形式，其拉丁文表述由此而来。这种允诺一般在女方的“家父”或者作为自权人的妇女本人与未来的丈夫之间达成，前一方作出出嫁的承诺，后一方则作出接娶的承诺。自订婚之时起，男女双方开始被称为“未婚夫”和“未婚妻”。

作为一种契约，订婚应当是一种自愿行为，“如同结婚一样，订婚是在订婚人同意的情况下产生”，这包括“得到家女的同意”⑥，“若家子不同意，订婚便不能成立”⑦。因此，男女双

---

① 乌尔比安语，载D.47，10，11，7（《民法大全选译/婚姻 家庭和遗产继承》，53页）。

② D.43，30，2（同上书，51页）。

③ 帕皮里·尤斯特语，载D.50，1，38，3（同上书，53页）。

④ C.5，5，2（同上书，33页）。

⑤ D.23，1，1（同上书，19页）。

⑥ 尤里安语，载D.23，1，11（《民法大全选译/婚姻 家庭和遗产继承》，23页）。

⑦ 保罗语，载D.23，1，13（同上书，23页）。

方订婚时的年龄不得小于7周岁，从而能够“明白彼此之间的所作所为”①。

在罗马法发展的历史进程中，订婚的效力是不同的。在古典法时期，订婚不要求任何形式上的手续，也不包含关于违约情况下的处罚约定，因此，订婚人可以随时声明解除订婚，“不禁止已订婚的女性放弃未婚妻的身份而与其他男性结婚”②。“强行缔结未来的或者已有婚约的婚姻是不公平的。”③ 但是，订婚产生一种准姻亲关系，“岳父母、女婿、儿媳的称呼都来自订婚行为”④。未婚夫可以把任何对未婚妻的侵辱看作是对自己的侵辱，并有权提起侵辱之诉。

在后古典法时期，从君士坦丁皇帝开始，帝国立法赋予订婚允诺以一定的约束力，规定：订婚人相互之间的赠与是以结婚为条件的，如果后来未缔结婚姻，受赠方应当向赠与方返还；但是，对未缔结婚姻负有责任的一方无权要求返还。随后，从东方国家引进了订婚保证金（arrha sponsalicia）制度，要求尚未正式结婚的订婚男女相互给付一定数额的钱款，以保证婚约的履行。如果一方因“对婚姻构成妨碍的行为”而未履行婚约，则丧失已给付的保证金⑤，并且应当返还另一方已给付的保证金，甚至还应当按照一定的倍数（最初时为4倍，在优士丁尼法时期为2倍或不加倍）向另一方实行返还。

第五节 归顺夫权

归顺夫权（conventio in manum）是指女子在结婚后丧失自己的权利或与女方家庭的宗亲关系，转受丈夫或丈夫家庭的权力支配。它是男方家庭的“家父”接纳“家子”的方式之一，严格地说，仅仅涉及丈夫的家庭与迎娶的妻子之间的关系。关于这项制度，有两点需要特别加以说明。

第一，这里所说的“夫权”（manus），不一定是指丈夫的权力；当丈夫处于父权之下时，所谓“夫权”是指“家父”针对“家子”妻子所享有的权力。

第二，不宜把“归顺夫权”理解为罗马婚姻的必要条件。正如我们前面介绍的，罗马婚姻是充分尊重当事人意愿的，仅仅以“婚姻意愿”和“婚姻待遇”为基本要件。实际上，自古以来，人们都有可能采取措施使女子在缔结婚姻时不归顺夫权，也就是说，缔结“不带夫权婚姻”（matrimonium sine manu）；尤其是从后古典法时期起，随着狭义家庭（familia proprio iure）以及“家父”权力的不断衰落，归顺夫权制度也逐渐丧失了其存在的意义。

归顺夫权一般通过以下三种方式完成。

（1）时效婚（usus）。表现为丈夫或者丈夫的“家父”因某一妇女与其丈夫连续同居1年而取得对该妇女的夫权，是时效取得（usucapio）制度在家庭婚姻关系中的适用，“实际上，妇女通过1年的占有而被时效取得，因而她转入丈夫的家庭并且取得女儿的地位”⑥。如果某个妇女不愿意因婚姻同居而归顺夫权，她可以“每年离家三夜，以这种方式逐年中断时效”⑦，这被称为“离夫三夜中断”（trinoctii usurpatio）。

（2）祭祀婚（confarreatio）。在中译文里也被表述为“共食婚”，它“通过一种向谷神的祭

① D.23，1，14（《民法大全选译/婚姻 家庭和遗产继承》，25页）。
② C.5，1，1（同上书，29页）。
③ 保罗语，载D.45，1，134pr.（同上书，25页）。
④ 彭波尼语，载D.38.10，8（同上书，25页）。
⑤ 参见C.5，1，3（同上书，29页）。
⑥⑦ 盖尤斯I.1，111。

献礼仪使妇女归顺夫权”[1]，在这种仪式中，新娘和新郎当着10名见证人以及朱庇特神祭司的面相互提出各自的询问并作出宣告，并且一起掰开一种叫作 panis farreus 的麦制面包，以表示共同生活的开始。

（3）买卖婚（coemptio）。“通过要式买卖，即通过一种虚拟的买卖，使妇女归顺夫权。它需要至少5名以上的成年罗马市民作为证人，并且有一位司秤参加。”[2] 如果妇女是自权人，则由自己出卖自己；如果妇女是他权人，则由“家父”实行出卖。

第六节　婚姻的解除：原因

合法缔结的婚姻关系由于下列原因而解除。

（1）配偶任何一方丧失自由人身份。根据古典法时期的原则，配偶一方在战争中被俘，将因最大人格减等而导致婚姻关系解除。“虽然一个被敌人俘虏的人的妻子非常希望婚姻继续存在，并且事实上她仍继续留在了他的家中，但婚姻依然要终止”[3]。如果被俘者返回祖国，在婚姻关系问题上不适用“复境权”（ius postliminii）规则，只有根据原配偶之间的新合意才能使婚姻得以恢复。如果夫妻双方均被俘并且被关押在一起，在他们共同返回祖国时，婚姻关系被认为没有解除。

（2）配偶任何一方丧失市民身份。在相当长的一个时期中，这一情形曾导致婚姻关系的解除，但从古典法后期开始，这种“中人格减等”不再产生解除婚姻关系的效力，“如果丈夫遭到流放和被判处放逐，而妻子保持该婚姻的意志依旧不变，则该婚姻显然不因丈夫遭难而解除”[4]。

（3）配偶之间新增亲属关系。如果岳父收养自己的女婿为儿子或者公公收养自己的儿媳为女儿，因收养而产生的亲属关系将构成婚姻的障碍，因为在兄弟姐妹之间是禁止结婚的，无论他们间的亲属关系是因血缘还是因收养而产生的，否则，将构成乱伦。“因此显然，如果某人希望收养女婿，他应当先解放其女儿。如果某人希望收养儿媳，他应先解放其儿子。”[5]

（4）配偶一方死亡。此情形当然导致婚姻关系的终结。除自然死亡外，根据尤里安的观点，“如果丈夫在敌人那里生死状态不明，自他被俘时起超过5年，妻子有权再嫁他人”[6]。这一观点后来得到优士丁尼法的明确采纳。

（5）配偶之间不再存有婚姻意愿（affectio maritalis）。在此种情况下，当事人可以通过协商合意离婚，或者单方面地解除婚姻。关于这个问题，我们接下来将具体论述。

第七节　离　婚

离婚（divortium）是指配偶双方或者一方失去了结婚意愿（affectio maritalis）而导致共同

---

① 盖尤斯 I.1，112。
② 盖尤斯 I.1，113。
③ 特里佛宁语，载 D.49，15，12，4（《民法大全选译/婚姻　家庭和遗产继承》，67页）。
④ C.5，17，1（同上书，67页）。这里列举的刑罚均使被判刑人丧失罗马市民籍，但保留自由人身份。
⑤ 优士丁尼 I.1，10，2。此处所说的“解放”是指脱离父权（emancipatio）。
⑥ 尤里安语，载 D.24，2，6（《民法大全选译/婚姻　家庭和遗产继承》，69页）。

生活关系的解除。与结婚一样，婚姻合意的缺乏是离婚的根本条件。“如果离婚的双方没有真正要永远分开的想法，这不是离婚。因此，在没有坚定地表达离婚意愿之前，仅在偶然情形下或者在发火的气头上讲离婚并没有法律效力。”①

在罗马法中，离婚分为双方协议离婚和单方面决定离婚，后者也被称为片面离婚（repudium），由于它通常表现为男方的单方面行为，在中文里也可以表述为“休妻”。此外，repudium这个词也可以用来指“将未来的婚姻抛弃”②，而divortium一词不能用来指解除订婚。

在罗马法中存在不同形式的离婚并且有着不同的效力，优士丁尼法将其归纳为以下四种类型。

（1）合意离婚，即经配偶双方协商一致的离婚，它一般被认为是合法的。根据阿那斯塔休皇帝的一项谕令，即使离婚者没有提出法定理由，妇女“在1年之后便可缔结第二个婚姻”③。

（2）基于正当理由的片面离婚，即配偶一方根据合法理由决定的离婚。所谓合法理由是指配偶一方有不可容忍的过错行为，包括：妻子有伤风败俗的行为或者故意流产，通奸，配偶一方犯有叛逆罪或者因有严重犯罪被判刑，等等。

（3）无原因（sine causa）片面离婚，这在法律上是无效的。“如果丈夫弃妻不符合法律规定，为此妻子仍被认为是已婚者。”④

（4）善因离婚（divortium bona gratia），即因不可归咎于配偶任何一方的原因而离婚，例如，丈夫患有不可医治的阳痿，配偶一方患有精神病，在战争中生死不明，选择去修道院生活等。

如果婚姻关系的建立还伴随着归顺夫权，在一般情况下，离婚只解除夫妻共同生活关系，不解除夫权；夫权的解除需采用与夫权设立相对应的方式加以实现，例如，以祭祀除婚（diffarreatio）的仪式解除祭祀婚（confarreatio），以要式退婚（remancipatio）的程式解除买卖婚（coemptio）。

第八节 姘合与同居

姘合（concubinatus）是指一个男人和一个女人之间较为稳定的，但不构成合法婚姻的结合。它通常发生在因男女双方社会地位的悬殊而不能依法结婚的情况中，例如，元老院议员与被解放的女奴之间的结合，与从事低贱职业的女性的结合等。在罗马法中，姘合关系在法律上得到认可，“并不因为有姘合关系而构成通奸罪”⑤。

一般来说，姘合关系不能与其他合法婚姻关系并存，姘妇“是没有举行婚礼但在家中处于妻子地位的人”⑥，不宜将其理解为现代意义上的“妾”。事实上，君士坦丁皇帝明确规定：“在婚姻存续期间如果有一姘合之妇，则是完全不允许的。”⑦

姘合关系的建立也要求具备一定的条件，例如，姘合之妇应当达到适婚年龄，即满12周

① 保罗语，载D.24，2，3（《民法大全选译/婚姻　家庭和遗产继承》，73页）。
② D.50，16，191（同上书，71页）。
③ C.5，17，9（同上书，75页）。
④ 盖尤斯语，载D.48，5，44（同上书，71页）。
⑤ 马尔西安语，载D.25，7，3，1（同上书，147页）。
⑥ 保罗语，载D.50，16，144（《民法大全选译/婚姻　家庭和遗产继承》，145页）。
⑦ C.5，26，1（同上书，147页）。

岁。同合法婚姻一样，姘合关系的建立也因亲属关系的存在而遇到障碍，例如，与兄弟姐妹的女儿不得姘合，否则，将构成乱伦。

产生于姘合的子女不属于婚生子，而被称为亲生子（liberi naturales），但他们可以通过相应的认领程序而取得婚生子的地位。亲生子及其母亲，对于亲生父亲或姘合之夫的财产，也享有一定的继承权，其数额一般不超过遗产的十二分之一；如果只有一个姘合之妇而无子女，“则只能给她留下二十四分之一财产”①。

同居（contubernium）是指在男女奴隶之间或者在主人与奴隶之间建立的稳定的共同生活关系，由于罗马法不承认奴隶享有结婚的权利，因而这种关系只能被称为同居。在相当长的时期中，同居是不受法律保护的。只是在后来的帝国立法当中才出现了某些规定，要求在分配和转让奴隶时尽量避免拆散已存在的同居关系。

① C.5，27，2（《民法大全选译/婚姻 家庭和遗产继承》，149页）。

第九章

家庭财产制度

第一节 特有产：概述

在罗马家庭中，“家父”垄断着财产所有权，“家子”不能拥有自己的财产，后者所取得的一切均归前者所有。但是，为了能够满足“家子”的某些经济需要，同时为了能够充分利用“家子”的才智开展工商活动，“家父”往往向“家子”提供一些钱财，以供其花费和经营，由此产生了所谓的特有产（peculium）制度。

根据乌尔比安的解释，特有产最初只是指由家父给予子的“像少量的现金或少量的财产等一类的东西”①；随着特有产功能的发展，特有产逐渐可包括“全部类型的物品、动产和不动产。同样，在特有产中还可以有特有产中的奴隶、特有产中的奴隶的特有产以及债权”②。在特有产制度的后来发展中，对于“家子”而言，除了来自“家父”的财产外，“特有产还包括由于特有产人的节俭而衍生的财产，或者由于他的职位而得到的赠与报酬”③ 等。

特有产因其来源的不同而具有不同性质。

由“家父”提供的特有产仍然属于“家父”的财产，“家父”有权随时收回该财产，“家子”对之仅享有经管权和一定的处分权，由此而产生的收益同样归“家父”所有。同时，这种特有产作为“家父”的出资，还起着限定“家父”财产责任的作用，也就是说，“在儿子被判罚后，父亲还可仅在他的特有产范围内承担责任”④。

由“家子”本人通过接受赠与或其他与“家父”无关的来源而积累起来的特有产，则构成“家子”真正的“小金库”，从而导致“家子”独立的财产所有权的出现；“家父”对这样的特有产仅享有用益权和遗产继承权。虽然“家父”对“家子”享有父权，但他不能将该特有产随意加以剥夺。“家子”甚至可以用此财产与“家父”进行交易。

第二节 特有产：类型

对于“家子”来说，特有产主要划分为以下类型。

(1) 父予特有产（peculium profecticium），是指由“家父”给予（a patre profectum）“家

---

① D.15，1，1，4（《民法大全选译/婚姻　家庭和遗产继承》，207 页）。
② D.15，1，7，4（同上书，209 页）。
③ 佛罗伦丁语，载 D.15，1，39（同上书，213 页）。
④ 乌尔比安语，载 D.9，4，35（同上书，193 页）。

子”个人支配和经管的钱财。对于这种特有产，“家子”可以根据自己的意愿加以使用、享益和经管；“尽管家子有特有产的自由管理权，但他不能赠与之。因为给儿子特有产的自由管理权不是为了让他将特有产浪费掉”①。因此，父予特有产在法律上仍然归“家父”所有，“家父”有权随时收回该财产。当“家子”脱离父权时，如果“家父”未要求归还该特有产，则财产所有权转归已脱离父权者所有。

（2）军营特有产（peculium castrense），是指由“家子”在服兵役期间取得的财产，如战利品、战友的赠品等，在中译文里有时也被表述为“军役特有产”。“家父”向服役者的赠与以及服役者在战争期间购置的财物也属于军营特有产。军营特有产归服役的“家子”所有，“家父”无权剥夺此财产。“父亲与儿子之间不能缔结买卖契约。但是，可以缔结买卖有关军役特有产的契约。”② 与父予特有产不同的是，“父亲不因儿子对军役特有产订立契约所产生的债务而被他人提起‘特有产之诉’。如果父亲自愿应允被提起‘特有产之诉’，则将像所有辩护人为儿子提供连带担保一样。那么，如果败诉，责任的承担不应当限于儿子的军役特有产范围内，而应于父亲的全部财产范围内”③。

在君士坦丁时期，“家子”在担任公职、教职或者从事自由职业期间取得的财产和赠与被等同为军营特有产，叫作“准军营特有产”（peculium quasi castrense）。

（3）外来特有产（peculium adventicium），是指来源于“家子”的母亲或者母系尊亲属的财产，例如母亲的遗产。根据君士坦丁皇帝的一项谕令，“对于处于父权之下的子女因继承母亲的遗产而获得的财产，父亲仅享有用益权，财产所有权属于子女”④。随后，狄奥多西皇帝也宣布：“禁止父亲依支配权变成儿子从外祖父、外祖母、曾祖父、曾祖母处继承的财产的所有人。”⑤ 由于“家父”对此种特有产享有用益权，“家子”在转让上述财产时应当得到“家父”的同意；“家父”不能通过遗嘱处分此财产；“家父”有义务帮助“家子”在涉及该财产的诉讼中进行辩护；同时也有权获得对自己为保护该财产而支出的费用的补偿。⑥

在罗马法中还存在一种所谓“非常外来特有产”（peculium adventicium irregulare 或 extraordinarium），即因法律上的障碍而致使“家父”没有能够取得的、第三人以不让“家父”从中受益为条件而赠与的，或者“家子”在对其兄弟的法定继承中取得的财产。对于这类特有产，“家父”不享有任何权利。

第三节　嫁资及其设立

嫁资一词的拉丁文是 dos，从词源学的角度讲，它与 dare（给付）和 donatio（赠与）两个词有关。嫁资是由妻子、她的“家父”或者第三人为维持婚姻生活而向丈夫转让的财物，它代表着一种与婚姻密切相连的财产制度。“没有婚姻也就不可能有嫁资。”⑦ 嫁资的这一基本性质派生出以下原则。

---

① D. 39，5，7pr.（《民法大全选译/婚姻　家庭和遗产继承》，215 页）。

② D. 18，1，2pr.（同上书，225 页）。

③ 马尔西安语，载 D. 49，17，18，5（同上书，227 页）。

④ C. 6，60，1pr.（同上书，229 页）。

⑤ C. 6，61，1（同上书，231 页）。

⑥ 参见 C. 6，60，1，1（同上书，229 页）。

⑦ 乌尔比安语，载 D. 23，3，3（同上书，79 页）。

（1）嫁资的给付和允诺是附条件的，也就是说，“因嫁资而订立的契约要包含以下条件：只要婚姻成立”①。只有婚姻关系有效缔结，嫁资向丈夫的转让才合法成立，或者有关的允诺才成为法律义务。如果婚姻未能缔结或者被宣告无效，嫁资均应当予以返还。这是嫁资区别于订婚保证金的基本特征。

（2）“嫁资是根据她永远受丈夫支配的愿望而设置的。”② 因此，即使丈夫是处于父权之下的“家子”，他在婚后仍然享有嫁资。虽然，在传统的罗马家庭中，“家子”所取得的一切均归“家父”所有，但嫁资是为夫妻的婚姻生活而设立的，“家父”应当让作为丈夫的“家子”保留此财产，“因为嫁资要掌握在承担婚姻重荷的人手中”③。实际上，嫁资“被纳入了特有产之中”④。而且，作为“家子”的丈夫可以通过先取遗赠（legatum per praeceptionem）获得妻子嫁资的所有权。

（3）“解除婚姻应当将嫁资返还给妻子。”⑤ 既然嫁资是为了婚姻生活而设立的，那么婚姻关系的解除也将导致嫁资的归还。实际上，“将嫁资交给妇女用于生育和喂养子女是非常必要的”⑥。从一定意义上讲，嫁资也是对妇女离婚后生活的经济保障，这可以说是由该制度的基本宗旨所派生的一个目的。

嫁资可以由妻子的父亲或者由作为第三人的家外人加以设立，由前者设立的嫁资叫作父予嫁资（dos profecticia），由后者设立的叫作外来嫁资（dos adventicia）。在古典罗马法中，嫁资的设立可采用以下三种方式之一。

（1）嫁资给付（dotis datio），即通过普通的财产转让方式转移有关的财物、相关的财产权或者债权。

（2）嫁资声言（dotis dictio），即在订婚时由女方的“家父”或者由作为自权人的妇女本人单方面地作出给付财物的口头许诺。

（3）嫁资承诺（dotis promissio），即采用要式口约的形式就给付嫁资的义务作出约定，这种约定的有效性以婚姻的缔结为条件。

第四节　嫁资的处分和返还

“尽管嫁资是丈夫财产的一部分，但从一定意义上讲亦属于妻子。”⑦ 实际上，当构成嫁资的财物受到其他权利人的追夺（evictio）时，妻子有权针对设立该嫁资的人提起诉讼。如果给丈夫一块土地作为嫁资，丈夫在上面可以开采石头，矿山所带来的利益当然属于丈夫，因为很显然，只要妇女在设立嫁资的时候没有作出相反的意思表示，那么她给丈夫这块土地就是为了让他获得收益。⑧

① D.23，3，21（《民法大全选译/婚姻　家庭和遗产继承》，85页）。

② 保罗语，载D.23，3，1（同上书，79页）。

③ D.17，2，65，16（同上书，103页）。

④ 乌尔比安语，载D.24，3，22，12（同上书，107页）。

⑤ D.24，3，2pr.（同上书，103页）。

⑥ 彭波尼语，载D.24，3，1（同上书，103页）。

⑦ 特里佛宁语，载D.23，3，75（同上书，93页）。

⑧ 参见D.24，3，8pr.（《学说汇纂》，第24卷·夫妻间财产关系，黄美玲译，［意］腊兰校，141页，北京，中国政法大学出版社，2016）。

在婚姻关系存续期间，丈夫对嫁资的处分是受到限制的。根据公元前18年颁布的《关于惩治通奸罪的尤利法》（Lex Iulia de adulteriis coercendis），未经妻子同意，丈夫不得转让构成嫁资的意大利土地；丈夫也不得用这样的土地实行抵押，即使得到妻子的同意。优士丁尼法将这一限制性规定扩展适用于行省土地的转让，规定："丈夫不仅不能未经妻子的同意将嫁资田宅进行抵押，而且亦不能出售之。因为要避免丈夫利用妻子的软弱使她迅速地变得贫穷。"①

在婚姻关系存续期间，丈夫应当"像管理己物一样用心地管理嫁资"。对于嫁资之物遭受的损失，丈夫都应承担责任。② 当然，丈夫为维护嫁资之物而付出的费用（比如为改善田地而付出的费用）应当从嫁资价值中扣除；如果支出的费用未得到补偿，与其价值相当的"这部分田宅不再是嫁资"③。

当婚姻关系解除时，丈夫或其继承人有义务返还嫁资。妻子及其近宗亲属或者设立嫁资的第三人有权根据男方在婚姻缔结时作出的关于妻子财物的保证（cautione rei uxoriae）或者有关的要式口约，要求丈夫或公公返还嫁资。此种诉讼后来也被称为嫁资之诉（actio de dote）。如果离婚后妻子死亡，她的继承人可以对她的丈夫或是其父亲提起诉讼，在嫁资返还中应该适用妻子本人提起诉讼之时通常所遵循的相同规则。④ 丈夫或公公应当在其财产能力的范围内承担相应的返还责任，但是，这种能力限度照顾（beneficium competentiae）不适用于丈夫的继承人，后者要对所有的嫁资承担连带责任，而且不享有下面将提及的留置权。⑤

面对返还要求，丈夫可以对嫁资行使下列留置权，拒绝返还全部或者部分嫁资。

（1）因花费留置（retentio propter impensas），其目的在于以嫁资财产补偿丈夫在婚姻关系存续期间支出的必要开销。

（2）因子女留置（retentio propter liberos），表现为丈夫在因妻子过错而解除婚姻关系时为每个子女留置嫁资的1/6，或者在妻子死亡时为每个子女留置嫁资的1/5。

（3）因伤风败俗留置（retentio propter mores），表现为丈夫在因妻子的通奸行为而解除婚姻关系时留置嫁资的1/6，或者在因妻子的轻微败俗行为而解除婚姻关系时留置嫁资的1/8。

（4）因被窃物留置（retentio propter res amotas），表现为丈夫在婚姻关系解除时为追索妻子在婚姻存续期间窃取的家庭财产而对嫁资实行留置。

（5）因赠与物留置（retentio propter res donatas），表现为丈夫在婚姻关系解除时为追索妻子在婚姻存续期间从丈夫处获得的赠与而对嫁资实行留置。

第五节　嫁资外财产

所谓"嫁资外财产"（parapherna），是起源于东部行省的财产制度。该词来源于希腊文，在拉丁文中最初被表述为 bona recepticia，后来也被表述为 bona extra dotem。这种财产是指作为自权人的妇女在不带夫权婚姻（matrimonium sine manu）中所保留的个人财产以及作为他权人的妇女在结婚时所保留的特有产，比如，妇女的首饰和钱款积蓄。随着"归顺夫权"制度的衰退，这在后古典法时期已成为一种相当普遍的现象。

---

① C. 5，13，1，15b（《民法大全选译/婚姻　家庭和遗产继承》，104页）。

② 参见 D. 23，3，17pr.（同上书，95页）。

③ D. 23，3，56，3（同上书，97页）。

④ 参见 D. 24，3，27（同上书，173页）。

⑤ 参见 D. 24，3，12 和 D. 24，3，15，1（同上书，109～111页）。

与嫁资不同，嫁资外财产归妻子所有。狄奥多西皇帝明确宣布："丈夫对妻子的嫁资之外的财产，也就是希腊人所称的'妻子带来的嫁资之外的财产'，未经她的同意，没有任何共有权，也无任何权利去处分它。""我们不准许丈夫以任何方式干涉妻子对其带来的嫁资之外的财产行使权利。"①

妻子可以将嫁资外财产交给丈夫经管，实际上，这也是夫妻间通常的做法，丈夫因此而获得对该财产的经管权，但是，这并不影响妻子享有完全的所有权和最终的处分决定权。在这时出现的是一种与委托（mandatum）或寄托（depositum）相类似的关系。在丈夫不理睬妻子提出的返还该财物要求的情况下，"如果委托给丈夫保管，可提起'寄托之诉'或者'委托之诉'。相反，如果丈夫未接受保管却将财产强占在己处不归还给妻子，则她可提出'返还强占物之诉'"②。

产生于上述财产的孳息，应当被用来满足家庭生活的需要，或者按照妻子的要求加以使用。

在婚姻关系解除的情况下，丈夫有义务将嫁资外财产全部返还给妻子，并且以自己的全部财产作抵押保证上述义务的履行。因此，在返还问题上，妻子对丈夫的财产享有法定抵押权。

第六节　婚姻赠与

婚姻赠与（donatio propter nuptia）最初被称为婚前赠与（donatio ante nuptias），一般是指未婚夫向未婚妻实行的赠与。这种赠与以婚姻的缔结为条件；如果因未婚妻死亡或者有过错而导致婚姻没有实际缔结，未婚夫可以撤销该赠与。因此，婚姻赠与制度在出现之初是与订婚行为相联系的，是对订婚的一种确认。

与订婚保证金不同的是，婚姻赠与具有保障妻子在婚姻关系解除后或者在守寡时生活需要的作用，在这方面，它与嫁资的功能相同。"既然在婚前赠与和嫁资之间没有任何差异，为什么婚前赠与不能作为嫁资在婚后给予呢?"③ 因此，根据优士丁尼法，这种赠与也可在婚后完成，并且被改称为"婚姻赠与"。后来，婚姻赠与甚至发展成为与嫁资相平行的制度，就像女方的父亲有义务为女儿设立嫁资一样，男方的父亲也有义务为儿子向女方实行婚姻赠与。

需要特别说明的是，在罗马法学家眼中，"婚姻赠与"不同于"配偶间赠与"。婚姻赠与被理解为婚前赠与的延伸，具有合法的目的，"即使交付是在婚礼之后亦被认为赠与行为在婚礼之前已完成"④。而配偶间赠与是一种夫妻间转移家庭财产的行为，"它不是为了证明婚意"⑤。"根据我们的惯例，夫妻间的赠与无效。这一规定的目的在于使他们的婚姻是基于彼此之间的爱情，并使一方的财产不因赠与给对方而丧失。"⑥

罗马法禁止夫妻间赠与的另一个原因是：夫妻往往都处于同一家父支配权（potestas）之下，而处于同一家父之下的人相互之间不能根据任何法律进行赠与，因而，妻子也不能向丈夫

① C.5，14，8（《民法大全选译/婚姻　家庭和遗产继承》，119页）。
② 乌尔比安语，载D.23，3，9，3（同上书，117页）。
③ C.5，3，20，3（同上书，117页）。
④ 斯凯沃拉语，载D.24，1，66pr.（同上书，57页）。
⑤ C.5，3，20，4（同上书，121页）。
⑥ 乌尔比安语，载D.24，1，1（同上书，57页）。

的兄弟实行赠与，更不能向奴隶赠与。①

在婚姻缔结之后，未婚妻受赠的财物转归丈夫掌管，但是，丈夫不得对这些财物实行转让和抵押。有关财物应当首先被用来满足家庭生活的需要和养育子女。狄奥多西二世规定：如果接受赠与的妇女再次结婚，她对受赠财物仅享有用益权，所有权在形式上归前一婚姻所生子女。

① 参见 D. 24，1，3，2（《学说汇纂》，第 24 卷·夫妻间财产关系，5 页）。

第十章
监护和保佐

第一节　概　述

监护（tutela）是指针对具有权利能力，但不具有或者不完全具有行为能力的人实行的扶助和保护。在罗马法中，接受监护的人主要有：作为自权人（sui iuris）的妇女，变成了"家父"的男性未适婚人或者未成年人，被解放的奴隶等。

保佐（cura）是对因特定原因而处于限制行为能力状态的人采取的扶助和保护措施。在罗马法中，接受保佐的人主要有：精神病人，受到禁治产处分的浪费人，某些聋哑人或慢性病患者。

监护和保佐都是罗马社会的古老制度，早在《十二表法》中就包含关于妇女监护以及关于精神病人和浪费人保佐的规定。早期的监护和保佐都同家庭权益的维护有着极为密切的联系，它们的基本宗旨在于防止家庭财产或利益因有关当事人的"轻佻"或"浪荡"而遭受损失或流失；家庭有义务对获得独立地位的女性以及脱离了父权的"家子"继续给予一定的监控。因此，《十二表法》特别注重选择宗亲属或者族人（gentilis）作为监护人和保佐人。随着社会的发展，监护和保佐逐渐从侧重家庭权益的维护转向侧重当事人权益的维护，其功能逐渐从家庭权力跟踪向个人利益保护转变。

除适用的对象不同外，监护与保佐在职能上也存在区别。

其一，监护是对那些"不能自我保护的自由人给予保护的一种权力"①，而保佐经常表现为对"被认为不适宜管理财产"者的权利代管②，因此，监护比较像是权能补充，保佐更像是权能限制。

其二，监护具有普遍性，"不得就特定事务或为特定事件指定监护人，因为他是为人，而不是为事件或事务指定的"③；而保佐具有特殊性，"保佐人可以为特定事项指定"④。一句罗马法格言说，"监护针对人身，保佐针对财产"（tutor datur personae，curator bonis），因此，监护和保佐有时候可以同时并存，"例如在法定监护人不干练的情况下"，在"监护人不适合于管理"的情况下⑤，或者在"监护人身体不佳或年迈"的情况下，可另行设置财产保佐人。⑥

---

① 保罗语，载 D. 26，1，1pr.（《民法大全选译/婚姻　家庭和遗产继承》，151 页）。笔者将原译文中的"权利"改为了"权力"，因为相应的拉丁文原文是 vis ac potestas。

② 参见 D. 27，10，13（同上书，189 页）。

③ 优士丁尼 I. 1，14，4。

④ 优士丁尼 I. 1，23，2。

⑤ 参见优士丁尼 I. 1，23，5。

⑥ 参见 D. 26，1，13pr.（《民法大全选译/婚姻　家庭和遗产继承》，153 页）。

第二节　监护人的确定

在相当长的一段历史时期中，监护职责更多地被认为是一种责任或负担，因为它要求监护人付出一定的劳动、心力，甚至经济上的花费。在罗马法文献中，我们可以看到关于“强迫”某人履行监护人职责的规定①以及大量关于监护职责豁免（excusatio tutoris）的规定。因此，罗马法对监护人要求的条件不高，只要具有自由人身份、年满 25 周岁并且精神和身体状况正常即可，“不仅家父，而且家子也可被指定为监护人”②。但是，哑巴、聋子、精神病患者、女性、文盲不能担任监护人职责。

根据确定监护人的不同方式，监护可分为以下类型。

（1）遗嘱监护（tutela testamentaria），即被监护人的“家父”、母亲、近亲属、庇主或者亲生父亲在遗嘱中指定监护人；对于妇女在遗嘱中指定的监护人，一般还需要由执法官予以审查确认。以此种方式指定监护人一般以被监护人在同一遗嘱中被设立为继承人为条件。

（2）法定监护（tutela legitima），指在缺乏遗嘱指定的情况下依照法律赋予或者承认的管束权而自动承担监护责任。最初这种监护职责是由近宗亲属承担的，在优士丁尼法中规定也可由血亲属承担。直系尊亲属是其卑亲属的法定监护人。被解放自由人的庇主、已脱离父权者的原尊亲属以及妇女的丈夫也被视为法定监护人。对于法定监护来说，当有多个符合条件的人时，“他们全部都是监护人”③。此外，“法定监护可以转移给成年的男性后代，其他监护则不能被转移”④。

（3）官选监护（tutela dativa），指执法官根据请求为本应获得监护、但没有法定监护人或遗嘱监护人的人指派监护人。上述指派监护人的请求可以由任何人提出，通常是由未适婚人的亲属或邻居提出。一般认为此种监护制度是由《阿梯里亚法》（Lex Atilia）创立的，因此官选监护人也被称为阿梯里亚法监护人（tutor Atilianus）。

对于官选监护，在一定情况下可以实行监护职责豁免，例如，所养育的子女达到一定的数量（在罗马为 3 个，在意大利为 4 个，在行省为 5 个），正在为国家履行一定职务，无力承担有关的经济负担，健康状况不良，年纪超过 70 岁，对被监护人之父抱有敌意等。

（4）信托监护（tutela fiduciaria），出现在妇女为摆脱宗亲属的法定监护而对自己实行虚拟的买卖婚或者“家子”通过虚拟的要式买卖使自己脱离父权的情形当中。虚拟的买婚人和虚拟的买受人成为该妇女或“家子”的信托监护人，实际上，他们是恰恰因受到信任才被选定扮演买婚人或买受人角色的。

第三节　未适婚人监护

未适婚人监护（tutela impuberum）是在未适婚人的“家父”死亡或者人格减等情况下实

---

① 如 D. 26，7，1pr.（《民法大全选译/婚姻　家庭和遗产继承》，177 页）。

② 优士丁尼 I. 1，14pr.。

③ 盖尤斯语，载 D. 26，4，9（《民法大全选译/婚姻　家庭和遗产继承》，169 页）。

④ 乌尔比安语，载 D. 26，1，6，4（同上书，155 页）。

行的监护，根据罗马法学家的定义，“是为保护由于年龄不能保护自己的人，由市民法授予和允许的对自由人的权利和权力”①。在上述定义中，未适婚人监护被解释为一种“权利和权力”(ius ac potestas)，这反映出此种监护在早期曾发挥着维系罗马家庭的作用，监护人行使着某种替代“父权”的权力。正是由于这样的原因，未适婚人的监护人通常是通过尊亲属的遗嘱加以指定的，或者表现为由宗亲属或族人履行法定监护职责。

我们在“行为能力的年龄”一节中对未适婚人的标准进行了介绍，实际上，未适婚人又分为幼儿（infans）和大幼儿（infantia maior)，前者不满7岁，无任何行为能力；后者在满7岁后开始取得限制行为能力。对于这两类未适婚人，监护人分别采用两种不同的监护方式，即事务经管（negotiorum gestio）和给予准可（auctoritatis interpositio)。对于幼儿，监护人以自己的名义并且为被监护人（pupillus）的利益采取行动，进行事务经管；在此种情况下，“从事监护活动的监护人在照顾被监护人的利益时，应当具有主人的地位”②；在取得问题上，监护人通常让被监护人的奴隶实施财产取得行为，以便使作为主人的被监护人直接取得财产。对于大幼儿，通过给予监护人准可（auctoritas tutoris）补充其行为能力；“应认为：如果没有监护人的许可，处于被监护时期的未适婚人不能对任何一种法律的行为作出表示。因此，对每一个法律的行为作出表示必须有监护人的允许”③。

需要说明的是，对于那些已成为自权人的未适婚人来说，并非所有未获监护人准可的行为在法律上都是无效的，“甚至没有监护人的授权，允许他们去做确实改善其状况的行为；但恶化其状况的行为，就非监护人授权不能做了。因此，在产生相互之债的情况中，［如］在买卖、租赁、委托中，如果未发生监护人的授权，与他们订约者确实受债之约束，而相反，被监护人不受债之约束”④。

第四节 妇女监护

妇女监护（tutela mulierum）是指针对作为自权人的妇女实行的监护，这种监护一般是终身的。“实际上古人认为，女性即便达到了成熟年龄，由于其心灵的轻浮，均应受到监护。”因此，妇女监护的适用对象不受年龄的限制，甚至包括出嫁者。⑤但是，妇女可以因生育了一定数量的子女（对于生来自由的妇女来说，生育3个；对于被解放的妇女来说，生育4个）而获得摆脱监护的权利。

妇女的监护人可以由对其享有父权的尊亲属在遗嘱中确定，在缺乏有关的遗嘱安排的情况下，则实行法定监护，或者由执法官指定。“如果某个妇女希望摆脱她现有的监护人并且得到另一个监护人，经现有的监护人准可而对自己实行买卖；然后买者将她退卖给她所希望的人，她通过诉请解放的方式由后者解放，并把她的解放人作为监护人”⑥，由此而产生信托监护。

在实行遗嘱监护的情况下，遗嘱人可以让作为被监护人的妇女自由地挑选或者变更自己的监护人，也可以允许妇女为自己选择数名监护人，由此而产生的监护人被称为自选监护人

① 优士丁尼 I.1，13，1。

② 保罗语，载D.26，7，27（《民法大全选译/婚姻 家庭和遗产继承》，177页）。

③ 杰尔苏语，载D.50，17，189（同上书，173页）。

④ 优士丁尼 I.1，21pr.。

⑤ 参见盖尤斯 I.1，144。

⑥ 盖尤斯 I.1，115。

（tutor optivus）。

对妇女的法定监护“也可以由缺乏行为能力的人、未适婚人或者精神病人负责；它可以通过拟诉弃权的方式转让给第三人”[①]。“宗亲属、庇主以及自由人的解放者可以在执法官面前将对妇女的监护转让给他人。然而，对未成年人的监护不允许转让。”[②]

对于已满适婚年龄的女性，监护人不直接经管其财产，实际上，“成年妇女自己处理其事务，监护人在某些情况下给予形式上的准可”[③]。需要获得监护人准可的情形包括：妇女归顺夫权，转让要式物，进行法律诉讼和拟诉弃权，设立嫁资，解放奴隶，订立遗嘱，接受遗产继承，承担债义务，对债实行正式免除（acceptilatio），等等。在古典法中，妇女甚至可以要求执法官强迫监护人给予准可。

随着妇女法律地位的不断提高，妇女监护制度逐渐被弃置不用，并且在公元5世纪彻底消亡，在优士丁尼法中已经不见踪迹。

第五节　监护人的责任

罗马法把监护视为一种负担不无道理，因为监护人不仅通过事务经管（negotiorum gestio）和给予准可（auctoritatis interpositio）为被监护人提供保护，而且承担着其他一些责任，例如，“作为监护人，不仅要负责被监护人的财产，还要负责他的品德的培养”；他有义务为被监护人聘请教师并为之支付合理的报酬；有时为了被监护人的利益需要向有关人员进行馈赠；有时应当为女性被监护人设立嫁资等。[④] 显然，做这些事情需要经济上的付出和精神上的操劳。

监护人为维护被监护人的利益采取行动，而这种行动的后果直接由被监护人承担，因此，他在履行职责时应当承担下列义务。

（1）必须诚信行事，不得自作主张地与被监护人做交易。比如，“监护人不得同时承担购买和出售的责任”[⑤]，也就是说，不得作为买受人或卖出人与自己所监护的人进行买卖交易，除非有另一位监护人对有关交易给予准可；也不得通过第三人进行这种交易，否则，有关的交易行为无效。监护人不能对被监护人的财物实行时效取得。

（2）在履行监护职责之前必须对被监护人的财产进行清点。监护人“不应当在清点财产之前管理任何财产，除非他的管理行为不能有任何迟延”。如果他故意地不进行清点，则应对被监护人所遭受的财产损失承担责任。[⑥]

（3）认真记录、管理和汇报有关的财务活动及其账目。监护人有义务根据被监护人的要求，将有关的账目交其检查，“如果他没有为之，将在‘监护之诉’中被追究责任”[⑦]。

从《十二表法》时代起，在罗马法中就出现了两种针对监护人滥用职权行为的法律救济措施，即侵吞财产之诉和控告嫌疑监护人之诉。

侵吞财产之诉（actio rationibus distrahendis）可由被监护人针对其法定监护人提起，要求

---

① A. Burdese，MANUALE DI DIRITTO PRIVATO ROMANO，277页。

② 盖尤斯 I.1，168。

③ 盖尤斯 I.1，190。

④ 参见 D.26，7，12，3（《民法大全选译/婚姻　家庭和遗产继承》，177页）。

⑤ 乌尔比安语，载 D.26，8，5，2（同上书，175页）。

⑥ 保罗语，载 D.26，7，27（同上书，177页）。

⑦ 乌尔比安语，载 D.27，3，1，3（《民法大全选译/婚姻　家庭和遗产继承》，183页）。

该监护人分别提交经管被监护人财产的账目和关于自己个人财产的账目，以查明监护人在履行职责期间是否侵吞了应归被监护人所有的财物；如果查明存在侵吞行为，则按照被监护人遭受到的损失对监护人处以双倍的罚金。在优士丁尼法中，此种诉讼已可扩展适用于一切类型的监护人。

控告嫌疑监护人之诉（accusatio suspecti tutoris）最初是针对遗嘱监护人的，如果遗嘱监护人被怀疑在履行监护职责期间对被监护人实施了欺诈或者重大过失行为，即可对之提起该诉讼。此种诉讼还可能导致宣布有嫌疑的监护人不名誉。在优士丁尼法中，该诉讼可针对任何类型的监护人或者保佐人提起。

在共和国末期出现了另一种更加注重诚信原则的救济手段，叫作监护之诉（actio tutelae），它可由被监护人针对一切失职的监护人提起。在这个诉讼中，监护人“对自己的故意、过失和未勤谨监护承担责任”[①]。这意味着，如果监护人对于被监护人的事务没有采用处理自己事务时的勤谨注意（diligentia），将在此诉讼中被追究责任。此种诉讼应当在监护职责履行期限内提起，可导致被起诉的监护人不名誉。监护人也可以针对被监护人提起监护反诉讼，要求其补偿自己在履行监护职责期间所付出的费用。

第六节 各种保佐

正如我们前面谈到的，保佐是为经管特定事务而设立的，而所谓特定事务主要是指财产管理，因此，“这种人与其说是保佐人，不如说是被监护人的财产管理人”[②]。对于保佐人来说，最重要的条件是具有财产管理能力，只要在这方面是干练的，甚至“儿子可以被指定为父亲的保佐人”[③]。

在罗马法中存在以下几种民事保佐。

（1）精神病人保佐人（cura furiosi）。这是由《十二表法》确立的制度。根据这一制度，精神病人的财产将被托付给一名保佐人管理；此保佐人从近宗亲属（adgnatus proximus）中指定，在无宗亲属的情况下，则从族人（gentilis）中指定。保佐人在管理精神病人的财产的同时还负责该人的生活；在保佐职责履行完毕后，应当就有关账目作出汇报。对于不诚实的保佐人，可以提起无因管理之诉（actio negotiorum gestorum）。

（2）浪费人保佐人（cura prodigi）。“如果发现一个人随时地无节制地挥霍他的财产，破坏性地滥用他的财产，那么，要参照精神病人的例子给该人指定保佐人。”[④] 该保佐人通常是浪费人（prodigus）的近宗亲属，或者是由执法官指定的人员。最初，保佐人只负责管理浪费人通过无遗嘱继承（successione ab intestato）获得的财产，后来监管的范围扩及浪费人的全部财产。

（3）不满25周岁未成年人保佐人（cura minorum XXV annorum）。随着公元前191年《普莱多里法》（Lex Plaetoria）的颁布，不满25周岁的未成年人可以要求裁判官为自己指定一名保佐人协助处理某一事务，以防止受到他人的欺骗。后来，马可·奥勒留皇帝将这种为特定事

① D.27，3，1pr.（《民法大全选译/婚姻 家庭和遗产继承》，181页）。
② 彭波尼语，载D.26，1，13pr.（同上书，153页）。
③ 保罗语，载D.27，10，2（同上书，185页）。
④ 乌尔比安语，载D.27，10，1pr.（同上书，185页）。

务指定的保佐人变成为常设保佐人。从此，不满 25 周岁的未成年人处置自己的财产必须得到保佐人的同意，他再不能提出普莱多里法抗辩（exceptio legis Plaetoriae）要求恢复原状（restitutio in integrum）。

（4）胎儿保佐人（curator ventris），是在丈夫死亡后留有遗腹子（postumus）的情况下，为即将出生的胎儿（nasciturus）任命的保佐人，负责代表胎儿参加遗产继承并且保管分配给胎儿的财产。“保佐人或者从为遗腹子指定的监护人中，或者从亲属或姻亲中，或者从替补人、死者的朋友或债权人中选出；但应当选自那些认为合适的人。”①

（5）破产财产保佐人（curator bonorum），是由裁判官任命的、负责管理破产人财产的保佐人。他享有比较广泛的权利，可以代表债权人通过提起保利安之诉②（actio Pauliana），要求撤销债务人以欺诈方式实行的财产转移行为。“裁判官说：对于明知是欺诈债权人而为的欺诈行为，我赋予诉讼中的债务人的财产保佐人和那些在这一情况下享有诉权之人以诉讼保护。他们可在从知晓欺诈行为之时起的 1 年内行使这一诉权。”③

本编思考题

1. 为什么说“家父”是罗马家庭的核心？
2. 什么是宗亲、血亲和姻亲？
3. 什么是父权？它在人身和财产方面有着怎样的体现？
4. 罗马法中的收养制度划分为哪两大类型？
5. 罗马法的婚姻基本要件是什么？
6. 什么是夫权？妇女通过哪些方式归顺夫权？
7. 什么是姘合和同居？它们与合法婚姻有哪些区别？
8. 什么是特有产？它有哪些主要的类型？
9. 设立嫁资的目的是什么？丈夫对嫁资享有哪些权利并承担怎样的义务？
10. 什么是监护？它的基本类型有哪些？
11. 什么是保佐？它相对于监护具有怎样的特点？

---

① D. 37，9，1，23（《民法大全选译/人法》，7 页）。

② 提起此诉讼所须具备的三项条件是：（1）债务人有意采用减少自己财产的手段致使债权人得不到清偿，即具有欺诈意图（consilium fraudis）；（2）对债权人造成损害结果（eventus damni）；（3）接受转让的第三人对上述欺诈知情（scientia fraudis）。

③ D. 42，8，1pr.（《民法大全选译/契约之债与准契约之债》，53 页）。

第四编

物法

第十一章

物及其分类

第一节　物（res）的含义

在罗马法中，人们可以使用不同的术语表述物法调整的对象，例如，patrimonium，bona，pecunia，res 等，实际上，这些术语的含义是有区别的。

patrimonium 在中文里通常被翻译为“财产”，它比较侧重指从一定意义上被作为一个整体加以考虑的财产法律关系的总和，既可包括物权，从更广的意义上讲，也可包括债权；可以理解为“清偿债务后剩下的财产”①。在涉及对财产的概括继承时，比较多地使用该词。

bona（bonum）的对应中文术语是“财物”或“财产”，“‘财产’（bona），根据自然法被说成是使人享福（即使人变得幸福）的东西”②，它既可以指概括的财产，也可以表示单项的物件。

pecunia 同样具有“财产”的含义，而且比较经常地被用来指钱款，有时在中译文里被表述为“钱财”。罗马法学家认为：“pecunia 这一名称不仅包括现金，而且包括像动产和不动产、有体物和权利这样的所有的物。”③

res 被罗马法学家看作是存在于外部世界的，对人具有社会、经济价值的实体，在中文里一般被表述为“物”。保罗说：“‘物’（res）这个词的含义比‘财产’（pecunia）的含义广，物包括我们的可有物以外的那些物，而财产的含义同处于可有物状态的那些物有关。”④ 优士丁尼的《法学阶梯》在界定“物”的概念时开宗明义地指出：“物要么在我们的财产之内；要么在我们的财产之外被拥有。”⑤ 由此看来，“res”（物）不仅囊括了 patrimonium、bona 和 pecunia 的含义，而且有着更为广泛的外延，它还涵盖了某些在一定的历史条件下尚未或者难以归私人权利支配的物。这一术语体现着罗马法学家对于物的客观自在性的特别正视，反映出罗马法对各种潜在的人与物的关系的特别关注。

值得注意的是，在罗马法中很难找到关于 res（物）的完整定义，罗马法学家宁愿采用分类和列举的方式指明物与私法权利的各种关系。因此，具体地了解罗马法关于物的分类将特别有助于理解“物”的概念和含义，并且特别有助于辨别与各种不同类型的物相关的法律规范和制度。

---

① 保罗语，载 D. 50，16，39，1（《民法大全选译/物与物权》，范怀俊、费安玲译，37 页，北京，中国政法大学出版社，2009）。

② 乌尔比安语，载 D. 50，16，49（同上书，37 页）。

③ 赫尔莫杰尼安语，载 D. 50，16，222（同上书，39 页）。

④ D. 50，16，5pr.（同上书，37 页）。

⑤ 优士丁尼 I. 2，1pr.。

第二节 非财产物：神法物

就私法而言，财产物（res in patrimonio）和非财产物（res extra patrimonium）是首要的划分。所谓财产物是指可以归个人所有的并且可用来进行交易的物品，它也被称为可交易物（res in commercio），是私法意义上的财产（patrimonium，bona 或 pecunia）。为了知道哪些是财产物，我们最好先了解哪些是非财产物或者非交易物（res extra commercium）。

首先，所有的神法物（res divini iuris），即一切为宗教目的服务并且因此而被排除在民事交易之外的物品，都是非财产物，具体包括。

（1）神圣物（res sacrae），即用于公共宗教祭祀活动的物品，例如，寺院（包括建造寺院的土地）和向神捐献的物品。“如果某人私自献祭某物，此物非神用物，而是俗物”①。罗马法禁止对神圣物实行买卖、抵押或质押，但允许当事人为获得物的返还或给付而提起相关的民事诉讼。

（2）神息物（res religiosae），即与已故者的宗教保护有关的物品，例如，墓地、陵墓纪念碑和陪葬物品。即使当事人已就有关土地的买卖缔结了契约，但该土地上的神息物是被排除在外的，“人们享有进入位于其出卖了的土地上的墓地的权利及送葬时进入墓地或绕墓地行走的权利”②。

（3）神护物（res sanctae），即虽然不是用于宗教活动，但被认为受到神的保护的物品，例如，城市的城墙和城门。该术语与 sanctio（制裁）一词有关，意思是“受某种制裁（sanctio）保护之物”，“谁在神护之地行凶，谁就会被处死”③。

第三节 非财产物：人法物

还有一部分与宗教目的无关的人法物（res humani iuris）也属于非财产物，它们包括。

（1）共用物（res communes omnium），即共同体成员根据自然法共同享用的、不归任何个人所有的物品，例如，空气、流水、大海、海滨等，“从万民法上讲，它们向所有的人开放”④。优士丁尼在一项谕令中禁止加高晒场附近的建筑物高度，以保护任何人对晒场通风的需要，并宣布：“任何挡住晒场上的适当的、足够的风的活动，使所有人的晒场变得无用并使麦子无法晒干，都是非法的。”⑤

（2）公有物（res publicae），即归罗马共同体所有的物品，例如，河流、道路、桥梁、广场、戏院等。由于许多公有物是为所有人服务的，所以，在罗马法文献中，公有物和共用物的概念经常相互混同，比如，海滨、河流等既被说成是公有物，也被认为是共用物，“罗马人控制的海滨为罗马人所有”⑥，“河岸像河流一样为大家共有”⑦。

---

① 马尔西安语，载 D. 1，8，6，3（《民法大全选译/物与物权》，7 页）。在此引文中，res sacrae 被翻译为“神用物”。在徐国栋教授翻译的优士丁尼《法学阶梯》中，该拉丁文术语被译为“圣物”。

② 彭波尼语，载 D. 47，12，5（同上书，13 页）。在此引文中，res religiosae 被译为“安魂物”。

③ 乌尔比安语，载 D. 1，8，9，3（同上书，17 页）。

④ 保罗语，载 D. 18，1，51（同上书，25 页）。

⑤ C. 3，34，14，1（同上书，19 页）。

⑥ 杰尔苏语，载 D. 43，8，3pr.（《民法大全选译/物与物权》，23 页）。

⑦ 盖尤斯语，载 D. 1，8，5pr.（同上书，33 页）。

(3) 团体物 (res universitatis)，即"团体的而不是个人的物"①，例如，属于自治市、殖民区或其他共同体的物。团体物只能为了团体的利益使用，"为了一个市民的利益或为反对另一个市民，可以拷打城市的公奴"②。团体物与公有物是两个不同层次的"公共财产"，前者的层次低于后者。

(4) 无主物 (res nullius)，即不归任何人所有的物品，在一定情况下可以构成先占 (occupatio) 的对象，但是，在所有主确定之前属于"非交易物"，例如，野兽、产生于河流的滩涂等。盖尤斯认为，"属于遗产的物品在继承人出现之前不归任何人所有"③，可视为无主物。

(5) 遗弃物 (res derelictae)，即曾经归某人所有，但后来所有主将其丢弃并且对其放弃所有权的物品。遗弃的成立要求一项主观要件，即所有主怀有抛弃物品的意愿，"假如抛物者以抛弃之意思抛弃它，通常认为，拾得该物的人不是在盗窃，而是变成了该物的所有人。但是，要是抛物者非以抛弃之意思而是以拥有之意思抛弃它，拾得者必须返还该物"④。

第四节　有形物和无形物

对于财产物来说，一个基本的区分是有形物和无形物。

有形物 (res corporales) 在一些罗马法文献的中译文里也被表述"有体物"，它是指"依其性质可被触摸的物"⑤，例如，土地、衣物、金银等。有些权利，尤其是物权，通常以有形物为载体并且与之不可分离，比如，所有权一般附着于有形物。

无形物 (res incorporales) 也可以称为"无体物"，指不可被触摸的物品，"实际上，继承权、用益权和债权本身都是无形的。对城市土地和乡村土地的权利同样属于无形物"⑥。这样的权利，虽然往往以有形物为标的，但它们可以脱离有形物而独立地存在和交易。

需要说明的是，罗马法学家将债权纳入无形物的范畴，只是为了从财产的角度说明权利的物质特点，而不涉及债权的法律特性。就法律特性而言，物权和债权是有着根本的区别的，关于这一点，我们将在债法部分加以论述。在物法部分，一般不调整债权问题。

第五节　要式物和略式物，可动物和不动物

要式物 (res mancipi) 的拉丁文表述来自 mancipium (财产权) 一词，这类物对于早期的罗马社会经济曾经具有至关重要的意义，因而对它们的转让必须通过要式买卖 (mancipatio) 或者拟诉弃权 (in iure cessio) 等郑重的方式进行。要式物包括：(1) 位于意大利领域的土地、享有意大利权⑦ (ius Italico) 的行省土地； (2) 乡村地役权 (servitutes praediorum rustico-

① 优士丁尼 I. 2，1，6。

② 马尔西安语，载 D. 1，8，6，1 (《民法大全选译/物与物权》，35 页)。

③ 盖尤斯 I. 2，9。

④ 乌尔比安语，载 D. 47，2，43，11 (《民法大全选译/物与物权》，117 页)。

⑤ 优士丁尼 I. 2，2，1。

⑥ 盖尤斯 I. 2，14。

⑦ 意大利权是指位于意大利领域内的各罗马行省土地的特有地位，这种地位使得该土地豁免了纳税义务，并且可成为市民法所有权 (dominium ex iure Quiritium) 的对象。作为一种法律制度，意大利权也可以被授予意大利以外的行省土地或殖民区。

rum)，例如，通行权、引水权等；（3）奴隶；（4）用于运输的牲畜。

略式物（res nec mancipi）与要式物相对应，因对于早期的罗马社会经济仅具有次要的意义而允许人们采用简单的让渡（traditio）方式进行转让。略式物包括：（1）位于行省境内的土地，如贡赋地[①]（praedia stipendiaria）和纳税地[②]（praedia tributaria）；（2）城市地役权（servitutes praediorum urbanorum）；（3）“几乎所有的无形物都是略式的，乡村土地的役权除外”[③]；（4）野生动物。

随着要式买卖和拟诉弃权等古老转让方式的消亡，在后古典法时期，要式物和略式物的分类也不再使用。优士丁尼后来宣布：“要式转移物（res mancipi）与略式转移物（res nec mancipi）的区分太古老，同样应予以废除。废除无益的含混不清的区分，使得所有地方的同样的物被归入同一类。”[④] 与此同时，出现了可动物和不动物的区分。

可动物（res mobiles）是指可以自由移动而不改变其结构的物品，例如，牲畜、奴隶、首饰等。

不动物（res immobiles）指不能从一地向另一地转移的物品，最初也被称为土地物（res soli），后来优士丁尼法特别将建筑物列举为不动物，无论其是位于城市还是位于乡村。

第六节　可替代物和不可替代物

可替代物（res fungibili）和不可替代物（res infungibili）这一区分来源于罗马法，但在罗马法文献中使用另一术语表述可替代物的概念，即 res quae pondere，numero，mensura consistunt（以数量、重量、度量计算的物），与之相对应的则是不可以数量、重量、度量计算的物。

在许多情况下，可替代物和不可替代物还可以由另一对概念加以表述，即种类物（genus）和特定物（species）。种类物指具有相同属性的物品，这些物品可以相互替代，例如，小麦、葡萄酒、钱款等；有时候，此类物品也被称为等量同质物（tantundem eiusdem generis）。特定物是指可根据其独特之处加以区分并区别于他物的物品，例如，某位画家的一幅图画作品、具有某一特长的奴隶等。

可替代物与不可替代物的划分在债法方面具有特别重要的意义，往往关系到对债务人清偿义务的确定。比如，“消费借贷真正涉及的是以重量、数量或者度量计算的物，比如，现金、葡萄酒、油、小麦、铜块、银子、金子。这些物品我们以计数、衡量或者称重的方式给付，以使它们变为接受者的，当它们被还给我们时，不再是原来的物品，而是同样性质的物品”[⑤]。相反，如果寄托（depositum）契约以不可替代物为标的，受寄托人则无权使用被寄托物，并且有义务返还原物，不得以他物代之。

---

① 贡赋地是指罗马帝国时期归元老院管理的行省的土地。对于这种土地，由当地共同体机构征税，然后以贡赋（stipendium）的形式上缴中央政府。

② 纳税地是指罗马帝国时期归皇帝直接管理的行省的土地。对于这种土地，土地使用人直接向皇帝交纳土地税（tributum soli）。

③ 盖尤斯 I.2，17。

④ C.7，31，1，5（《民法大全选译/物与物权》，5页）。

⑤ 盖尤斯 I.3，90。

第七节　单一物、合成物和聚合物

罗马法学家彭波尼根据物的组合情况将物划分为单一物、合成物和聚合物三个类别，并根据此种分类分别说明它们的时效取得规则。

单一物（res singulae），即只由一个独立的单位构成的物体，也被称为简单物，比如，一个奴隶、一根木头、一只羊等。这类物“通过时效取得不存在问题”①。

合成物（res cohaerentes），指数个物通过简单的结合构成一个统一体，虽然各个部分尚未丧失其特性，但新的复合物具有自己独立的社会经济功能。例如，由大量砖石和其他建筑材料组成的建筑物，由不同的木材建成的一条船等。对于这些相互联合之物，谁占有了它们，即使其中一些物是后来添附上去的，“只要它们连接在一起，谁就能通过时效取得它们的所有权”②。

聚合物（res omogenee），也叫同质物，指虽然各自具有一定的独立性和特色，但从社会经济功能的角度看可构成单一集合物（universitas facti）的数个物，例如，数只构成羊群的羊，“虽然一群羊实质上是通过若干只羊的增加而存在，整个羊群不能通过时效取得，但基于对单只羊的占有，它可以通过时效取得”；“对每只羊的占有都有其原因，因此若有些羊是在偷来后被放入羊群的，它们便不能通过时效取得”③。

无论是对于单一物、合成物还是聚合物，人们都可以采用一个诉讼请求维护其所有权，“虽然单只羊不是我们的，但只要同一群羊是我们的就足够了，因为被请求返还的是羊群而非单只的羊”④。

第八节　可分物与不可分物

可分物（res divisibili）是指可以被分割为同质的数个部分的物品；该物在被分割后，除数量上的变化外，其本身的特性和功能并不发生变化。

不可分物（res indivisibili）与可分物相反，此种物是不能加以分割的，否则，其自身的社会经济功能将受到破坏，例如，一尊塑像、一块宝石。

可分物与不可分物的区分对于物的分配和相关的给付义务具有意义：当某人应当获得物的一部分时，如果该物是可分物，则可实行实物分割和给付；如果该物属于不可分物，则应当给付相应的价金。对此，彭波尼曾以遗赠为例解释说：“就非毁损便可被分割之物而言，应允许继承人交付物的实体部分；但是，若某些物按其性质是不可分割的，或非损毁则不能被分割，那么继承人绝对应交付物之价金。”⑤

---

① 彭波尼语，载D.41，3，30pr.（《民法大全选译/物与物权》，43页）。

② D.41，3，30，1（同上书，45页）。

③ D.41，3，30，2（同上书，45页）。

④ 乌尔比安语，载D.6，1，1，3（同上书，45页）。

⑤ D.30，26，2（同上书，43页）。

第九节　物之附属与物之部分

物之附属涉及的是主物（res principales）和从物（res accessoria）的关系。某些物虽然是独立存在的，但却是为了满足一定的用途而附属于一个主物并为该主物服务。

在罗马法中，这种物之附属关系典型地体现在土地与农具（instrumentum fundi）的关系上。作为土地的从物，农具是指一切用来在土地上进行生产、收获和产品保存的物品，“如耕种田地的奴隶或管理他们的奴隶——包括管理者及监工；此外，驯养的牛、生产肥料的家畜及种植用的工具，如犁、锄头、小草锄、修枝用的镰刀、叉子及其他类似的物，也是生产用的农具”①。一般来说，根据“从物添附于主物”（accessorium sequitur principale）的原则，人们对于主物所享有的权利也扩展于从物，但是，从物仍可以保留一定的自主性，比如，对土地的出卖或抵押并不当然地扩展于从物，有关当事人可以通过协商就此作出各种不同的安排，“缔约双方达成的协议应予遵守，但若缔约双方的意思不明确，该权利便被转让给受让人”②。

物之部分（pars 或 portio）涉及的是物的构成要素之间的依附关系。与从物不同的是，物之部分是物必需的组成部分，离开了整体，它将失去存在的意义，虽然它表面上可能独立存在。乌尔比安举例说：“铅盆、井、井盖或牢固地铅焊到水管上的龙头及埋于地下的装置，人们知道，它们虽未附着于房屋，但属于房屋的一部分。”③“临时安装上去的水管不是房屋的一部分，但若永远安装在上面则属于房屋的一部分。”④

关于物之部分与从物的区别，雅沃伦曾经援引拉贝奥的话作出这样的解释：“船桅是船的组成部分，船帆却不是。因为很多船没有船桅将是无用的，所以它被视为船的组成部分；相反，船帆是从物，而非船的一部分。”⑤

第十节　物之孳息

孳息（fructus）是指从某物中分离出来的、被视为该物收益的部分，例如，植物的果实，动物产的幼仔、奶乳、鬃毛，矿场的开采物等。罗马人把奴隶的劳作也看作是孳息。

根据所处的不同状态，孳息分为：悬挂孳息（fructus pendentes），即仍然与母物自然地联系在一起的孳息；已分离的孳息（fructus separati），即因自身成熟或其他外部作用力而与母物相脱离的孳息；已收获的孳息（fructus percepti），即已经被收取并且脱离了母物的孳息；待收获的孳息（fructus percipiendi），即已经成熟并应当收获、但尚未被收获的孳息；现存孳息（fructus extantes），即现实存在的并且尚未被消耗的孳息；已消耗的孳息（fructus consumpti），即已被占有者消费、改变或者转让的孳息。

按照罗马法的规则，孳息在分离之前被认为是母物或生息物（res fruttifere）的组成部分，

---

① 乌尔比安语，载 D. 33，7，8pr.（《民法大全选译/物与物权》，51 页）。

② 斯凯沃拉语，载 D. 8，5，20，1（同上书，53 页）。此引语中的“该权利”系指对从物的权利。

③ 乌尔比安语，载 D. 19，1，17，8（同上书，47 页）。

④ D. 19，1，17，7（同上书，47 页）。

⑤ D. 50，16，242pr.（同上书，47 页）。

不被独立看待；“悬挂着的果实（fructus）被视为土地的一部分”①。但是，孳息在分离之后，对生息物享有用益权的人将成为其所有主，盖尤斯说：“家畜产的幼仔，就像牛奶、鬃毛及羊毛一样，也被包括于其孳息内，因此善意占有人和用益权人对羔羊、小山羊及牛犊立刻享有完全的所有权。”② 正是考虑到这样的规则，在女奴生的孩子是否属于孳息的问题上，占主导地位的观点是否定性的，认为：“女奴生的孩子不属于孳息，因而归主人所有”，而不是归用益权人所有。③

与上述自然孳息相对应的是民事孳息（fructus civile），即产生于租赁、借贷等民事法律行为的孳息，例如，租金，利息等。它们有时也被称为准孳息（loco fructuum）。“显然，佃农所付租金（merces）被包括在孳息内。为获得奴隶的使用权而付的租金（pensio）也处于相同的地位，船及驮兽的运输费也一样。”④ 不过，关于利息是否具有民事孳息性质的问题，一部分罗马法学家有着不同的观点，彭波尼认为：“我们所获得的金钱利息（usura pecuniae）不被视为孳息，因为它不是出自物体本身（ex ipso corpore），而是出自别的原因，即出自新生之债（ex nova obligatione）。”⑤

① 盖尤斯语，载 D. 6，1，44（《民法大全选译/物与物权》，55 页）。

② D. 22，1，28pr.（同上书，53 页）。

③ 参见 D. 22，1，28，1（同上书，55 页）。

④ 乌尔比安语，D. 5，3，29（同上书，55 页）。

⑤ D. 50，16，121（同上书，55 页）。

第十二章
所有权：取得方式

第一节　物权与所有权

在罗马法文献中，没有关于物权概念的明确定义，罗马法学家只是通过对物之诉（actio in rem）与对人之诉（actio in personam）的划分来体现物权与债权的区别。盖尤斯说："对物的诉讼是我们据以主张某个有形物是我们的或者主张我们享有某项权利（例如，使用权、用益权、通行权、引水权、加高役权或者观望役权）的诉讼；或者说，在这种诉讼中，对方当事人提起的是排除妨害之诉。"① 这段话告诉我们，对物之诉所维护的权利具有普遍性，它要求除权利人以外的一切其他人（erga omnes）遵守一种消极义务，即不得干扰或侵犯物权享有者对其权利的行使；这种对物的权利紧紧地追随着物，无论有关物处于何地或者处于何人手中。

物权中最重要的和最绝对的权利是所有权。在罗马法的发展进程中，人们曾经使用以下三个术语表述所有权概念，即 dominium，mancipium 和 proprietas。

Dominium 是一种关于所有权的古老的和笼统的表述，它特别被用来表示依据罗马市民法（ius civile 或 ius Quiritium）享有的、针对包括奴隶在内的财物的支配权，是一种只有罗马市民才能拥有的权利。

Mancipium 一词产生于短语 manu capere（用手抓住），其基本含义是对某物的取得，并由此引申出"权力"和"财产权"的含义。该词往往被用来指家父对他人家子的权力，这些他人家子通常是被出卖给家父的或者为赎罪而以其他方式转让给家父的；在许多情况下，mancipium 一词还泛指对财物的支配权和享用权，在这个意义上，它与 dominium 的含义基本相同。

Proprietas 是罗马法成熟时期的术语，比较强调的是物的归属关系，可以涵盖三种形式的所有权：市民法所有权（dominium ex iure Quiritium），个人对形式上属国家所有的行省土地的占有和用益权，受到裁判官法保护的善意拥有（in bonis habere）。正如盖尤斯所说："罗马共同体一度也曾遵循过这一法则：某人或者根据罗马法是所有主，或者不被视为所有主。但后来，人们接受了一种对所有权的划分，因而一个人可以根据罗马法是物的所有主，而另一个人则可以拥有物（in bonis habere）。"②

第二节　先　占

先占（occupatio）是以原始名义取得所有权的方式之一，它表现为对不归任何人所有的物品

① 盖尤斯 I.4，1。
② 盖尤斯 I.2，40。

实行的自然占有（naturalis possessio）。盖尤斯说："不属于任何人之物，根据自然理性（ratio naturalis）归先占者所有。"①

无主物（res nullius）可构成先占的标的，对此，保罗曾作出这样的列举："可被自然占有之物为在地上、海上或天空获取之物，因为这些物立即为首先占有它们的人所有。同样，在战争中获得之物，海上产生的岛屿以及在海滨发现的石头、宝石及珍珠，为首先占有它们的人所有。"② 这里提到的"在战争中获得之物"是指从敌人那里获取的物品，例如，位于敌方领域内的物品，但不包括俘虏的财物，因为根据罗马皇帝的一项谕令，俘虏的财物"应绝对地被收归国库"③。

对于遗弃物（res derelicta）是否可实行先占，取决于遗弃物品的人是否具有放弃对该物所有权的主观意愿，比如，"因在海上遇到风暴，为减轻船只的负载而被抛掉之物的情况系另一种情况，这些物仍属于原所有人，因为某人抛掉它们是为了使船只避免在海上遇到的危险，而并无弃之不要之意思"④。

被先占的野生动物，一旦脱离了先占者的控制并且恢复了天然的自由，就摆脱了先占者的所有权，重新成为无主物。"当它们摆脱了我们的视线或者虽在我们视线之内但难以追踪它们时，则被认为回到了天然的自由之中。"⑤

第三节　发现埋藏物

发现埋藏物（inventio thesauri）是以原始名义取得所有权的方式之一。所谓埋藏物是指人们对之失去记忆的早期财产，它应当具备三项条件：第一，具有较高的价值；第二，被发现于隐秘的地方；第三，因长时间的藏匿而使人们对其失去记忆。此种埋藏物可以被视为无主物。"如果发现的不是埋藏物而是一笔被遗失的或被所有人放错了地方的钱，那么它仍属于原所有人。"⑥

在罗马法的历史进程中，发现埋藏物曾受到不同规范的调整。早期的法学理论认为埋藏物是对土地的添附，因而对它的发现类似于先占。在帝国初期，埋藏物被视为无人继承的遗产，转归国库所有。优士丁尼法以哈德良皇帝的一项谕令为基础确认了下列规范。

（1）如果埋藏物是在发现者自己的地盘上被发现的，"遵循自然衡平，把它授予发现人"。如果埋藏物是在作为神圣物或神息物的土地中被发现的，适用同样的规则。⑦

（2）如果埋藏物是在他人的或者公共的土地中偶然被发现的，发现者将取得一半，另一半归土地所有主或者国库所有。

（3）如果埋藏物是在属于君主的土地中被发现的，则一半归发现者，另一半归君主所有。"谁在归国家所有的土地上找到了宝藏却把属国库所有的部分隐藏起来，则必须把全部宝藏交

① D. 41，1，3pr.（《民法大全选译/物与物权》，61 页）。
② D. 41，2，1，1（同上书，61 页）。
③ D. 49，14，31（同上书，63 页）。
④ 盖尤斯语，载 D. 41，1，9，8（同上书，121 页）。
⑤ 盖尤斯 I. 2，67。
⑥ 斯凯沃拉语，载 D. 6，1，67（《民法大全选译/物与物权》，119 页）。
⑦ 参见优士丁尼 I. 2，1，39。

给国库并且加倍给予赔偿。”①

对于上述（2）项列举的情形，优士丁尼《法学阶梯》特别强调“是出于意外情况下”发现的②，因此，有的罗马法学者推论：如果埋藏物是在经过勘察后发掘出来的，无论是在发现者自己的土地中还是在他人的土地中，均完全归发现者所有③；相反，有的学者则认为：发现者不能因此而取得任何物。④

第四节　孳息的取得

孳息的取得也是原始取得方式之一。罗马法中的有关主要规则可以归纳如下。

（1）在一般情况下，自然孳息归母物（res fruttifere）所有主所有，如果母物为共同所有物，由此产生的孳息应当在共有人之间进行分配。以土地为例，“所有的孳息都不是基于播种权而是基于土地所有权被获得的，就像故意占有他人的整个土地的人不管怎么播种都不能将孳息变成他自己的一样，共有土地的占有人不能将属于其共有人的那部分土地的孳息变成他自己的”⑤。

（2）母物的“善意占有人在获取孳息时享有与土地所有人一样的权利”⑥。所谓善意占有人是指在无暴力、无欺瞒、无临时受让（nec vi nec clam nec precario）情况下占有（possessio）不归其所有的物品的人，例如，赋税地（ager vectigalis）占有人，此占有人对土地所产生的孳息享有合法权利，无论孳息是否与被善意占有的土地相分离。

（3）“用益权人只能对已收获的孳息享有所有权。”⑦

第五节　添附：不动物对不动物

添附（accessio）是指因两物（其中一物为主物，另一物为从物）合并而发生的所有权取得，它发生在从物被主物所吸收因而变成主物的组成部分或构成要素之时。在罗马法中，添附制度的基本原则是：从物添附于主物（accessorium sequitur principale）。主物和从物的区分，有时候比较显而易见，有时候则需进行具体分析。在萨宾学派看来，主物是具有较大体积或至少具有较大价值的物；而在普罗库勒学派看来，主物却是决定整体性质或整体的社会功能的物，因而他们不承认同质物之间的添附。总之，区分主物和从物的基本标准是物的社会、经济价值。

添附的类型可以归纳为三种：不动物对不动物的添附，可动物对不动物的添附，可动物对可动物的添附。不动物对不动物的添附有以下典型形式。

---

① 卡里斯特拉特语，载 D. 49，14，3，11（《民法大全选译/公法》，5 页）。

② 参见优士丁尼 I. 2，1，39。

③ 参见 a cura del Sergio Beltrani，ISTITUZIONI DI DIRITTO ROMANO，III EDIZIONE，Esselibri-Simone，1994，162 页。

④ 参见 A. Burdese，MANUALE DI DIRITTO PRIVATO ROMANO（TERZA EDIZIONE），323 页。

⑤ 尤里安语，载 D. 22，1，25pr.（《民法大全选译/物与物权》，67 页）。

⑥ D. 22，1，25，1（同上书，67 页）。

⑦ D. 22，1，25，1（同上书，67 页）。

（1）冲刷地（avulsio）。当水流的冲击使一部分土地脱离沿岸土地并且与另一块土地相结合时，添附于后一块土地的土地被称为冲刷地。“如果时间长了，它已固定在邻人的土地上，它随身带过去的树木已扎根在该土地上，从这时起，它被认为已由邻人的土地取得。”①

（2）淤积地（alluvio）。当河流夹带下来的泥土随着河水的后撤而逐渐与沿岸土地相结合时，即出现淤积地。“根据万民法，它立即为我们取得。冲积地的添附被认为是逐渐地增加，以至于在发生增添时我们不能发觉其数量。”②

（3）滩涂（insula in flumine nata）。即由河水夹带下来的泥沙在河中淤积成的小岛，或者因河水枯竭而在河中显露出的小岛。这样的滩涂由沿岸土地所有主实现原始取得。“河中产生的岛屿为河沿岸的土地所有人所共有。它不是不分份额的共有物，而是按份共有物，因为在岛屿和与之相对应的每个人河岸边的土地之间要各划一条直线，每个人按划定的界线享有岛屿的所有权。”③ 但是，“如果它离两岸中的一岸更近，它只是此岸的邻近河岸土地者的”④。

（4）被弃置的河床（alveus derelictus），即因河水有了新的流经道路而被弃置的干涸河床。根据罗马法的添附规则，“先前的河床确实属于占有邻近其河岸之土地者，不消说，要按各人邻近河岸土地之宽度的比例，而新河床开始取得河流本身的法律地位，换言之，成为公共的”⑤。

第六节　添附：可动物对不动物

添附的第二类情况是可动物添附于不动物，其典型形式如下。

（1）播种（satio），即在他人的土地上播撒种子，由此而产生的植物归该土地所有主所有，比如，“被播种的小麦也被认为添附于土地”。但是，“善意地以自己的费用在他人土地上播种的人”，可以通过提出诈欺抗辩来获得救济，主张自己的权利。⑥

（2）栽植（implantatio），表现为植物被移植到他人的土地上并且在那里扎根，在此情况下，土地的所有主因添附而取得对该植物的所有权。罗马法学家以被栽植物是否在他人土地中生根作为是否发生添附的标准，“因为人们认为，它从他人土地上吸取养料，因而变成该他人的所有物”⑦。由此，优士丁尼法甚至认为：“邻近地界被种植的树木，如果也扎根在邻人的土地中，它成为共有的。”⑧

（3）建筑（inaedificatio），即在某人的土地上使用他人的材料进行修建，在此情况下，建筑材料的所有主将丧失其所有权，土地所有主将因添附而取得对建筑材料的所有权。发生在此种情况下的添附要求具备一项重要的条件：建筑材料的所有主明知是在他人土地上进行建筑，否则，材料所有主有权通过诈欺抗辩要求土地所有主“偿付材料的价金和工人的工资”⑨。

---

① 优士丁尼 I.2，1，21。

② 盖尤斯语，载 D.41，1，7，1（《民法大全选译/物与物权》，79 页）。此处将 alluvio 译为“冲积地”。

③ 保罗语，载 D.41，1，29（同上书，79 页）。

④ 优士丁尼 I.2，1，22。

⑤ 优士丁尼 I.2，1，23。

⑥ 参见优士丁尼 I.2，1，32。

⑦ 保罗语，载 D.41，1，26，1（《民法大全选译/物与物权》，77 页）。

⑧ 优士丁尼 I.2，1，31。

⑨ 优士丁尼 I.2，1，30（《法学阶梯》，2 版，徐国栋译，127 页，北京，中国政法大学出版社，2005）。

关于建筑，盖尤斯提到的是建筑物对土地的添附[①]，实际上，这不真正属于可动物对不动物的添附，而是另一种基于"地上物添附于土地"的传统原则发生的添附。关于这个问题，我们将在"地上权"一节中加以论述。

第七节　添附：可动物对可动物

添附的第三类情况是可动物添附于可动物，其典型的形式如下。

（1）熔合（ferruminatio），表现为金属在不借助中介手段的情况下相互结合。熔合产生的是高强度合并，由于出现了分子间的相互渗透，相互熔合的物质再不能相互分离。保罗举例说："如果一支雕像胳膊通过熔合而同雕像连接在一起，那么它被雕像的大部分构成的整体所吸收，它一旦变成了他人之物，即使被取下，也不能归原所有人所有。"[②]

如果同样的或不同样的金属借助铅或锡而实现结合，这被称为焊接（plumbatura），此种结合是低强度的，在一定条件下可能发生分离，因而不使任何一部分被焊接物的所有主实现因添附的取得。上述所有主有权针对焊接人提起返还所有物之诉（rei vindicatio）。

（2）书写（scriptura），即在他人的纸张或其他载体上书写的文字以及进行书写而使用的材料将转归该纸张或其他载体的所有主所有。"没有另一个物便不能存在之物，必须被该另一个物吸收。"[③] 因此，文字即使是用金子写成的，也同样添附于纸张。

（3）绘画（pictura），也是可动物添附于可动物的形式之一，但与书写不同，对于绘画来说，画布添附于图画。优士丁尼法认为："木板添附于画较好。事实上，阿佩勒斯或帕拉斯修的画添附于一块极廉价的木板，是可笑的。因此，如果木板的所有人占有画像，作画人要求画像，也不偿付木板的价金，他可由于恶意欺诈的抗辩被驳回。"[④]

（4）编织（textura），表现为将他人的纤维编织到一块布料当中。一般认为，布料的所有主由此获得纤维的所有权："如果某人以他人的紫绒织成了自己的衣服，就算紫绒更珍贵，它也由于添附归于衣服"[⑤]。但是，纤维的所有主有权对布料的所有主提起出示之诉（actio ad exhibendum）并要求后者偿付价金。

（5）印染（tinctura），表现为布料或纸张的所有主取得被用来印染该布料或纸张的他人染料的所有权。

第八节　混合与混杂

适用添附制度的前提条件是，在两个相互结合的物当中，一个是主物，另一个是从物。如果两个相互结合的物品难以区分主物和从物，则不能适用添附制度，而应当考虑采用混合或混杂制度解决所有权归属问题。

---

① 参见盖尤斯 I. 2，73。

② D. 6，1，23，5（《民法大全选译/物与物权》，75 页）。在此段译文中，ferruminatione 一词应当译为"通过熔合"，而不宜译为"通过焊接"。

③ 保罗语，载 D. 6，1，23，3（同上书，75 页）。

④ 优士丁尼 I. 2，1，34。

⑤ 优士丁尼 I. 2，1，26。

所谓混合（confusio）是指数个物相互合并，在这种合并中，任何一个物均不被其他物吸收并且保留着自己的特性。关于因混合而实现的所有权取得，存在以下规则。

（1）“如果两个人的材料经所有人的同意被混合，经混合形成的物之整体，由双方共有，例如某些人混合了他们的酒，或把银锭或金锭熔化在一起的情况。”[①]

（2）“如果这样的混合是因意外事件发生的；或蒂丘斯未经你同意就做了混合，人们不认为发生共有，因为每个物件继续在其个性中，在这种情况下，粮食并不成为共有的”，“但如果全部粮食由你们中的一方保留，确实按各人粮食量的比例授予对物诉权，而评定各人的粮食量在承审员的自由裁量范围之内”[②]。

（3）如果相互混合的物构成可分之物，例如，小麦与小麦混合，各个所有主可以按其所占份额对混合物的某一部分享有所有权。为恢复其权利，“不适用共有物分割之诉，而将适用对物之诉”[③]。

（4）如果相互混合的物构成不可分之物，例如，铜与金混合，各个所有主可以对混合物的整体享有按份共有权。为恢复其权利，各个物的所有主应当提起共同财产分割之诉（actio communi dividundo）。

所谓混杂（commixtio）一般特指分属不同所有主的货币相互混合，例如，甲用乙的货币向丙偿还债务，丙在将乙的货币与自己的货币相互混合之后，即获得对被混合了的特定货币的所有权，乙再不得要求返还上述货币，但是，他可以要求甲向自己返还等量同质物（tantundem eiusdem generis），并“有权针对给付了不属于自己的货币的人提起盗窃之诉或其他关于债的诉讼”[④]。

第九节 加 工

加工（specificatio）是指对原材料加以改造，使之成为新物（nova species），例如，用葡萄酿造葡萄酒，用青铜铸造塑像等。加工是对物的原始取得方式之一，但是，在新物的所有权应当归谁所有问题上，罗马法学家们各持己见。

萨宾学派认为：原材料的所有主应当保留对新物的所有权。“自然理性要求谁是材料的所有人，谁就是加工物的所有人，因为没有材料就不可能有加工物，如我们以金、银、铜加工一个盆，以你的木板加工一条船、一个衣柜或一条凳子，以你的羊毛加工一件衣服，以你的葡萄酒、蜂蜜配制蜜酒，以你的药材加工药膏或眼药，或以你的葡萄、橄榄、麦穗加工葡萄酒、油或麦粒。”[⑤]

普罗库勒学派则认为：新物的所有权应当归加工者所有，因为，原材料随着新物的产生而消灭，该物以前不属于任何人，而且“它不能被还原成原来的材料”[⑥]。

在后古典法时期出现了一种折中的观点，它后来被优士丁尼法接受，即以新物能否还原为被用来制造它的原材料作为确定所有权归属的标准：如果不能还原，新物就归加工者所有；如

---

① 优士丁尼 I.2，1，27。

② 优士丁尼 I.2，1，28。

③ 乌尔比安语，载 D.6，1，5，1（《民法大全选译/物与物权》，73 页）。

④ ［意］彼德罗·彭梵得：《罗马法教科书》（2017 年校订版），171 页。

⑤ 盖尤斯语，载 D.41，1，7，7（《民法大全选译/物与物权》，71 页）。

⑥ 乌尔比安语，载 D.6，1，5，1（同上书，73 页）。

果能够还原，则归原材料的所有主所有。“例如，铸造的容器，可被还原为铜、银或金的生锭，而酒、油或粮食不能恢复为葡萄、橄榄和谷穗，而蜜酒也确实不能恢复为酒和蜜。如果某人以部分自己的、部分他人的材料制作成某一物件，例如以自己的酒和他人的蜜制成蜜酒；或以自己的和他人的药材制成药膏或洗眼剂；或以自己的和他人的羊毛制成衣服，无疑，在这些情况下，制作人是所有人，因为他不仅贡献了自己的劳动，而且还提供了部分材料。”①

虽然在多数情况下加工者获得对新物的所有权，但他应当对原材料的所有主给予必要的补偿；如果加工者对原材料的获取并非出于善意，还应当承担相应的法律责任，“原料和材料的所有主有权针对窃取原料和材料的人提起盗窃之诉，并且还有权针对他们提起要求返还之诉，因为，在物灭失之后，虽然不可能要求重新得到它们，但仍可针对盗窃者和某些其他占有人提出要求给付之诉”②。

第十节　要式买卖

要式买卖（mancipatio），在中译文里有时被音译为“曼兮巴蓄”，是一种据以转让市民法所有权（dominium ex iure Quiritium）的古老方式，表现为受让人（mancipio accipiens）在5名见证人和1名司秤（libripens）面前手持作为价金（pretium）象征的铜块宣布买卖标的物是他的，随后以该铜块击秤并将其交付给转让人（mancipio dans）。因上述特殊的交易程式，它也被称为称铜式行为（gesta per aes et libram）。人们通过此种方式从物的前所有主那里接受对所有权的转让，因而，此种方式在理论上被确定为以传来名义取得所有权的方式。

要式买卖的标的物是特定的，即要式物。“对土地的要式买卖与对其他物品的要式买卖有下列不同之处：奴隶和自由人以及属于财物的动物，如果不在现场，就不能买卖；甚至于，买受人必须抓住被卖给他的东西；因而人们称要式买卖为mancipatio，也因为需要手（manu）抓（capio）物。相反，对土地的要式买卖通常不在现场进行。”③

通过要式买卖转让所有权不得附加任何期限或条件，并且意味着给予合法性保证（auctoritas），即出卖人向买受人保证自己对被卖物享有合法所有权；如果出卖的物品不归其合法所有并且因此而受到实际所有主的追夺（evictio），出卖人有义务向买受人双倍地退还价款。

作为所有权转让方式，要式买卖只在罗马市民之间实行，享有交易权（commercium）的非罗马市民也可以使用此种方式。随着货币在交易中的广泛使用，随着买卖越来越借助合意契约的手段进行，要式买卖从实际的买卖方式变为虚拟的买卖方式，人们可以采用此种方式实施任何名义的所有权转让，包括用来实行买卖婚和脱离父权。后来，由于贸易活动的发展与扩大以及要式物和略式物的划分被弃置不用，这种手续烦琐的转让方式逐渐消亡。

第十一节　拟诉弃权

拟诉弃权（in iure cessio）也是一种转让市民法所有权的行为，是以传来名义取得所有权

① 优士丁尼I.2，1，25。
② 盖尤斯I.2，79。
③ 盖尤斯I.1，121。

的方式之一，表现为转让人和受让人向执法官出庭，受让人宣称被转让物是他的，转让人（即物的原所有主）则以沉默的方式表示放弃权利，这种虚拟的诉讼在法律审阶段结束。关于拟诉弃权的具体程序，盖尤斯做过这样的表述："在罗马国家的执法官比如裁判官面前，接受物品转让的人手持该物说：'我认为这个人（指奴隶——作者注）根据罗马法是我的。'在他提出要求后，裁判官询问转让物品的人是否提出反要求。如果他说'不'或者保持沉默，裁判官则将物品判给主张其所有权的人。"①

拟诉弃权既可适用于要式物，又可适用于略式物。但是，它只能由作为自权人的罗马市民实行，"那些处于支配权、夫权或财产权之下的人，不能对任何物实行拟诉弃权。这些人不可能自己拥有任何物，因而，他们显然不能在法庭上主张任何物是他的"②。

在后古典法时期，随着法律诉讼程序被弃置不用以及让渡方式的广泛推行，拟诉弃权开始消亡。

第十二节 让 渡

让渡或者交付（traditio）一般表现为手递手的给付（manu in manu datio），是一种最简单的所有权转移方式。根据罗马法，为了保障所有权的有效取得，让渡应当符合下列条件。

（1）让渡人应当是被让渡物的合法所有主或者有资格合法转让所有权的人（例如，未成年所有主的监护人、精神病人的保佐人、所有主的代理人等）。

（2）让渡人与受让人具有转让所有权和接受所有权转让的意愿，盖尤斯说："没有什么比尊重想将其物转让给另一个人的所有权人的意志更符合自然的公平。"③ 乌尔比安进一步指出：在让渡问题上，"没有一个人会因错误而失去其物"④。

（3）存在让渡的正当原因（iusta causa traditionis），即足以使当事人采用让渡方式转让所有权的行为合法化的原因，例如，在买卖中给付价金，设立嫁资，实行赠与等。"单纯交付（nuda traditio）永远不会使所有权转移；若先有出卖或其他正当原因而后据此为交付，则会使所有权转移。"⑤ 因此，"如果一个假债权人（即假装是债权人的人）接受了交付的钱，那么他是在盗窃，那些钱不能变成他的"⑥。

让渡的对象一般是有形物并且属于略式物或可动物，在某些情况下，不动物也能成为让渡的对象。除手递手的给付以外，让渡行为可以采用下列特殊方式进行。

（1）象征性让渡（traditio simbolica），即让渡人和受让人采用象征性方式表示让渡和接受让渡的意愿，并且以此证明让渡行为的实现，例如，交付库房的钥匙。"只要钥匙在仓库附近被交出，在钥匙被交出时仓库中的货物的占有即被视为已交付，买受人立即取得所有权和占有，尽管他尚未打开仓库。"⑦

（2）短手让渡（traditio brevi manu），表现为让渡人允许受让人继续保留后者以其他名义

① 盖尤斯 I.2，24。

② 盖尤斯 I.2，96。

③ D.41，1，9，3（《民法大全选译/物与物权》，89页）。

④ D.41，1，35（同上书，89页）。

⑤ 保罗语，载 D.41，1，31pr.（同上书，97页）。

⑥ 乌尔比安语，载 D.47，2，43pr.（同上书，97页）。

⑦ 帕比尼安语，载 D.18，1，74（《民法大全选译/物与物权》，91页）。

已持有（detentio）的、本归让渡人所有的物品，以此方式使受让人实际取得对该物的所有权或占有，例如，让渡人将某一被租赁物的所有权转让给承租人。

（3）长手让渡（traditio longa manu），表现为让渡人向受让人指明位于远处的、转让的标的物，例如，让渡人在山坡上向受让人指示意欲转让的羊群。人们也可采用长手让渡转让对不动物的所有权，"如果我购买了一块邻地，出卖人在我的塔楼上将它指给我看，并说将单纯占有转让给我，那么我便像已进入地界一样，马上可以占有它"①。

（4）证书让渡（traditio instrumentorum），表现为让渡人向受让人交付足以证明物的所有权已发生转让的法律文件，以代替对被转让物的实际交付。"在购买奴隶的文书被赠与和交付以后，你知道，奴隶本身已被赠与和交付。"②

（5）占有转移协议（constitutum possessorium），表现为物的所有主通过改变对有关权利的心理态度实现对该物的所有权转让，例如，甲将自己的房子卖给了乙，但希望继续以承租人的名义使用该房子，他可与乙达成占有转移协议，改变自己权利的性质，从作为所有主的占有变更为作为承租人的使用。一项君主谕令指出："如果某人在赠与某物、将其作为嫁资或将其出卖时保留了它的用益权，那么，即使未订立要式口约，也被推定为立即进行了交付，他不得要求返还，以便维持已为之交付。"③

第十三节　时效取得

时效取得（usucapio）是指通过一定时间的连续占有而获得对物的市民法所有权的制度。创设这一制度是"为了公共利益，不使某些物的所有权长期处于不确定的状态，同时所确定的期限又足够所有权人寻找其物"④。

实现时效取得一般要求具备以下条件。

（1）占有人应当是合格的权利主体。早期法曾经要求占有人是罗马市民，甚至要求是"家父"或者是服兵役的"家子"⑤，因为当时的市民法所有权（dominium ex iure Quiritium）只能为罗马市民所拥有，随着所有权制度的发展，这一条件后来变得不再必要。

（2）时效取得的标的物应当是合格物（res habilis）。因此，被窃取的物品、被非法收取的物品（比如贿赂物）、某些被所有主遗失的物品（比如在船舶遇难时被抛掉之物⑥）、公有物、宗教财物以及某些无形物（比如役权，它只可以同建筑物一起被时效取得⑦），不能构成时效取得的标的。

（3）占有出于正当原因。下列情形可以构成使有关的占有行为合法化的正当原因：作为买受人购买被占有物（pro emptore），作为受赠人接受被赠与物（pro donato），因接受嫁资而占有物（pro dote），作为债权人接受因清偿而给付的物品（pro soluto），因遗赠而占有物（pro

① 雅沃伦语，载 D. 46，3，79（《民法大全选译/物与物权》，91 页）。

② C. 8，53（54），1（同上书，93 页）。

③ C. 8，53（54），28（同上书，95 页）。

④ 盖尤斯语，载 D. 41，3，1（《学说汇纂》，第 41 卷·所有权、占有与时效取得，贾婉婷译，143 页，北京，中国政法大学出版社，2011）。

⑤ D. 41，3，4，1（同上书，143 页）。

⑥ 参见 D. 41，2，21，1（同上书，63 页）。

⑦ 参见 D. 41，3，10，1（同上书，63 页）。

legato），占有被所有主遗弃的物品（pro derelicto），等等。

（4）占有人具有善意（bona fides）。物的占有人在接受有关物品的让与时不知晓让与人的权利存在瑕疵，或者说，当时认为让与人有权转让该物品，例如，不知情而从精神病人处购买的人，可以时效取得。[①] 这种善意是一种起始善意，也就是说，只要求占有人“在交付开始时具有善意”[②]。

（5）经过法定的占有期间。《十二表法》为实现时效取得规定的占有时间是：不动物2年，可动物1年。优士丁尼法则规定：“动产物经3年，确实以时效取得；但不动产通过长期占有，换言之，在邻近的人之间，经过10年；在不邻近的人之间，经过20年，以时效取得。”[③] 这后一种关于不动物的占有期间也被称为长期时效取得（longi temporis praescriptio）。[④] 占有期间应当连续计算，在某些特殊的情况下可以实行占有时间合算（accessio possessionis），即允许物的获取人（比如买受人或受遗赠人）把向自己转让物的前一位占有人的占有时间与该获取人对该物的占有时间加在一起。

① 参见D.6，2，7，2（《学说汇纂》，第6卷·原物返还之诉，93页）。

② D.41，3，10pr.（同上书，65页）。

③ 优士丁尼I.2，6pr.。

④ 在后古典法时期还出现了一种特长时效取得（longissimi temporis praescriptio），它允许任何人在占有他人物品经过30年后获得对该物品的所有权，只要该占有人具有初始善意并且对物的占有是连续的和不间断的。如果被占有物是国家的、教会的或慈善团体的物品，特长取得时效则需要经过40年。这种特长取得时效不适用于非交易物和采用暴力占有的物。

第十三章

所有权：丧失、限度和共有

第一节　所有权的丧失

所有权可能由于各种原因而丧失，我们可以将主要原因列举如下。

（1）物的灭失。这种灭失可能表现为某一物品不再存在，也可以表现为某一财产物（res in patrimonio）变成了非交易物（res extra patrimonium），或者作为所有权标的的奴隶取得了自由人身份。

（2）所有主遗弃，表现为所有主有意抛弃对物品的占有，因此，遗弃的客观要件是对物的抛弃，主观要件是放弃所有权的意愿。“如果某物被作为抛弃物，它便不再是我们的，而立即成为占有人的。这样，我们失去了物的所有权，他人却取得了该物的所有权。”①

在遗弃物被他人占有前，原所有主是否立即丧失对该物的所有权？对于这个问题，普罗库勒学派认为：“如果此物未被他人占有，便仍属于所有人。”② 而萨宾学派则认为：“某物一旦被我们抛弃，就不再是我们的。”③ 在古典法中占主导地位的是后一种观点，优士丁尼法也采纳了此主张，明确认定：“被抛弃的物，是所有人以不愿它作为其财产的意图扔掉的物，因此他立即停止作为所有人。”④

（3）撤销，指在通过协议转让所有权的情况下，原所有主根据约定的条件决定撤销所有权的转让，例如，赠与人与受赠人约定：在受赠人死亡后，赠与人将恢复对被赠物品的所有权；或者，在附义务赠与的情况下，如果受赠人未履行有关义务，则赠与人撤销赠与。

值得注意的是，根据罗马法文献，原所有主为在上述撤销情况下主张自己的权利，提起的不是对人之诉，而是对物之诉。瓦勒里安和加利恩皇帝在一项谕令中允许原所有主“提起扩用的返还所有物之诉（res vindicatio utilis），通过此诉讼，物之原所有权（dominium pristinum）将被返还给你”⑤。这说明：有关的撤销行为是具有物权效力的。

（4）充公，即国家为了公共利益，决定将私人所有的物品收归国有，例如，因所有主的违法行为而没收有关财物，因土地占有人撂荒该土地而将土地收回，因进行公共建设而征用私人土地等。

---

① 乌尔比安语，载 D. 41，7，1（《民法大全选译/物与物权》，119 页）。
② D. 41，7，2，1（同上书，119 页）。
③ D. 47，2，43，5（同上书，119 页）。
④ 优士丁尼 I. 2，1，47。
⑤ C. 8，54（55），1（《民法大全选译/物与物权》，121 页）。

第二节　对所有权的限制：概述

所有权是物权中最绝对的权利，也就是说，它具有最高的效力、最充分的内涵和最广阔的外延。从一定意义上讲，人们很难通过正面列举的方式说明所有权的内容，有时候只能通过了解有关的限度来界定其范围。一句来自罗马法的格言说："一个人可以在不侵犯他人的情况下对自己的物为所欲为（in suo hactenus facere licet quatenus nihil quis in alienum immittat）。"[①]

对所有权的限制分别来自以下方面。

（1）对同一物的其他权利，例如，地役权、用益权、地上权、质权等他物权（iura in re aliena）。这些权利虽然派生于所有权，但它们都是独立的，并且受到专门的法律保护。关于这些权利对所有权的限制，我们将在本编第十四章和第十五章中加以论述。

（2）相邻关系。在这种关系中，所有主不仅应当容忍相邻者行使某些权利（例如，通行权、采光权、墙役权等），还应当特别注意自己权利的行使不要构成对相邻者权利的妨害或影响。在这方面，我们随后将介绍几项有关的罗马法救济制度，例如，排放雨水之诉（actio aqua pluviae arcendae）、潜在损害保证（cautio damni infecti）、新施工告令（nuntiatio novi operis）等。

（3）法定限制。它们或者是为了维护公共利益而设定的，或者是为了协调相互交织的私人利益而设定的。例如，芝诺皇帝在一项谕令中曾规定："必须进行建筑的人应在自己的房子与邻居的房子之间留出12步"，"只要他保持这一距离，其上述行为就是合法的"[②]。康斯坦丁皇帝规定：当水渠经过其土地时，土地所有主"应使水渠左右两边的树与水渠保持15步的距离"，"如果在此范围内有树，那么它们将被拔掉，以便其根不损坏水渠"[③]。《十二表法》规定："不得在城内土地上埋葬或者火化死人。"[④]

（4）共同所有主对共有物的各自权利。这种权利也构成对其他共有人所有权的限制。关于此种情形，我们将在本章后几节中加以论述。

第三节　排放雨水之诉

在涉及相邻关系时，所有主必须谨慎地行使自己的权利，避免对相邻者造成侵害，否则，后者有权采取某些专门的法律救济手段以维护自己的权益。排放雨水之诉（actio aqua pluviae arcendae）就是对所有权的行使予以限制的救济手段之一。

排放雨水之诉是指针对土地所有主改变雨水的自然流道，从而对邻居造成侵害的行为提起的诉讼。此种救济手段的适用要求具备以下条件。

（1）所有主是在自己的土地上处置雨水。如果有关的处置行为发生在所有主的土地之外，则不适用此诉讼；而且"排放雨水之诉只能对所有权人提起"[⑤]。但在优士丁尼法中，此种诉讼也可以由土地的用益权受益人提起，或者针对土地的用益权受益人提起。

---

① ［意］彼德罗·彭梵得：《罗马法教科书》（2017年校订版），200页。

② C.8，10，12，2（《民法大全选译/物与物权》，225页）。

③ C.11，43（42），1，2（同上书，225页）。

④ 该法第10表第1条。

⑤ 乌尔比安语，载D.39，3，4，2（《民法大全选译/物与物权》，195页）。

（2）所有主实施了处置雨水的施工行为。例如，处于上方地势的土地所有主通过施工或者拆除拦水护堤造成水流下泻，处于下方地势的土地所有主通过施工造成水漫进上方土地；“如果水自然地流下，不适用排放雨水之诉”①。如果所有主的施工行为是为了耕作土地的目的而实施的，则另当别论，原则上，“这一诉讼不适用于为耕种土地而以犁进行的劳作”②。

（3）所有主处置雨水的行为对相邻者造成了实际损害。“只要未给他人造成损害，他便不必为此承担责任。”③ 这里所说的“损害”不包括“雨水未带来利益的情况”，例如，所有主的施工阻止了以前流入相邻者土地中的雨水，使后者处于缺水状态④，除非所有主故意“想给邻人造成损害”⑤。

排放雨水之诉所导致的主要法律后果是恢复原状（in integrum restitutio），“法官的职责是：如果邻居进行了施工，便命令他将之恢复原状并赔偿在争讼期（litis contestatio）后发生的损害。因为若在争讼期发生了损害，那么他只应将施工物恢复原状而不负赔偿责任”⑥。

第四节　潜在损害保证

潜在损害保证（cautio damni infecti）也是在相邻关系中针对所有主行使其权利的行为设置的一项法律救济手段。它是一种起源于《十二表法》并且定型于裁判官法的制度，根据这种制度，当某人担心相邻的土地或者在相邻土地上的施工可能对自己造成损害时，有权要求相邻土地的所有主或者施工主以要式口约的形式提供担保，保证在发生损害时将给予赔偿。

潜在损害保证的适用要求具备以下条件。

（1）被要求提供潜在损害保证的人应当是对相关不动物享有所有权或用益权的人。“当建筑在他人土地上的房屋有瑕疵时，所有权人应就土地及建筑物的瑕疵订立潜在损害之要式口约，或地上权人应对这两种瑕疵订立该要式口约。”⑦

（2）它的适用是为了防范“尚未发生而担心将来会发生的损害”⑧。对于已经实际发生的损害，不适用潜在损害保证，而应当采用阿奎利亚法诉讼或其他的法律救济手段。

（3）所有主的不动物或者相关的施工活动具有可能引起损害的瑕疵。这里所说的“瑕疵”，是指“由外界引起的使房屋变得不太牢固的瑕疵”⑨ 或者在施工中造成的危险情形。对于自然瑕疵（naturale vitium），例如，树被暴风刮倒在邻居土地上砸坏了建筑物或庄稼，不适用此制度，“因为我的损害非因树之瑕疵引起，而是风力所致”。但是，如果这种自然损害是邻居可防范而未防范的，比如，对枯老易倒的树未能及时采取措施，“我们便可以说损害是由树的瑕疵引起的”⑩。

在上述保证提供之后，如果损害发生，受到损害的土地所有主可以针对对方提出依要式口

---

① D. 39，3，1，10（《民法大全选译/物与物权》，189 页）。
② D. 39，3，1，3（同上书，191 页）。
③ D. 39，3，1，11（同上书，189 页）。
④ 参见 D. 39，3，1，21（同上书，189 页）。
⑤ D. 39，3，1，12（同上书，189 页）。
⑥ D. 39，3，6，6（同上书，195 页）。
⑦ 乌尔比安语，载 D. 39，2，9，4（同上书，181 页）。
⑧ 盖尤斯语，载 D. 39，2，2（同上书，175 页）。
⑨ 乌尔比安语，载 D. 39，2，24，2（同上书，177 页）。
⑩ D. 39，2，24，9（同上书，179 页）。

约之诉（actio ex stipulatu）。在拒绝提供上述保证的情况下，担心受到损害的土地所有主可以要求裁判官允许自己对相邻土地实行授权占有（missio in possessionem），这意味着，在时效取得（usucapio）所要求的期限届满后，占有人将取得对被占有物的所有权。

第五节 新施工告令

新施工告令（nuntiatio novi operis）是另一项针对所有主的法律救济手段。当所有主在自己土地上开始的建设或拆除作业有可能改变该地的原貌时，相邻者或者其他关系人如认为此作业会对自己造成潜在损害可以发出此告令，要求作业人停止施工、恢复原状或者提供潜在损害保证（cautio damni infecti）。

适用新施工告令一般要求具备以下条件。

(1)“针对的是未来的施工而非已完成的施工。”① 如果有些不应进行的施工已经开始，则不适用此制度，而可根据具体情况考虑诉诸制止暴力或欺瞒令状（interdictum quod vi aut clam）等其他法律救济措施，以要求裁判官制止此类施工的继续。

(2) 所谓“新施工”是指所有主在自己的土地上建筑新的设施或者拆除原有设施的行为。“该施工是否被合法地进行并不重要。无论施工被合法地进行还是被非法地进行，此令状皆适用。”但是，如果所有主是在自己的土地上收割庄稼、砍伐树木、修剪葡萄园、清理水道或者修补旧建筑物，则不适用此措施。②

(3) 新施工可能对相邻者的利益或者公共利益造成损害或不良影响。“发出这种警告，或是为了保护我们的权利，或是为了防止损害的发生，或是为了维护公众的权利。”③

这种告令一般采用口头形式在作业现场向有关的责任人发出，既可以由相邻者发出，也可以由任何认为公共利益可能受到新施工损害的第三人发出。实际上，“发出新施工警告不是针对某人而是针对在土地上进行的施工，因此占有施工土地的人最终将承担责任”④。如果施工土地的所有主未遵守与新施工告令有关的义务，裁判官将不接受他为主张其权利而提起的诉讼，并且可以向他发出停止施工、恢复原状的令状。

第六节 共同所有

共同所有或者共有（communio）系指数人对同一物共同享有所有权。

在早期罗马法中，共有的唯一形式是不分遗产共同体（consortium ercto non cito）。盖尤斯告诉我们：“一度曾有过这样的情况：在家父死后，在他的继承人之间出现一种既合法又自然的合伙，它被称为 ercto non cito，即不可划分的所有权。”⑤ 这种共同所有权是不可分割的，也就是说，每个共有人对共有物均享有完整的权利，因此，这种共同所有权的行使需要共有人之间完全的团结一致。它反映一种更古老时期的习俗，即在家父死亡时家庭仍保持着统一。

---

① 乌尔比安语，载 D. 39，1，1，1（《民法大全选译/物与物权》，163 页）。

② 参见 D. 39，1，1，12；D. 39，1，20，3；D. 39，1，1，13（同上书，165、171 页）。

③ D. 39，1，1，16（同上书，165 页）。

④ 雅沃伦语，载 D. 39，1，23（同上书，173 页）。

⑤ 盖尤斯 I. 3，154。

随着合伙、赠与、继承等各种民事制度的发展，共同所有权的观念逐渐成熟起来。罗马法的共同所有制度可以归结为这样一种观念：每个共有人对共有物享有一定份额的所有权。在行使共同所有权时，下列规则应当予以遵守。

(1) 每个共有人按份额行使其权利，可以自由地转让他的所有权部分，可以要求对该部分享受用益权，可以利用该部分进行质押。但是，对于不可分物来说，这种按份所有则只是观念上的，"一个共有的奴隶属于其全体主人，而非整个属于每一个主人。因份额未被分割，所以他们享有的是观念份额而非实体份额"①。各共有人为行使对不可分物的权利，必须获得其他共有人的同意或者通过法律程序完成对该物的分割。

(2) 为处置属于不动产的共有物，例如，在共有的土地上设置役权，需要全体共有人的参与和同意。"当一块土地属于很多人时我在其上行走和运输的权利可分别由每个人授予我。因此从狭义上讲，除非全体人授予了这种权利，否则，我不能取得它，并且只有最后一个人的授予才能使先前各个人的授予有效。"②

(3) 每个共有人有权对其他共有人处置共有物的行为行使否决权（ius prohibendi），"没有一个共有人可以违背另一个共有人的意志，在共有物上做某事"③。这种基于共有关系的否决权，与我们前面介绍的基于相邻关系的否决权一样，构成对共同所有权行使活动的重要制约因素。

(4) 对于某一共有人遗弃或者放弃的所有权份额，其他共有人享有增添权（ius adcrescendi）。"如果一个共有人抛弃了他在共有物上所享有的份额，那部分便不再是他的，因为关于整个物的法律规定适用于物的一部分。"④ 被抛弃的份额自动地追加到其他共有人的权利当中。一个共有的奴隶，"在其一个主人能取得债权而另一个主人不能取得债权的情况下，他应被视为仅属于他能为之取得债权的那个主人"⑤。

(5) 每个共有人按照各自的所有权份额取得产生于共有物的孳息，"也就是说，每个人根据其份额'当然地'成为三分之一、四分之一或十分之一孳息的主人，这种份额在不同的共有人之间可能是不同的"⑥。

第七节　共同所有权的分割

当共同所有人针对共有物（尤其是针对不可分物）的归属或处置问题发生争议，或者希望结束共有关系时，需要对共同所有权进行分割。为此，罗马法向共有人提供了以下法律救济措施。

(1) 共同财产分割之诉（actio communi dividundo），即共有人据以要求分割共同所有物或者解除共有关系的诉讼。它可以由共有关系中的任何一个成员针对其他成员提起。"在共有物分割之诉中，考虑的只是同一个共有物的分割、共有物发生或造成的损害的分割、某一共有人

---

① 乌尔比安语，载 D. 45，3，5（《民法大全选译/物与物权》，231 页）。

② 杰尔苏语，载 D. 8，3，11（同上书，227 页）。

③ 萨宾语，引自 D. 10，3，28（同上书，229 页）。

④ 莫德斯丁语，载 D. 41，7，3（同上书，229 页）。

⑤ 尤里安语，载 D. 45，3，1，4（同上书，231 页）。

⑥ ［意］彼德罗·彭梵得：《罗马法教科书》（2017 年校订版），190 页。

因那种损害而失去之物或从共有物上获得之物的分割。”[①] 因此，这种诉讼具有双重性，既可以是对物的（对共有物进行实际分割），也可以是对人的：当不可能对物进行分割时，“法官可以将所有的物判给一个人，而让他向其他人支付相应的价金”[②]，也就是说，法官可以通过分配裁判（adiudicatio）要求某一共有人承担特定的给付义务。

（2）地界调整之诉（actio finium regundorum），即相邻不动产的所有主据以要求确定地界的诉讼。它不仅可以用来解决土地所有权的归属问题，还可以用来解决该所有权的范围问题。之所以也将其纳入调整共有关系的诉讼，是因为在对相邻土地的地界进行划分时，通常需要对原本归属关系不清的中间地带（在划界前，往往由相邻的不动产所有主共同使用）加以分割，从而结束原有的、事实上的共有关系。“被任命调整地界的法官无法识别地界时，允许他通过分配判决（adiudicatio）解决争议。”[③]

（3）遗产分割之诉（actio familiae erciscundae），即某个或某几个共同继承人据以要求分割由他们共同继承的遗产集合体的诉讼。与共同财产分割之诉一样，它也具有对物之诉和对人之诉的双重性质，区别之在于遗产分割之诉针对的只是遗产。

（4）合伙人之诉（actio pro socio），即可在合伙人之间相互提起的诉讼，既可以在合伙（societas）关系解除之时提起，也可以在合伙关系存续期间提起。需要注意的是，“合伙人之诉同个人之间的债的关系有关，而不涉及共有物的分割”[④]，它主要被用来解决合伙人共同享有和承担的债权债务关系问题。如果合伙与某物的共同所有权相联系，该诉讼还可以与共同财产分割之诉一并提起。

（5）无因管理之诉（actio negotiorum gestorum）。当某一共同所有人为经管或维护共有物垫付了有关费用时，他可以通过无因管理之诉要求其他共有人给予相应的补偿。

① 乌尔比安语，载 D. 10，3，3pr.（《民法大全选译/物与物权》，233 页）。

② D. 10，2，55（同上书，233 页）。

③ 乌尔比安语，载 D. 10，1，2，1（同上书，159 页）。

④ 保罗语，载 D. 10，3，1（同上书，233 页）。

第十四章 享益物权

第一节　他物权概述

罗马人把对之享有所有权的物称为“我的”或“我们的”。但是，人们不可能仅仅针对自己的物品行使权利，如若那样，一个人就必须把所有他在生活和经济活动中用得着的东西都购买下来，据为个人所有。实际上，我们平常往往是借助别人的东西享受利益或者针对别人的东西行使权利，例如，租用他人的东西，利用他人的道路运输，在他人的土地上建造房子等。

因此，在罗马法中，除所有权［也可以叫作己物（iura in re propria）］外，还存在大量针对他人物品的权利，即他物权（iura in re aliena），例如，用益权、地役权、地上权、永佃权、使用权、居住权、抵押权、质权等。作为一类物权，他物权同样受到法律的专门保护，也就是说，法律同样要求所有人均应尊重此类权利。当然，他物权的内容受到与其共存的所有权的限制。

罗马法根据权利的功能将他物权划分为享益物权和担保物权，前者使权利人能够在一定程度上享用他人的物品，后者则使权利人在被担保的债权未获清偿的情况下有可能以他人物品保障自己的权利。

第二节　用益权：定义和基本规则

用益权的拉丁文术语是ususfructus，来自usus（使用）和fructus（收益）两词的结合，这表明，用益权实际上包含着两种权利，即使用权和收益权。保罗曾为用益权下过一个经典的定义：“用益权乃在保持物的本质情况下对他人之物使用和收益的权利。”①

用益权的行使应当遵循以下基本规则。

(1)“用益权人不可使所有权的状况恶化，但却可以将其改善。”② 用益权人不得改变物的用途，也不能对该物实施买卖、转让等处置行为；用益权人可以对用益物进行更新，比如，用新生的幼仔代替死亡的牲畜。用益物灭失的“风险乃由用益权人，而不是所有人承担”③。

(2)为保证有关财物在使用中不受损坏或发生灭失，用益权标的物通常应当是非消耗物（res inconsumabili）和生息物（res fruttifera），例如，土地、果树、矿场、牲畜、可以提供劳

---

① D.7，1，1（《学说汇纂》，第7卷·用益权，米健译，1页，北京，法律出版社，1999）。

② D.7，1，13，4（同上书，15页）。

③ D.7，1，70，2（同上书，54页）。

作的奴隶等。用益权一般也只能在有形物上设立，“其客体消灭时，权利本身亦必然消灭”[①]。

(3) 用益权本身是不可转让的，“不能由用益权人转让给所有权人以外的人”[②]，它与用益权人的人身紧密相连，并且与用益权人的特定法律地位紧密相连，因用益权人的死亡而消灭，还可能因用益权人的人格减等而受到影响。但是，用益权的行使是可以让与的，“用益权人既可本人对用益物实现收益，亦可将它让与他人收益，将此收益或出卖”[③]。

(4) 用益物的“所有权人不得妨碍用益权人行使权利”，也不得在未经用益权人同意的情况下在用益物上设立役权影响用益权的行使。[④]

(5) 用益权的行使不是无限期的，“用益权在一定时间内与所有权分离存在并不导致所有权完全没有意义。一般的看法是，用益权基于特定条件消灭并返归所有权”[⑤]。

(6) 用益权人可依法取得产生于用益物的收益，但是，对于用益物的添附，例如，用益地旁河流中出现的小岛，则归用益物所有权人所有，“用益权人不享有对此岛的用益权，虽然它对所有权来说是种增添”[⑥]。

第三节 用益权：设立

与所有权的取得方式不同，用益权的取得是通过有用益物所有主参与的设立行为而实现的，这类设立行为包括。

(1) 拟诉弃权。这是一种比较古老的市民法设立方式。盖尤斯说：“用益物所有主可以通过拟诉弃权向他人转让用益权，使该人拥有用益权并且保持赤裸所有权。”[⑦] 顺带说明的是，要式买卖（mancipatio）不适用于用益权的设立。

(2) 用益权保留（deductio ususfructus），表现为所有主在向他人转让自己的物品时要求保留对该物品的用益权，比如，“所有权也可以在保留用益权的条件下遗赠，以便用益权能由继承人享有”[⑧]。

(3) 分配裁判（adiudicatio），比如，在分割共同财产或遗产时，“法官可以将所有权判给一人，而用益权判与另一人”[⑨]。

(4) 直接遗赠（legatum per vindicationem），即所有主可以将用益权遗赠给继承人以外的第三人，“如果一物的用益权遗赠，那么，由该物产生的所有孳息都属于用益权人”[⑩]。

(5) 容忍（patientia），表现为物的所有主容忍他人享用该物并收取有关的利益，所有主通常采用默认的方式[⑪]或者以书面形式表达上述意愿。在优士丁尼法中，此种方式也被称为准让

---

① D.7，1，2（《学说汇纂》，第7卷·用益权，1页）。

② 彭波尼语，载D.23，3，66（《民法大全选译/物与物权》，279页）。

③ D.7，1，12，2（《学说汇纂》，第7卷·用益权，10页）。

④ 参见D.7，1，15，6和D.7，1，15，7（同上书，20页）。

⑤ D.7，1，3，2（同上书，2页）。

⑥ D.7，1，9，4（同上书，7页）。

⑦ 盖尤斯I.2，30。

⑧ D.7，1，6（《学说汇纂》，第7卷·用益权，3页）。

⑨ D.7，1，6，1（同上书，1页）。

⑩ D.7，1，7（同上书，4页）。

⑪ 优士丁尼《法学阶梯》在论述役权的设立时曾这样介绍“容忍”方式：“容忍［邻人］在墙上支搭梁木或引起檐滴；或容忍邻人步行或驱兽通过土地；或从土地导水。”（优士丁尼I.2，3，4。）

渡（quasi traditio）。

（6）通过要式口约（stipulatio）或简约（pactum）。这种方式最初主要用来在行省土地上设立用益权，因为这些土地在法律上不归私人所有，不能成为要式买卖或拟诉弃权的对象。

第四节 用益权：消灭

用益权是一种附条件和附期限的物权，它由于下列原因而告消灭。

（1）用益权人死亡。由于用益权是一种依附于人身并且不可向继承人转移的权利，权利人的死亡将导致用益权的消灭。

（2）用益权人遭受人格减等。这种情况将导致用益权人失去必要的权利能力，“人格减等不仅导致用益权丧失，而且还导致基于用益权的诉讼权丧失”①。最小人格减等（即只丧失家庭身份）不导致用益权的消灭。

（3）期限届满。用益权不能是永久性的，当约定的期限届满时，它将消灭；如果未明确约定期限，根据罗马法的有关规定，它的持续时间最长不得超过自设立起经过100年，“因为这是一个活得很长的人的生命界限”②。

（4）通过拟诉弃权的方式退还。用益权人可以“通过拟诉弃权向用益物所有主转让用益权，将使用权益与自己相脱离并且与所有权相合并”③，这种向所有权的回归导致用益权的消灭。

（5）权利混同。这可以说是与前一种情形相反的情况，“如果用益权人获得了物的所有权——这被称为混同——用益权消灭”④。

（6）用益物毁灭。在用益物发生灭失的情况下，用益权也不复存在，例如，“如果我被遗赠了一座建筑的用益权，而这座建筑倒塌或被拆毁，那么，它无疑就消灭”⑤。

（7）放弃或在一定期限内不行使权利。用益权人放弃权利将导致用益权消灭，长期不行使已获取的用益权将产生同样的后果，关于这一点，优士丁尼在一项谕令中宣布：“不动产用益权因2年不行使而消灭，动产用益权因1年不行使而消灭。我们不允许用益权在如此短的时间内就被丧失掉，因而将其丧失时间定为10年或20年。”⑥

第五节 准用益权

我们前面谈到，用益权的行使不得对用益物造成损坏和灭失，因此，用益权的对象一般应当是非消耗物。实际上，罗马法承认在某些特殊的情况下也可以针对可消耗物（例如，针对粮食、水果、钱款等物）设立用益权，这被称为准用益权（quasi ususfructus）。

关于准用益权的一项重要规则是：用益权一旦设立，用益权人将获得用益物的所有权，但

① D.7，4，1（《学说汇纂》，第7卷・用益权，68页）。
② D.7，1，56（同上书，46页）。
③ 盖尤斯I.2，30。
④ 优士丁尼I.2，4，3。
⑤ D.7，4，5，2（《学说汇纂》，第7卷・用益权，74页）。
⑥ C.3，34，13（《民法大全选译/物与物权》，287页）。

他有义务按照有关约定或者在该权利消灭时返还等量的同质物（tantundem eiusdem generis）。正如盖尤斯所说："倘若遗赠的是葡萄、酒或谷物的用益权，那么，所有权必须转移给受遗赠人，不过可要求其提供担保，以使他在死亡或人格减等的情况下将同样质量的用益物交还。"①

另一项规则是：在设立准用益权时，用益权人应当向用益物所有主提供担保，以保证履行有关的所有权返还的义务。"倘若有1万金币遗赠给你，而这1万金币的用益权却遗赠给我，那么全部1万金币属于你所有，但你必须要以其中的5 000（金币）交付于我。其前提是我向你提供一项担保，以使在我死去或人格减等的情况下将其返还于你。"②

权利是否可作为用益物，对于这个问题，罗马法学家是有争议的。有的学者认为：对于权利（例如债权），也可以设立准用益权，比如，"奈尔瓦还是认为，用益权甚至可向债务人本人遗赠，以免除债务人的利息"③。

第六节 使用权

使用权（usus）是罗马法中的一种享益物权，表现为使用他人物品的权利。虽然它的许多规则与用益权相似，但却有着以下不同的特点。

（1）使用权受益人只能使用物品，而无权取得和处置产生于该物品的孳息。乌尔比安说："如果一物的使用权遗留给了某人，他可使用该物，但却不可以从中获取孳息。"④但是，上述关于孳息的限制在优士丁尼法中被淡化。

（2）所有主可以自主地在自己的所有物上并列设立使用权和收益权。"如果在同一物上为一个人遗赠了使用权，而为另一个人设定了收益权，那么，收益权人可以取得使用权人不享有的部分。"⑤如果并列设立使用权和收益权的对象是土地，使用权人"不可以阻止承租人和为了经营农地而在那里的奴隶"⑥。

（3）同一物的使用权不能分割设立，例如，不能将同一间房子的使用权同时授予两个人。正如保罗所说："一项使用权的一部分不能遗赠，因为收取孳息可以部分地实现，使用则不然。"⑦

第七节 居住权

居住权（habitatio）也是罗马法中的享益物权之一种，它实际上特指对房屋的用益权或者使用权。所不同的是，居住权具有以下三个特点。

---

① D.7，5，7（《学说汇纂》，第7卷·用益权，89页）。

② D.7，5，6（同上书，88页）。

③ D.7，5，3（同上书，87页）。

④ D.7，8，2（同上书，102页）。此处的中译文将"frui non potest"翻译为"不可从中利用"。笔者认为翻译成"不可以从中获取孳息"似乎更为贴切。

⑤ D.7，1，42（同上书，40页）。此段引语中的"usuario"最好翻译为"使用权人"，而不是"使用用益权人"，笔者在此对译文作了修改。

⑥ D.7，8，10，4（同上书，107页）。

⑦ D.7，8，19（同上书，114页）。笔者将此引语中的"nam frui quidem pro parte possumus"一语翻译为"因为收取孳息可以部分地实现"。

(1) 居住权的权利人不仅可以在他人的房子中居住，而且有权让其他相关的人员享有该房屋的使用权或者将该房屋转租给第三人。比如，一个获得了居住权的妇女，“她不仅可以和她的丈夫，还可以与她的孩子，解放自由人以及他的父母在此房中居住”①。优士丁尼皇帝在一项谕令中认为：“如果一个人将居住权遗赠，我们认为最人道的做法是允许受遗赠人出租房屋，因为受遗赠人自己使用它与将其出租给他人以获取租金并无区别。”②

(2) 居住权一般在当事人约定的期限内有效，有些法学家甚至认为“居住权是终生享有的”③。

(3) 居住权不像一般的用益权那样会因权利人的人格减等而消灭，“这种居住权并不转移给继承人，但同时既不因不使用（non usus），也不因人格减等而消灭”④。

第八节　牲畜和奴隶劳作使用权

牲畜和奴隶劳作使用权（operae animalium et servorum）在罗马法中被认定为一种特殊的享益物权，实际上，这种物权的对象是牲畜或奴隶的劳作，人们可以通过获得对牲畜或奴隶的使用权而支配和享受其劳作，“对奴隶的用益权包括该奴隶的劳务以及因其劳务而取得的报酬”⑤。

这种权利甚至不因使用权受益人的死亡而消灭，获得此权利的人“可以将奴隶使用权的遗赠移转于其继承人”⑥。

从广义上讲，罗马法学家有时候也把牲畜和奴隶劳作使用权与用益权、使用权、居住权一起理解为一种特殊的役权（servitutes），但是，这种役权与地役权（servitutes praediorum）是不同的，不涉及供役地和需役地概念，因此，有时候它们在理论上也被称为人役权（servitutes personarum）。

第九节　地役权：基本规则

地役权（servitutes praediorum）是一类以不动物为对象的、有限度的享益物权，它们一般具体表现为一块土地（需役地）的所有主在有限的范围内利用邻居土地（供役地）满足自己利益的权利。“事实上，任何人，除非他有不动产，都不能获得对都市或乡村不动产的役权；任何人，除非他拥有不动产，也不会对都市或乡村不动产役权承担义务。”⑦ 地役权最初产生于罗马农业经济生活的需要，集中体现为乡村地役权，例如，通行权和用水权，并且被认为是要式物（res mancipi）。

罗马法为调整地役权确定了以下基本规则。

(1) 地役权所涉及的两块土地（即供役地和需役地）不能同时属于同一所有主，这意味

---

① 乌尔比安语，载 D. 7，8，6（《学说汇纂》，第 7 卷 · 用益权，104 页）。

② C. 3，33，13，4（《民法大全选译/物与物权》，301 页）。

③ D. 7，8，10，3（《学说汇纂》，第 7 卷 · 用益权，106 页）。

④ D. 7，8，10（同上书，105 页）。

⑤ D. 7，7，3（同上书，100 页）。

⑥ 帕比尼安语，载 D. 33，2，2（《民法大全选译/物与物权》，295 页）。

⑦ 优士丁尼 I. 2，3，3。

着，任何人不得对自己的物设置役权（nemini res sua servit）。“拥有所有权的人并没有在所有权以外分离地享有使用权和利用权，因为他在自己的地产上无论如何也不能有役权。”[①]

（2）为保障役权享有者能够在一定的限度内利用供役地，供役地所有主应当承担的是不做某事的义务，而不是做某事的义务。“役权的本质不是要求供役地所有人应当做某事（如除掉绿草以使景色宜人，或出于同样的理由而在其土地上装饰某物），而是要求他承受某一行为或不实施某一行为。”[②]

（3）地役权的设立与行使应当有助于对需役地的利用，比如，有助于需役地上的生产或者改善有关建筑设施的功能。“不能为了允许我在他人土地上采摘水果、散步或野餐而创设役权”[③]，因为这类活动与需役地的收益无关。

（4）地役权是为了满足长期的需要而设立的（servitutis causa perpetua esse debet）。“从严格的法律意义上讲，役权的设立不能附带‘从某个时候起’、‘直到某个时候’、‘在某种条件下’或‘根据某一设定的条件’（如只要我愿意）这样的条件。如果附加了这些条件，提起确认役权之诉的人通过既存简约抗辩或欺诈抗辩将获得保护。”[④] 但是，当事人可以就役权行使的方式（modus）达成协议，例如，哪些类型的车可以或者不可以通行，运输的最重负担是多少，每天通行的时间长短，等等。[⑤]

（5）地役权的设立是为需役地服务的，因此，它随着需役地所有主的变更而自动地向新的所有主转移。供役地的所有主不能因需役地所有主的变化而撤销役权，不能单独地转让役权，也不能针对役权设立用益权（servitus servitutis esse non potest）。“城市地役权不能成为质权的标的，因而也不能成为抵押权的标的。”[⑥]

（6）地役权“是不可分割的”[⑦]。人们不能只针对供役地的一部分或者只为了需役地的一部分而设立役权（servitus per partes constitui non potest）。但是，“假如你的土地是我的土地的供役地，而我成为你的一部分土地的所有人或你成为我的一部分土地的所有人，那么役权被部分保留，尽管一开始它不能被部分取得”[⑧]。此外，在对供役地或者需役地进行分割时，役权均将完整地存在。

地役权的设立方式包括：要式买卖、拟诉弃权、容忍（patientia）或者准让渡、分配裁判（adiudicatio）、地役权保留（deductio servitutis）、直接遗赠、简约和要式口约等。地役权由于下列原因而消灭：权利混同（confusio）、放弃、在一定期限内不使用、地域状况发生变化、地役权的效益消失等。

第十节　乡村地役权

乡村地役权（servitutes praediorum rusticorum）代表着役权的早期形态，它们主要以提高

① 乌尔比安语，载 D.7，6，5（《学说汇纂》，第 7 卷・用益权，97 页）。
② 彭波尼语，载 D.8，1，15，1（《民法大全选译/物与物权》，309 页）。
③ 保罗语，载 D.8，1，8pr.（同上书，311 页）。
④ 帕比尼安语，载 D.8，1，4pr.（同上书，315 页）。
⑤ 参见 D.8，1，4，1-2（《学说汇纂》，第 8 卷・地役权，陈汉译，5 页，北京，中国政法大学出版社，2009）。
⑥ 马尔西安语，载 D.20，1，11，3（同上书，186 页）。
⑦ 彭波尼语，载 D.8，1，17（同上书，186 页）。
⑧ 保罗语，载 D.8，1，8，1（《民法大全选译/物与物权》，311 页）。

需役地所有主的农业生产和活动的效益为特点。“乡村地役权有：个人通行权、运输通行权、道路通行权和引水权”，“乡村地役权还应包括：汲水权、饮畜权、放牧权、烧制石灰权及采掘泥沙权”①。

罗马法中的通行权表现为三种形式：第一种形式是个人通行权（iter），指以步行或骑马方式穿过他人土地的权利。第二种形式是负重通行权（actus），也叫运输通行权，指需役地的所有主驾驭驮兽或车辆从供役地上通行的权利；“个人通行权的权利人，不能驱赶驮兽经过；运输通行权的权利人则既可以驾驶车辆通行，也可以驱赶驮兽通行”②。第三种形式是道路通行权（via），这种通行权属于要式地役权（servitutes mancipi），或者说属于要式物的范畴。相对于个人通行权和负重通行权，via 的含义更加广泛，不仅可以涵盖上述两种通行形式，还包括为通行而在他人地面上修筑可宽至 8 英尺（弯处 16 英尺）的道路的权利。

引水权（aquaeductus），指需役地的所有主为了灌溉从他人土地（供役地）取水或者经他人土地引水的权利。

汲水权（servitus aquae haustus），指从位于他人土地（供役地）上的水源汲取水的权利。

饮畜权（servitus pecoris ad aquam adpulsus），指将牲畜赶到他人土地（供役地）的水源旁饮水的权利。

放牧权（servitus pascendi），指在他人土地（供役地）上放养牲畜的权利。

烧制石灰权（servitus calcis coquendae），指在他人土地（供役地）上烧制石灰的权利。

采沙权（servitus arenae fodiendae），指在他人土地（供役地）上采挖沙子或其他矿产资源的权利。

采掘石灰权（servitus cretae eximendae），指在他人土地（供役地）上挖掘和采用石灰的权利。

虽然上述一些役权从表面上看似乎与需役地无直接联系，但是，如果需役地的收入有赖于放牧、烧制石灰、采沙等活动，则有关役权“被视为同土地有关而非同人有关”③。

第十一节　城市地役权

城市地役权（servitutes praediorum urbanorum）以维护需役地所有主或其上建筑物所有主的一般生活需求，保障或者改善其生活环境为特点。“对都市不动产（praediorumurbanorum）的权利，是固着于建筑物之上的役权，之所以被说成是都市不动产的权利，乃因为所有的建筑物，即使它们被建造于乡间，都被叫做都市不动产。”④

罗马法中的城市地役权主要包括如下几种：

排水役权（servitus stillicidii），指需役地的所有主通过邻居的土地排放污水或雨水的权利。

排放污水役权（servitus cloacae immittendae），指在供役地上铺设阴沟以便排放来自需役地的污水的权利。

流水役权（servitus fluminis），指通过管道向供役地排放自己房上的雨水的权利。

---

① 乌尔比安语，载 D. 8，3，1pr. 和 D. 8，3，1，1（《民法大全选译/物与物权》，305 页）。

② D. 8，3，7（《学说汇纂》，第 8 卷 · 地役权，77 页）。

③ 帕比尼安语，载 D. 8，3，4（《民法大全选译/物与物权》，313 页）。

④ 优士丁尼 I. 2，3pr.。

限制加高役权（servitus altius non tollendi），指需役地的所有主为保障本地域的采光而要求供役地的所有主不要在该地建造超过一定高度的建筑物的权利。

支柱役权（servitus oneris ferendi），指需役地的所有主依靠邻居建筑物的墙或梁支撑自己的建筑物的权利。这种地役权的设立典型地表现为“不是为了迫使某人做某事，而是为了使之不禁止我做某事”①。

伸出役权（servitus proiciendi），指需役地的所有主让自己的建筑物（比如楼房的凉台）探入邻居土地的自由空间的权利。

搭梁役权（servitus tigni immittendi），指需役地的所有主在建筑中将自己的房梁伸进邻居墙中的权利。

禁止妨碍观望役权（servitus ne prospectui officiatur），指需役地的所有主要求邻居不要采取遮挡从自己土地上向外观望的视线的行为的权利。

加高役权（servitus tollendi），指在自己的土地上增加建筑物高度的权利。此种权利如果违反了法律规定或者公共秩序，将是无效的。

挡光役权（servitus luminibus officiendi），指在自己的土地上修造建筑物以致遮挡住邻居的光线的权利。此种权利如果违反了法律规定或公共秩序，将是非法的。

禁止妨碍采光役权（servitus ne luminibus officiatur），指需役地的所有主要求邻居不要采取任何遮挡自然光线行为的权利。

遮盖役权（servitus proteggendi），指需役地的所有主使自己的屋檐遮盖邻居土地的权利。此种权利如果违反了法律规定或公共秩序，将是无效的。

第十二节 地上权

地上权（superficies），作为一种享益物权，表现为某一主体有权在他人的土地上建造建筑物，并对该建筑物享有独立的和最广泛的权利。

地上权是对他人土地所有权的限制，因为，根据早期的市民法原则，地上物添附于土地（superficies solo cedit），建筑物可推定归土地所有主所有。盖尤斯曾说：“我们将在租借地上建造的房屋称为‘在他人土地上建造的房屋’，根据市民法和自然法，其所有权属于土地所有人。”② 地上权的创设使对建筑物的权利与对土地的权利相分离，并且使后一种权利受到一定的限制。

地上权仍然被定位为他物权，这意味着：严格地说，权利人对地上物享有的不是所有权，而是使用权，比如，某个私人在公共土地上建造了一家商栈，该商栈“是公有的，其使用权属于私人”③。但是，与其他一般的使用权不同，这是一种类似于所有权的使用权，“就像它可以被遗赠和赠与一样，它也可以被转让”④；地上权的权利人可以“出卖其权利”⑤。“要是土地所有人阻止其行使权利，通过起诉，其损害可获得补偿；若别的人阻止其行使其权利，所有人应

① 加卢语，载 D.8，5，6，2（《民法大全选译/物与物权》，309 页）。

② D.43，18，2（同上书，327 页）。

③ 乌尔比安语，载 D.18，1，32（同上书，327 页）。

④ D.43，18，1，6（同上书，331 页）。

⑤ D.18，1，32（同上书，327 页）。

将诉权转让给他。”[1] 此外，地上权人与所有权人一样，可以针对邻居的侵扰或者侵扰的可能性，发出新施工告令或者要求得到潜在损害保证。

当然，地上物权利人应当对土地所有者权利受到的限制给予必要的补偿，这一般表现为向土地所有者支付租金（solarium）。

地上权一般是通过租赁（先租赁土地，再根据有关协议在其上建造地上物）或者买卖（以买卖方式接受地上物的转让）而设立的。但是，地上权一旦通过上述契约关系得以设立，即成为一种相对于一切人而受到保护的物权，权利人为寻求法律保护，无须提起对人之诉以查明租赁或买卖关系是否有效，而可以“提起准对物之诉”（quasi in rem actio）[2]。

第十三节　永佃权

永佃权（emphyteusis）一词起源于希腊文，最初被用来表示一种存在于东部行省中的土地租让关系：将未开垦的土地长期或永久地出租给个人，由这些个人承担开发和改良土地的义务。随着罗马帝国的扩张和基督教势力的发展，出现了大量被占领的土地和僧侣团体的土地，在君士坦丁时代确立了两种特殊的租赁制度：一种是表现为长期租让并要求交纳固定地租的永租权（ius perpetuum），另一种是表现为永久租让并允许根据具体情形而变更地租的永佃权；在公元5世纪，这两种制度合二为一，形成永佃权制度。这一制度在优士丁尼法中得到进一步完善，成为一种独立的物权。

永佃权的基本特点如下。

(1) 作为永佃权对象的土地被永久地或者无限期地租让，“只要支付赋税，便不允许收回承租人或其继承人的土地”[3]。这种租让“既非租赁（conductio）亦非买卖（alienatio），而是同上述两种合同毫无联系或相似之处的一种权利，是一个独立的概念，是一个正当、有效的合同的标的。在那一合同中，双方以书面形式就任何情况（包括意外情况）达成的协议被看成是永久不变的，不管怎样必须被遵守。”[4]

(2) 永佃权赋予永佃户以类似于所有主的地位，使得永佃户有权不受任何限制地享用该土地并取得其全部孳息。“为了永久地享用土地而向市府租地的人虽未变成所有权人，但他有权对任何占有人，甚至对市府本身提起对物之诉。”[5]

(3) 永佃户的权利“可以属于其继承人”，也“可以被转让给受遗赠人”。永佃户还可以向其他人转让自己的权利，可以针对被租让的土地设立役权、用益权、抵押权或者转租永佃权（subenfiteusi）。

(4) 永佃户应当承担相应的义务：应当按年交纳地租；在转让其权利之前，应当通知土地所有主并且征得其同意，在同等条件下，应当确保所有主对于被打算转让的土地享有优先赎回权（ius protimeseos）；在所有主不打算行使上述优先赎回权的情况下，转让权利的永佃户应当向该所有主交纳2%的认可税（laudemium）。

(5) 关于被租让土地的灭损风险，适用以下规则：如果发生绝对灭失，“应由物之所有人

① D. 43，18，1，1（《民法大全选译/物与物权》，329页）。
② D. 43，18，1，1（同上书，329页）。
③ D. 6，3，1pr.（《学说汇纂》，第6卷·原物返还之诉，123页）。
④ C. 4，66，1（同上书，150页）。
⑤ 保罗语，载D. 6，3，1，1（同上书，149页）。

承担”；如果发生未改变物的性质的、局部的或轻微的损害，“它无疑应由永佃权人承担”①；即使土地发生局部减损，租金也不可改变。

永佃权一般通过缔结专项契约的方式设立。该权利由于土地毁灭、主体混同（confusio）、他人的时效取得（usucapio）等原因而终止。

第十四节　对享益物权的法律保护

在罗马法中，每一项享益物权都受到相应的诉权的保护，而且这些诉权一般都具有对物之诉的性质，也就是说，可以针对包括所有主在内的一切人行使。为维护享益物权而创设的主要诉讼形式如下。

（1）维护用益权之诉（vindicatio ususfructus）。它是仿照返还所有物之诉（rei vindicatio）的模式创设的，所不同的是，此种诉讼由用益权人为维护自己针对用益物的权利而提起。在优士丁尼法中，它也被称为“actio confessoria”（确认用益权之诉）。这种“对物之诉由用益权人仅对所有人提起还是可以对任何占有人提起？尤里安在《学说汇纂》第 7 卷写道，他有权对任何一个占有人提起该诉讼”②。

实际上，享有使用权、居住权以及牲畜和奴隶劳作使用权的人，也同样可以采用此诉讼要求确认和维护自己的享益物权。

（2）维护役权之诉（vindicatio servitutis），指役权的受益人为使其权利得到承认并且为排除对其权利行使的妨碍而提起的诉讼。在优士丁尼法中，同样被称为“actio confessoria”③。在此诉讼中，原告应当证明役权的存在；当所涉及的是地役权时，原告还应证明自己对需役地拥有所有权。“该诉讼是对物之诉而非对人之诉，就像所有其他役权之诉一样，不能由别的人而只能由需役房屋的所有权人提起，且只能对供役房屋的所有权人提起。”④

（3）现状占有令状（interdictum uti possidetis）。这是地上权人和永佃权人可要求得到的一种法律保护，据此获得对其权利侵扰的排除和对所受损害的补偿，只要上述权利的取得（即对有关土地的占有）是在无暴力、无欺瞒、无临时受让（nec vi nec clam nec precario）情况下实现的。通过此诉讼措施的适用，“裁判官保护主张地上权的人而不要求他说明占有的原因，唯一需要考虑的是：从对方的角度讲，其占有是否是暴力的、秘密的及不确定的占有。不动产占有令状中的所有规则在此要被遵守”⑤。保罗也明确告诉我们：享有永佃权的人也有权对任何人，甚至对市府本身提起此种“对物之诉”⑥。

（4）地上物之诉（actio in rem superficiaria）。这是享有地上权的人针对侵犯其权利（比如占据其地上建筑物）的人提起的一种专门诉讼。该诉讼主要出现在后古典法时期，在那时，地

① C. 4，66，1（《民法大全选译/物与物权》，249 页）。

② D. 7，6，5，1（同上书，289 页）。

③ 与 actio confessoria 相对应的是 actio negatoria（排除妨害之诉），这后一种诉讼由所有主针对非法行使用益权或役权的人提起。“所有权人实际上可以对用益权人提起排除妨碍之诉。当他认为用益权人无权违背其意志使用物或认为他有权限制用益权人时，他被视为在根据他自己的权利而非他人的权利提起诉讼。”参见 D. 7，6，5pr.（同上书，287 页）。

④ 乌尔比安语，载 D. 8，5，6，3（同上书，319 页）。

⑤ D. 43，18，1，2（同上书，329 页）。

⑥ D. 6，3，1，1（同上书，245 页）。

上权观念已得到普遍承认。

此外，享益物权的权利人还可以像所有主一样，针对妨碍或者可能妨碍其权利行使的人，提起排放雨水之诉，要求提供潜在损害保证，发出新施工告令，或者与有关的相邻者开展调整地界之诉。

第十五章
担保物权

第一节　质押权

他物权的另一重要类型是担保物权，此物权是针对他人财物设立的，使有关的权利人取得对该财物的有限控制，以便在该他人未履行清偿义务的情况下能够通过对上述财物的处置获得清偿。

在罗马法中，质押（pignus）是担保物权的主要形式，表现为一方当事人（出质人）为保证某一未来的清偿义务的履行而向他人（质权人）转移对某物（质物）的实际占有。"'pignus'一词源于'pugnus'（拳头）。因为用于质押之物要被亲手交付，所以一些人认为质权本身被设定于动产之上。"①

在罗马法中，与质押相似的是信托（fiducia），它们都以对物的交付作为成立的条件。但在信托中物的所有权发生转移，而在质押中质物的所有权仍归出质人所有，质权人只是单纯地占有质物，除非根据协议可以适用解除约款（lex commissoria）或者可以由质权人行使变卖权（ius distrahendi）。在出质人清偿了所担保的债务后，质权人应当返还质物，否则，前者可对其提起对人的质押之诉（actio pigneraticia in personam）。

质权人不得使用被交付给他的质物，"如果债权人使用质物，将被视为盗窃"②。对于质物所产生的孳息，接受该质物作为债权担保的质权人"应当首先用来抵偿利息，如果还有多余，则用来抵偿本金"③。

质押权的设立一般可采用三种方式，即协议方式、法定方式、司法方式。所谓协议方式表现为私人通过缔结有关契约并随之交付质物的方式设立质押权。所谓法定方式表现为在法律明确规定的情形下质押权当然地成立，比如，"被房客带进房内之物将作为质押标的，这不仅是作为给付租金的担保，而且也是作为对房客因其过错而恶化居住条件的赔偿的担保"④。所谓司法方式也被称为司法扣押，表现为根据司法裁决或者当事人的约定将债务人的物品交由司法官员占有，以便保障最终确定的给付义务的履行。

质押权基于以下原因而消灭："有体物消灭，质权或抵押权随之消灭，就像用益权消灭一样"⑤；质押权人与质物的所有主发生身份混同（confusio）；质押权人放弃自己的权利；"同样，

① 盖尤斯语，载D.50，16，238，2（《民法大全选译/物与物权》，335页）。

② D.47，2，55（54）pr.。转引自A. Burdese，Manuale Di Diritto Privato Romano，385页。

③ D.36，4，5，21（同上书，385页）。

④ 马尔西安语，载D.20，2，2（《民法大全选译/物与物权》，337页）。

⑤ D.20，6，8pr.（同上书，345页）。

如果债务被清偿，且被全部清偿，质押便被解除”①。此外，“就请求返还质物的债权人而言，如果长期取得时效（longi temporis praescriptio）的届满足以证实他长期沉默，那么只要债务人或其继承人继续占有质物，他便不能提起有效的诉讼”②。

第二节 抵押权

担保物权也可以在不转移对物的占有的情况下仅仅根据当事人之间的协议加以设立，在罗马法中，这被称为协议质押（pignus conventum），或者在希腊术语中被称为抵押（hypotheca）。正如乌尔比安所说：“我们确实将物之占有转移于债权人的称为‘质’（pignus），而将物之占有不转移于债权人的称为‘抵押’（hypotheca）。”③ 优士丁尼在他的《法学阶梯》中则更加明确地指出：“事实上，朕严格地说，‘质押’的名称，只包括物同时也被交付于债权人的情况，尤其在物为动产的情况下；而未经交付、根据裸体协议（nuda conventio）持有的物，朕严格地说它包括在抵押的名称之内。”④

抵押制度最初产生于租赁关系当中，土地或房屋的出租人和承租人通常达成这样的协议：承租人将其随带物（invecta et illata），即由承租人带进被出租的土地或房屋中的可动物（例如生产工具和生活用品），抵押给出租人作为其租金的担保物，但这些随带物仍然继续由承租人占有和使用，只是在承租人不履行交租义务的情况下，出租人有权通过对担保物的处置确保有关清偿义务的履行。后来，这种协议抵押逐渐可扩展适用于一切物，并且可以被用来为任何债关系作担保。

享有抵押权的人，虽然没有获得对担保物的占有，但是，“未获得欠款清偿的债权人根据抵押协议可对抵押物进行占有，他们将不被视为在以暴力占有，但他们必须有行省长官的授权才能进行占有”⑤。

由于在抵押关系中并不实际转移对担保物的占有，所以，与质押不同，针对同一物可以先后设立数个抵押权，例如，“你因向铁裘斯贷了一笔钱而同他商定将一块土地抵押给他；后来你又向麦威乌斯贷了一笔钱，并同他商定，如果那块土地不再是铁裘斯的抵押权标的，便将被抵押给他；最后，为偿还铁裘斯的贷款，第三个人贷给你一笔钱，并同你商定同一块土地将被抵押给他，他将取代铁裘斯”⑥。对于相互竞合的抵押权，适用“时间优先权利优先”（prior tempore potior iure）的原则，也就是说，就担保的顺序而言，先设立的抵押权优先于后设立的抵押权。对于上面举的例子来说，由于第三个债权人取代了第一个债权人铁裘斯的地位，所以，他所享有的抵押权“比第二个债权人的优越”。

基于同样的道理，“现在不存在而将来存在之物”也可以成为抵押权的标的，例如，未来产生的孳息或生产的物品。“如果商定以未来之物设定抵押权，那么就像以分娩物设定抵押权一样，人们要考虑到女奴在订约时是否是债务人财产的一部分。”⑦

---

① 乌尔比安语，载 D. 20，6，6pr.（《民法大全选译/物与物权》，343 页）。

② C. 7，36，1（同上书，345 页）。

③ D. 13，7，9，2（同上书，335 页）。

④ 优士丁尼 I. 4，6，7。

⑤ C. 8，13（14），3（《民法大全选译/物与物权》，339 页）。

⑥ 莫德斯丁语，载 D. 20，4，12，8（同上书，341 页）。

⑦ 盖尤斯语，载 D. 20，1，15pr. 和 D. 20，4，11，3（同上书，57 页）。

第三节 权利质押

根据罗马法学家的观点，“凡可以接受买卖的物品，也可以接受质押”[①]，因此，质押权也完全可以针对无形物设立，比如，用益权人可以将用益权质押给自己的债权人；地役权人可以将其享有的通行权予以抵押；永佃权和地上权同样可以成为质押的对象；至于针对债权设立质押，更不成问题，此种权利质押在罗马法文献中被称为 pignus nominis（债权质押）。

上述权利质押主要是通过协议的形式设立，不需要交付或转移权利凭证，因此，从严格的意义上讲，应当称之为权利抵押，而不是质押。抵押权人根据有关的协议行使自己的担保物权，并获得裁判官法所给予的司法保护。马尔西安曾就用益权的抵押问题论述说：

> 问题是用益权是否可以经所有权人或用益权人同意而变成质权或抵押权的标的？帕比尼安在《论解答》第11卷写道，债权人应受到保护。如果所有权人对债权人提起诉讼主张“债权人未经其同意无权使用收益物”，裁判官便允许债权人提出“债权人同用益权人已商定将用益权质押”的抗辩。裁判官保护用益权人的买受人，为什么不保护债权人？出于同样的理由，此抗辩也将对抗债务人。

第四节 对担保物权的法律保护

当质物被他人非法占有时，质押债权人以及其他对质物享有权利的人可提起要求返还质押物之诉（vindicatio pignoris），以物的所有主的名义要求非法占有人返还质物，此诉讼也被称为质押之诉（actio pigneraticia）。这是一种以维护担保物权为目的的对物之诉（actio in rem），正如乌尔比安所说，“质押之诉给债权人带来对物诉权”[②]。

对抵押权的法律保护最初表现为通过司法审判允许出租人对承租人的随带物行使权利，即在承租人未向出租人交纳地租的情况下，出租人可向执法官申请萨尔维令状（interdictum Salvianum），要求获准对承租人带进出租田的耕作工具实行占有，以此迫使承租人或其继承人交纳地租。

为维护出租人所享有的抵押权，对于任何占有抵押物的人，允许出租人提起类似于质押之诉的塞尔维安诉讼（actio Serviana），这同样是一种拟制的返还所有物之诉。此种诉权后来被扩展授予在任何债关系中享有抵押权的人，并且被称为准塞尔维安诉讼（actio quasi Serviana）。需要说明的是，在后古典法时期，此种诉讼不仅可以用来维护抵押权，而且也可用来维护质权。对此，优士丁尼《法学阶梯》解释说：“事实上，某人根据塞尔维安诉权（actio Serviana）就为土地的租金他享有质权的佃户财产起诉；而准塞尔维安诉权（actio quasi Serviana）是债权人据之获得质权或抵押权的诉权。然而，在质押与抵押之间，就这种抵押之诉而言，无任何区别。事实上，债权人和债务人就为了债务使物受债之约束达成了协议，两种情况都被包括在这一名称中。”[③]

---

① D.20，1，9，1。转引自 A. Burdese MANUALE DI DIRITTO PRIVATO ROMANO，384页注29。

② D.20，1，17（《民法大全选译/物与物权》，341页）。

③ 优士丁尼 I.4，6，7。

第十六章 占 有

第一节 占有的一般概念

拉丁文“possessio”（占有）一词来源于“potis sedeo”，其本义是“坐在某物上”，在罗马法中表示某一主体对某物的实际占据状态（res facti），它使该主体有充分的可能对物加以处置。这种“实际占据状态”的最大特点是排他性，也就是说，对某物的占有只能由一个人实现，“几个人并不能相互排他地占有同一物，因为当我占有某物时你也被视为占有它，这是违反自然的”①。

“占有”是一个比较宽泛的概念。与所有权不同，占有可以说是一种事实上的控制或权利，但不能被笼统地称为法律上的权利，因为，它可能基于不同的原因而发生，并且表现为不同的形态。

占有既可能与所有权相互包容，也可能与所有权相互分离。“可能发生一个人是占有人却非所有人而另一个人是所有人却非占有人的情况，还可能发生某人既是占有人又是所有人的情况。”② 在占有与所有权相互包容的情况中，占有可以理解为所有权的要素，或者说是对所有权的实际行使。“反过来说，所有权只不过是具备了真正法律保障的占有，而且有些占有情况如‘善意拥有’（habere in bonis）实际上变为所有权的形式。”③

前面引语中提及的“善意拥有”是一种与市民法所有权（dominium ex iure Quiritium）相平行的特殊占有形态，它受到裁判官法的保护。善意拥有制度主要适用于对公田（ager publicus）的占有。这些公田最初归罗马国家所有，后来被国家加以划分并且分配给个人，成为分配田（ager divisus et adsignatus），占有者随之而变成它的真正所有主。善意拥有还适用于未严格按照市民法的程式接受或取得物的情况，在此情况下，物的取得者向裁判官申请对其善意拥有状态的司法保护，以对抗原所有主的返还请求。优士丁尼法赋予善意拥有以法定所有权的意义，宣布“不许存在市民法上的所有人与裁判官法上的所有人的区别”④。

至于占有与所有权分离的情况，又“可以被分为两类：或善意占有，或恶意占有”⑤。一些罗马法学家认为，占有是否基于正当原因，这无关紧要，例如，拉贝奥认为：“就占有而言，一个人正当占有还是非正当占有并不重要。”因此，如果某人以据为己有为目的窃取了他人物

---

① 保罗语，载 D. 41，2，1pr.（《民法大全选译/物与物权》，349 页）。

② 乌尔比安语，载 D. 43，17，1，2（同上书，377 页）。

③ ［意］彼德罗·彭梵得：《罗马法教科书》（2017 年校订版），221 页。

④ C. 7，25，1（《民法大全选译/物与物权》，243 页）。

⑤ D. 41，2，3，22（同上书，351 页）。

品并加以实际占据，此状态也可以理解为占有。甚至有学者认为，“从这个意义上讲，对占有的保护也扩及窃贼或抢劫者，因为这种保护不要求证明正当原因”①。

需要与占有概念相区别的是“持有”（detentio）。持有者只具有对物的实际控制，即占有体素（corpore possidere），但不具备占有的意愿，即占有心素（animus possidendi）。对于那些不具有正常的认识、理解和意愿表达能力的人来说，他们对物的实际控制只能叫持有，而不能叫占有，“因为他们虽然经常以身体触摸物，但并无占有之意思，这就像一个人把某物放在睡觉的人手中一样”②。

第二节 占有的要件

从前面介绍的占有概念中可以发现，占有需要具备两个最基本的要件，即对物的实际控制和占有该物的意愿，在中文里通常将它们表述为占有体素和占有心素。

占有体素（corpore possidere），也被称为对物的自然占有（naturalis possessio）。既然占有不是一种法定的权利，而是一种实际的控制状态，那么对物的自然占有的告缺将导致上述状态的消失。但是，这种实际控制并不一定都表现为对物的实际持有，任何一种根据当时的习惯和社会意识被认为能使人以排他方式对物加以支配的事实关系都是足够的。

对于可动物来说，重要的是处于占有者的财产范围之内；“年青的内尔瓦说，动产，除奴隶外，只要处于我们的看管之下，便为我们所占有，即只要我们愿意，我们便可以对它进行自然占有。一旦一个动物走失或一个盆被遗失，以致不能找到，它便立即不再为我们所占有，尽管它未被别的任何人占有”③。

对于不动产，“当然不能被理解为谁想占有某块土地谁就应走遍那块土地的每一部分，而是说只要他进入那块土地的任何一部分即可，因为他有占有之意思，且具有占有那块土地直至其地界之意思”④。

所谓占有心素（animus possidendi），是指将某物据为己有的意愿。“基于友谊而进入其朋友的土地的人，不能被视为已占有那块土地。因为，虽然他有待在那块土地上的事实，但他在进入那块土地时无占有它的意思。”⑤

一方面，占有心素要求有关主体在实现占有时必须具备行为能力，“精神病人及未达适婚年龄之被监护人未经其监护人同意，不能开始占有”⑥。“自治市的全体居民不能占有任何物，因为全体人的同意是不可能的。”⑦ 另一方面，占有心素要求占有者应当具有明确的、将被占有物据为己有的意志。保罗举例说：“不知道有埋藏物的人，虽占有土地，但不占有埋藏物。即使他知道有埋藏物，也不能通过长期占有时效取得埋藏物的所有权，因为他知道它是别人的。”⑧

---

① Luigi Aru e Ricardo Orestano，SINOSSI DI DIRITTO ROMANO，Edtrice La Navicella，Roma，1955，139页。
② 保罗语，载D.41，2，1，3（《民法大全选译/物与物权》，359页）。
③ D.41，2，3，13（同上书，363页）。
④ 保罗语，载D.41，2，3，1（同上书，357页）。
⑤ D.41，2，41（同上书，361页）。
⑥ D.41，2，1，3（同上书，359页）。
⑦ D.41，2，1，22（同上书，361页）。
⑧ D.41，2，3，3（同上书，357页）。

考虑到占有心素的要件，从严格的意义上讲，用益权人、承租人、物品的租用人、受寄托人，相对于用益物、出租物、借用物和被寄托物，不享有占有人的地位，因为他们明知有关物品是归他人所有的，并且不具有将该物品据为己有的意志，对他们所允许的“不是对物的占有，而只是对物的看管”[①]。但是，上述人员所享有的物权可以通过关于占有的司法保护措施加以维护。

第三节　占有的取得、保持和丧失

取得占有的原因“跟取得不属于我们之物的原因一样多”[②]，例如，通过先占，通过不完全符合法定要求的买卖，基于赠与或遗赠，对嫁资的占有，继承人的占有，基于损害投偿的占有等。重要的是，在上述情况中，“我们取得占有须有占有之事实与占有之意思”[③]，即具备占有的体素和心素。

在罗马法中，自权人还可以通过他权人取得占有。例如，“家父”或主人可以通过“家子”或奴隶取得占有，这意味着可以通过他权人的民事行为取得占有，或者通过对他权人特有产的权利取得占有。关于这后一种情况，雅沃伦说：“主人可以通过其奴隶占有物，这是非常合理的，因为事实上奴隶以正当理由持有之物是奴隶的特有产。”[④] 被监护人可以通过自己的监护人取得占有。盖尤斯认为：“通过我们的寄托人、使用借贷受益人或者房屋的无偿居住者，我们也可以实现占有。”[⑤] 在优士丁尼法中，可以“通过自由人，例如通过代理人”取得占有。[⑥]

为了保持对物的占有，一般需要同时维持占有体素和心素。“和没有心素和体素就不能获得占有一样，这两个要素中的任何一个丧失，占有也就随之丧失。”[⑦] 但在某些特殊情况下，可以放宽对占有体素的要求，“甚至有人认为可以通过意愿保持占有，也就是说，尽管我们自己不占有，而且也没有其他人以我们的名义实行占有，但如果我们离去的意图不是放弃占有，而是为了以后重新占有，仍认为我们保持着占有”[⑧]，例如，对逃跑的奴隶的占有，对暂时不适宜于放牧的草场的占有等。这类情形被称为“单纯心素占有”（possessio animo retenta）。

占有因占有体素和占有心素的同时丧失而丧失。在仅仅丧失占有心素的情况下，占有同样会丧失，“假如你在土地上而不想占有它，你将立即失去占有”[⑨]。但是，如果仅仅丧失了占有体素，而仍保持着占有心素，则需要进行具体分析，看该心素是否足以使占有继续保持。占有因被占有物的灭失而丧失，“我们将失去被大海或河水淹没之地的占有”[⑩]。如果占有人死亡且无可接替他保持占有的继承人，或者占有人丧失权利能力，也将发生占有的丧失。

---

① D.41，2，3，23（《民法大全选译/物与物权》，351 页）。
② D.41，2，3，21（同上书，351 页）。
③ D.41，2，3，1（同上书，357 页）。
④ D.41，2，24（同上书，355 页）。
⑤ 盖尤斯 I.4，153。
⑥ 参见优士丁尼 I.2，9，5。
⑦ D.41，2，8，（《学说汇纂》，第 41 卷・所有权、占有与时效取得，99 页）。
⑧ 盖尤斯 I.4，153。
⑨ 保罗语，载 D.41，2，3，6（《民法大全选译/物与物权》，367 页）。
⑩ D.41，2，30，3（同上书，369 页）。

第四节　对占有的法律保护：条件

虽然占有不能被笼统地称为受法律保护的权利，但是，作为一种实际状态或事实关系，它也应当受到维护，以保持社会的稳定和经济的正常运行。国家强制机构（司法机关）介入对占有的保护，更有助于减少个人自救行为带来的动荡。

为了使占有获得必要的法律保护并且在一定情况下转化为法定权利，罗马法一般要求对某物的占有是在未采用暴力、欺骗或不正当的秘密手段的情况下，并且不是根据临时让与的名义实现的。这被简称为“无暴力、无欺瞒、无临时受让”(nec vi nec clam nec precario)。

所谓“无暴力”是指没有对物的原所有主或原占有人使用武力。“在以暴力驱逐原占有人后取得占有的人，或为获得占有而违反善良风俗以阻止他人占有的人，被视为以暴力进行占有。但是拉贝奥说，以暴力保持其占有的人不是在以暴力进行占有。”①

所谓“无欺瞒”是指没有故意地背着原所有主或原占有人实行违反其意愿的占有活动。“某人怀疑他人会反对其占有，并担心这种情况会发生，因而在未通知该人时便偷偷地进行占有，其占有为秘密的占有。然而，在非秘密占有时将自己隐藏起来的人，不被视为在秘密地占有。因为需考虑的不是占有的方式而是其取得的原因。某人在物之所有人明知或同意其占有时进行占有，或以某种方式进行善意占有，不被视为在秘密占有。”②

所谓“无临时受让”是指不存在当事人根据有关协议接受对某物的临时掌管并且负有在约定期限内返还义务的情况。“仅因请求而获得占有或使用许可而取得某一物体或权利的占有的人，被视为在进行不确定占有”③，例如，某人根据协议或者根据执法官的授权对某物实行保管。

第五节　对占有的法律保护：措施

对占有的法律保护措施主要表现为由执法官发布的令状。执法官根据当事人的申请并且在对有关情况进行简要调查后发布令状，如果诉讼双方遵守此令状，司法程序就到此为止；如果任何一方拒绝遵守，则启动进一步的调查和仲裁程序。

当两个占有人对某物应由谁占有发生争议时，一方可以通过申请维护占有令状（interdictum retinendae possessionis）排除另一方的干扰，维持自己的占有状态。这时，“诉讼双方地位平等，没有一方只被视为被告或者原告，而是每一方都既是原告也是被告”④。此种令状又可区分为现状占有令状和优者占有令状。

（1）现状占有令状（interdictum uti possidetis），一般以不动物作为适用对象，由土地或房屋的现时占有人向执法官申请，只要此人对物的占有是在无暴力、无欺瞒、无临时受让（nec vi nec clam nec precario）情况下实现的，即可根据此令状获得对另一方侵扰的排除和对所受损

① 乌尔比安语，载 D. 43，16，1，28（《民法大全选译/物与物权》，383 页）。

② D. 41，2，6pr.（同上书，385 页）。

③ D. 43，26，2，3（同上书，387 页）。这里所说的“不确定占有”（precarium）在中文里也可表述为“临时让与”。

④ 盖尤斯 I. 4，160。

害的补偿。

（2）优者占有令状（interdictum utrubi），一般以可动物作为适用对象，使在发布令状前1年以上较长时间占有物，并且对另一方当事人无暴力、无欺瞒、无临时受让情形者获得占有保护。因此，该令状并不必然保护物的现时占有人。

当某人被他人以暴力方式剥夺对某物的占有时，只要该人是在无暴力、无欺瞒、无临时受让情况下实现的占有，即可要求执法官发布恢复占有令状（interdictum recuperandae possessionis），以使其恢复原有的占有状态。此种令状仅适用于不动产，“不适用于动产，因为对动产可适用盗窃之诉或暴力抢劫财产之诉”①。恢复占有令状又可区分为制止暴力剥夺令状和制止武力剥夺令状。

（1）制止暴力剥夺令状（interdictum de vi），针对以暴力（但未使用武器）剥夺他人对物占有的人采用。有关该令状的申请应当在占有被剥夺后的1年内提出，并且以占有的正当性为前提条件。

（2）制止武力剥夺令状（interdictum de vi armata），针对以严重暴力行为（使用武器）剥夺他人对物占有的人采用。有关该令状申请的提出不受时间的限制，并且不要求以占有具有正当原因为前提条件。

除令状程序外，为维护占有人的权益而设立的典型诉讼是善意占有之诉②（actio Publiciana），它是一种虚拟的返还所有物之诉（rei vindicatio），该诉讼的目的在于根据公平原则“保证善意购买某物并因此获得物之占有的人更好地享有该物”③。盖尤斯介绍说：“这种诉权被给予那些尚未根据正当原因对被让渡物实现时效取得并且要求恢复对它的占有的人；由于他不能提出要求说‘根据罗马法物是他的’，所以他被虚拟成已实现了对物的时效取得，因而就像已根据罗马法成为所有主一样提起诉讼。”④

第六节　准占有

一般来说，“只有有体物才能成为占有的标的”⑤。但罗马法也承认，在某些特定情况下，存在以无形物（即权利）为对象的占有，或者说，占有也包括对某些物权的事实上的行使，例如，对用益权的占有，对某些地役权的占有。这被称为准占有（quasi possessio）或权利占有（possessio iuris）。

在准占有的情况下，只要占有人是在无暴力、无欺瞒、无临时受让情形下实际行使被占有的权利，即可以获得占有保护。盖尤斯在论述有关的令状保护时明确提到“准占有”，他说：“裁判官或者行省执政官主要是运用他们的权力处理纠纷，这尤其出现在某些人就占有或者准占有问题发生争议之时。他最终下令做某事，或者禁止做某事。”⑥乌尔比安在论述制止暴力

① 乌尔比安语，载D.43，16，1，6（《民法大全选译/物与物权》，371页）。

② 它也被译为“布布里其诉讼”或者“普布利西安之诉”，由共和国末期的裁判官布布里其（Publicio）创设，并以其名字命名。

③ 内拉蒂语，载D.6，2，17（《民法大全选译/物与物权》，239页）。

④ 盖尤斯I.4，36。

⑤ 保罗语，载D.41，2，3pr.（《民法大全选译/物与物权》，351页）。

⑥ 盖尤斯I.4，139。

剥夺令状时也指出："那些以类似名义占有用益权的人，同样可以采用此种令状。"①

本编思考题

1. 在罗马法中"物"的含义是什么？它有哪些基本的分类？
2. 什么是自然孳息？什么是民事孳息？
3. 以原始名义取得所有权的主要方式有哪些？
4. 什么是添附？添附制度的基本原则是什么？
5. 要式买卖和拟诉弃权的形式是怎样的？它们在所有权取得中发挥着怎样的作用？
6. 什么是让渡？实行让渡需要具备哪些基本条件？
7. 什么是时效取得？实行时效取得需要具备哪些基本条件？
8. 罗马法为保护正常的相邻关系提供了哪些法律救济措施？
9. 什么是共同所有？行使共同所有权应遵守哪些基本规则？
10. 什么是他物权？它的主要表现形式有哪些？
11. 地上权的作用是什么？它使权利人获得怎样的权利？
12. 作为担保物权的质押具有怎样的特点？是否可以针对权利实行质押？
13. 占有区别于所有权的特点是什么？它要求具备哪些基本要件？

① D. 43，16，3，17。转引自 A. Burdese，MANUALE DI DIRITTO PRIVATO ROMANO，406 页。

第五编

债 法

第十七章
债法总论

第一节　债的概念

拉丁文“obligatio”（债）一词来自拉丁文的“ligare”（捆绑），其基本含义是约束和纽带，在法律意义上就是指具有法律强制性的约束和纽带。它产生于一方当事人应向另一方当事人承担的法律义务。因此，优士丁尼《法学阶梯》说：“债为法锁，据之我们有必要被强迫根据我们城邦的法偿付某物。”①

债是特定主体之间的权利义务关系，“债的实质不是给我们某物或某役权，而是要他人给予某物、做某事或履行某项义务”②。也就是说，债是一种只发生在债权人和债务人之间的法律约束关系。这里所说的债权人“不仅仅是指那些借钱给他人之人，而且也是指那些接受他人基于各种原因履行义务的人”③，这里所说的债务人则“是指那些可以向他们索取财物，即使是违反他们的意愿也可以这样做的人”④。

债是特定主体之间的权利义务关系，这一本质也通过其法律保护方式即诉权形式反映出来。在罗马法中，与为维护物权而提起的对物之诉（actio in rem）相对应，为维护债权而提起的诉讼被称为对人之诉（actio in personam），它只能针对债关系中的直接当事人提起。“对人的诉讼是我们据以针对某个因契约或者私犯行为而向我们负债的人提起的诉讼，也就是说，在提起该诉讼时我们要求‘应当给、做或者履行’。”⑤

在早期的罗马法中，债关系具有鲜明的人身强制性，这特别表现为：债义务是以债务人的人身作为履行保证的，不能履行清偿义务的债务人将以身偿债，沦为债权人的债务奴隶（nexi）或者处于受役状态（in causa mancipii）。随着《博埃得里亚法》（Lex Poetelia）的出现，财产性执行措施逐渐取代了以身偿债的习惯。

第二节　债的发生根据

债的发生根据也叫债的渊源，指的是债关系产生的原因。在这个问题上，存在两个基本的分类方法：一个是盖尤斯提出的三分法，另一个是优士丁尼确认的四分法。

---

① 优士丁尼 I. 3，13pr.。

② 保罗语，载 D. 44，7，3pr.（《民法大全选译/契约之债与准契约之债》，3 页）。

③ 盖尤斯语，载 D. 50，16，11（同上书，3 页）。

④ 莫德斯丁语，载 D. 50，16，108（同上书，3 页）。

⑤ 盖尤斯 I. 4，2。

盖尤斯在《法学阶梯精选》中提出："债或是产生于契约，或是产生于不法行为，或是产生于法律规定的其他原因。"[①] 他把债的发生根据归纳为契约、不法行为（私犯）和法律规定的其他原因。

关于契约之债（obligationes ex contractu），盖尤斯认为可以通过四种形式缔结，即"或者是通过实物，或者是通过话语，或者是通过文字，或者是通过合意"[②]。

关于不法行为之债（obligationes ex maleficio 或 obligationes ex delicto），盖尤斯列举了数种私犯的形式，即盗窃、抢劫、损坏财物、人身伤害和人身侮辱。值得注意的是，盖尤斯认为这些产生于不法行为的债"都是要物之债"[③]，也就是说，是基于实物原因而产生的，这意味着，不法行为之债均以特定损害结果的发生作为债关系成立的根据。在这里，拉丁文 obligatio 更具有中文"责任"的意义。

关于法律规定的其他原因，盖尤斯没有作具体的解释，只是在《法学阶梯》中提到有关形式，例如，"某个人从实行了错误的给付的人那里接受了不应接受的东西"（即不当得利），并且认为"这种债看起来不是根据契约而成立的"[④]。

优士丁尼《法学阶梯》认为：债"要么是根据契约的，要么是根据准契约的；要么是根据非行的，要么是根据准非行的"[⑤]。在这里，债的发生根据被归纳为四大类：契约、不法行为（私犯）、准契约和准不法行为（准私犯）。

关于准契约之债（obligationes quasi ex contractu），优士丁尼《法学阶梯》将其解释为"不被严格地认为产生于契约，但由于其存在不是产生于非行，被认为是产生于准契约的债"[⑥]，例如，无因管理，因共有关系而产生的给付义务，错债清偿等。

关于准私犯之债（obligationes quasi ex delicto），优士丁尼《法学阶梯》在对其进行解释时认为：有关的债务人"不被认为因非行受债之约束。但由于他也并非因契约受债之约束，而无论如何，就算是由于无知，他也不被认为犯了某种罪行"[⑦]，例如，放置物或悬挂物致害，落下物或投掷物致害，审判员误判致害等。

第三节　债的效力，自然之债

债的效力是指债关系所可能导致的法律后果。债的效力，有的是由罗马的市民法加以确定或维护的，有的是在司法实践中逐渐得到承认和调整的，有的则是纯粹基于自然法而产生的。这三种不同效力的债在理论上分别被称为民法之债（obligationes civiles）、裁判官法之债（obligationes honorariae）和自然之债（obligatio naturalis）。在此，需要特别注意一下自然之债。

在某些情况下，自然之债因缺乏法律规定的条件而不产生诉权，所以不能得到法律的承认和保护，例如，"家父"与"家子"或者主人与奴隶缔结的债；某人在遭受人格减等之前缔结的并且因人格减等而消灭的债；被监护人在未获得监护人准可情况下缔结的债；被执法官错误

① D. 44，7，1pr.（《民法大全选译/契约之债与准契约之债》，3 页）。
② 盖尤斯 I. 3，89。
③ D. 44，7，4（《民法大全选译/契约之债与准契约之债》，5 页）。
④ 盖尤斯 I. 3，91。
⑤ 优士丁尼 I. 3，13，2。
⑥ 优士丁尼 I. 3，27pr.。
⑦ 优士丁尼 I. 4，5pr.。

地加以免除的债，等等。就这些自然之债的效力而言，罗马法一般实行下列规则。

（1）在债务人自动清偿的情况下，债权人有权保留被给付物并且拒绝返还或者对抗错债索回之诉（condictio indebiti）。正如尤里安所说，“一切已经清偿的自然之债均不得请求返还”①，因为“虽然在狭义上不认为自然之债的债务人是债务人，但是在广义上他们却仍然是债务人。因此，从自然之债债务人那里获得清偿之人，亦视为获得了自己债务的清偿”②。

（2）对于某些自然之债可以在诚信诉讼（actio bonae fidei）中确认其效力。保罗说：“自然之债的债务人，依据万民法进行给付，基于善意之诉承担责任。”③ 盖尤斯举例说：“属于善意诉讼范畴的嫁资之诉在人格减等后仍旧有效。”④

（3）对于某些自然之债，债权人可以行使抵销权。乌尔比安就此指出：“甚至自然之债也可以进行抵销。”⑤ 因此，某人可以要求用产生于自然之债的债权抵销自己的市民法债务。

（4）自然之债可以用来作为其他附属法律关系的根据，比如，“可以为自然之债设立债务担保人”⑥，“在自然债务存在的情况下，质权继续有效”⑦。

（5）采用非法定方式缔结的自然之债，可以采用同样的方式加以解除，“因为基于公平原则设立的自然债务，同样可以依据公平协议解除。因此，未成年人的债务的担保人同样可以用上述方式解除债务”⑧。

第四节 债的标的

所谓债的标的是指债务人应当向债权人履行的行为，这种行为可以表现为做或不做某事，或者表现为给付某物。如果说在罗马法中“praestare”（给付）一词可以概括“facere”（做）和“dare”（给）这两种行为的话，从一定意义上讲，债的标的可以说是指应当履行的给付义务。

根据罗马法学家的观点，债的标的或者说给付义务只有在具备以下基本条件的情况下才是有效的。

（1）在实践上和法律上是可能履行的。“那些不能给付或自然界不存在的物品不能成为交易的标的。”⑨ 保罗举例说：如果我买了一栋房子，但我和卖方都不知道房子已经被火烧了，那么，有关的买卖交易无效。⑩ 上述履行可能性一般应在债关系缔结时存在，例如，在土地买卖之债中，土地在买卖关系缔结时应当是可交易物。但是，如果有关的债是附期限的，这种可能性应当存在于债权人请求履行之时。杰尔苏的格言“impossibilitium nulla obligatio est”（对于不能给付的物品不产生债）后来成了债法的一项原则。

---

① D. 46，1，7（《民法大全选译/契约之债与准契约之债》，323页）。

② D. 46，1，16，4（同上书，323页）。

③ D. 50，17，84，1（同上书，321页）。

④ D. 4，5，8（同上书，323页）。

⑤ D. 16，2，6（同上书，325页）。

⑥ 尤里安语，载D. 46，1，7（同上书，323页）。

⑦ 乌尔比安语，载D. 20，1，14，1（同上书，323页）。

⑧ 帕比尼安语，载D. 46，3，95，4（同上书，323页）。

⑨ 乌尔比安语，载D. 50，17，135（同上书，393页）。

⑩ 参见D. 18，1，57（同上书，395页）。

（2）具有合法性。“不应当允许违背善良风俗的给付。”[1] 例如，买卖之债不得以自由人为标的，不能以含毒物品为标的（除非这类物品能够产生对人体或社会有益的效果）。

（3）应当是明确和具体的。比如，对于买卖之债来说，被卖物和价格应当是明确的；对于委托之债来说，委托的事项应当是确切的；对于合伙之债来说，合伙人的出资方式和份额应当是确定的；对于承揽之债来说，加工所使用的材料以及有关的验收标准应当是明确的。即使是附条件、附期限的债或者是所谓的射幸契约，有关的条件、期限或者“希望”也应当是明确的。

（4）应能给债权人带来利益。债关系设立的目的是“每个人为自己获得利益”[2]，不为债关系当事人带来利益，而只为第三人带来利益的债，是无效的。“如果一个人订立了这样一项要式口约：在能给自己带来好处的情况下向第三人给付。那么，在这种情况下，我们认为，要式口约有效。”[3]

第五节　债的主体

对于任何债关系来说，都至少有两个主体：债权人和债务人。债的主体一般在债关系产生时即被确定，但是，在某些特殊情况下，债主体的确定取决于谁与特定的物或人存在着特定的关系，债的主体可能随着上述关系的变化而发生变化，例如，对于由“家子”或奴隶实施的私犯行为，在有关诉讼提起时对行为人享有支配权的人应当承担责任；对于在两块相邻土地的所有主之间可产生的排除侵害义务，任何取得某一相邻土地所有权的人均可能成为此种义务的承担者，债务人的确定随着土地权利人的变化而变化。这种债被称为“因物之债”（obligatio propter rem）或者“流动之债”（obligationes ambulatorie）。

某一单一的债关系也可能牵涉数个债权人或者数个债务人，这种多主体的债可能表现为份额之债或者连带之债。

份额之债（obligatio pro parte）是指数个债权人或者数个债务人根据约定的份额（pars）独立地享有或者承担产生于某一债关系的权利或义务；在罗马法中，份额之债通常属于可分之债（obligatio divisibilis）。根据罗马法的原则，当有关当事人未就连带责任作出明确的特别约定时，涉及数个债权人或者数个债务人的债应当推定为份额之债。“有字据证明一个人与另外一个人一起为接受100枚金币的给付订立了要式口约，但是没有附加说明他们是连带债权人。在这种情况下，似乎应当理解为他们是以均等的份额订立要式口约接受清偿的。”[4]

连带之债（obligatio in solidum）是指有数个债权人或数个债务人并且产生于同一法律事实的债关系，在这种债关系中，每个债权人均有权要求获得对债的完整清偿，每个债务人也都有义务对债实行完整清偿。连带之债又可分为累计性连带之债和选择性连带之债。

在所谓累计性连带之债中，数个债权人中的一人可以要求债务人实行完整的清偿，但这一清偿不使该债务人解除对其他债权人的义务。同样，由数个债务人中的一人实行的完整清偿也不使其他债务人解除自己的清偿义务。例如，在数人实施私犯的情况下，一人全额支付罚金并

① 帕比尼安语，载D.22，1，5（《民法大全选译/契约之债与准契约之债》，399页）。
② D.45，1，38，17（同上书，411页）。
③ 乌尔比安语，载D.45，1，38，22（同上书，413页）。
④ 帕比尼安语，载D.45，2，11，1（同上书，357页）。

不使其他人免除支付罚金的义务；对于间接遗赠的债权人来说，“在分别（disiunctim）遗赠的情况下，每个人则应得整个物”①。

在所谓选择性连带之债中，任何一个债权人所获得的完整清偿或者任何一个债务人所履行的完整清偿均使连带之债相对于其他债权人或其他债务人消灭。“因为，对连带债务人来讲，每个人均对全部债务承担清偿责任。因此，可以向他们中的任何一人请求给付。无疑，履行了全部债务的连带债务人可以向另外一名连带债务人追偿。”②

第六节 选择之债和种类之债

根据债的标的（给付）的特点，债可以划分为选择之债和种类之债。

(1) 选择之债（obligatio alternativa）是指可在两个或数个物品中选择其一作为给付标的的债，例如，在奴隶甲和奴隶乙当中，选择一人作为买卖的标的。

对于选择之债一般适用下列规则。

1）当事人可以约定由债权人、债务人或者第三人进行选择；在没有作出明确约定的情况下，选择权由债务人行使。“如果债权人不附加任何条件就接受给付这样或那样物品订立要式口约，那么，就意味着允许债务人直到实际履行前均可随时改变自己以前的决定。”③

2）由债权人或债务人行使的选择权可以向其继承人转移。“如果债权人在作出选择前去世，选择权连同债权一起转移给他的继承人。”④ 但是，由第三人行使的选择权是不可向其继承人转移的。

3）对于选择之债来说，由于选择的范围是特定的，一旦其中某一物品灭失，就只能用剩余的物品偿债；如果可供选择的物品全部灭失，即发生给付不能。“如果订立了这样的买卖契约：我向你购买奴隶史蒂古或奴隶庞菲罗，并在要式口约中规定由你决定你想出售的奴隶。在这种情况下，如果一名奴隶死了，那么，就要给付还活着的那一个。因此，第一名被出售奴隶的风险由卖方承担，而第二名被出售奴隶的风险则由买方承担。”⑤

(2) 种类之债（obligatio ad genus pertinens）是指以种类物或者可替代物作为其标的的债，例如，买卖一匹不特定的马（可以是白马或黑马、公马或母马），或者买卖大米（米粒是可以替换的）。对于种类之债来说，由于种类物永远不会消失（genus numquam perit），因而债的标的是不可能灭失的，债务人可以使用同类物品清偿债务。“当债务人向债权人允诺给付一名不确定的奴隶时，债务人却可以交付任何一名奴隶，甚至是一名订约时属于债权人的奴隶，并且可以因交付而解除债务。”⑥

在罗马法中还存在着所谓含选择权之债（obligatio cum facultate solutionis），即只以某一物品为清偿标的，但允许债务人以其他物品代替该物实行清偿的债。与选择之债不同的是，在此种债关系中，原定的清偿标的物发生灭失可导致给付不能。“要是你订立了这样一项要式口约：‘如果你不给付土地，那么，你允诺给我100枚金币吗？’那么，在这一口约中，只有100枚金

① 盖尤斯 I.2，205。

② 乌尔比安语，载D.45，2，3，1（《民法大全选译/契约之债与准契约之债》，361页）。

③ 威努勒语，载D.45，1，138，1（同上书，341页）。

④ 保罗语，载D.45，1，76pr.（同上书，341页）。

⑤ 保罗语，载D.18，1，34，6（同上书，345页）。

⑥ 马尔切勒语，载D.46，3，72，4（同上书，353页）。

币才是契约的标的，而交付土地是一种用来解除所负100枚金币之债的、可供选择的履行方式。”①

第七节 可分之债和不可分之债

根据给付标的是可分割的还是不可分割的，债可划分为可分之债和不可分之债。

可分之债（obligatio divisibilis）一般以可替代物的给付为标的，清偿可分次履行。比如，某人将一笔现金封存在一个袋子里并交给受寄托人保管，当寄托人的继承人根据其享有的请求权要求给付应得的钱款份额时，“钱袋要当着裁判官的面或在一名公正人士的参与下启封，并向该继承人支付属于他的那部分遗产。因为，根据裁判官的命令或在一名公正人士的参与下启封是符合有关寄托的法律规定的。如果该继承人愿意，那么，余下的部分可以继续存放于受寄人处”②。

可分之债的标的还可以是：数项劳作，处于共同所有权下的物品（即使该物品是不可分的），用益权等。

不可分之债（obligatio indivisibilis）一般以某些不可分割的权利为标的，例如，通行权、用水权等地役权。提供特定劳务的债也是不可分的，比如，“开渠、建造房屋、完成某项劳务或去做其他类似的事情”；但是，“如果我们订立要式口约去做某事而未做，那么，应当承担赔偿责任。在这种情况下，要式口约的标的可以分割”③。如果债的标的表现为履行不作为义务，一般构成不可分之债。

当对同一债存在数个债权人或数个债务人时，可分之债和不可分之债的划分特别具有意义。对于可分之债，每个债权人可以要求债务人向自己实行按份给付，每个债务人也可以向债权人实行按份清偿；相反，对于不可分之债，每个债权人均可要求债务人实行完整的给付，每个债务人也负有连带清偿的义务。

第八节 附条件之债和附期限之债

当事人可以为债附加条件，使其效力的发生或者终止依赖于某一未来的和不确定的事件。作为债的附加要素，“条件只有在债设立时加入才有效”，“而不能在债的设立已经完成之后再加入”④。

条件可分为生效条件和解除条件。当生效条件成立时，有关的债关系发生效力，比如约定：对某一奴隶的买卖以该奴隶接受身体检查并被确认健康状况良好为条件。“错误履行的附延缓条件之债，条件未成就时，可以请求返还。”⑤ “如果物品是根据下面这一简约售出的：‘要是买方对出售物不满意，那么，就像买卖契约从未订立一样。’在这种情况下，无疑，买卖

① 保罗语，载D.44，7，44，5（《民法大全选译/契约之债与准契约之债》，337页）。

② 乌尔比安语，载D.16，3，1，36（同上书，389页）。

③ 乌尔比安语，载D.45，1，72pr.（同上书，387页）。

④ 保罗语，载D.44，7，44，2（同上书，329页）。

⑤ 彭波尼语，载D.12，6，16pr.（同上书，331页）。

契约本身不是附条件的，而买卖契约的解除却是附有条件的。”① 这就是解除条件。

罗马法禁止以当事人的意愿作为债的附加条件（例如，“如果我愿意”这样的条件），因为当事人的意愿是缔结契约的基础并且是初始性要件，不能被降格为附加要素。附加这样的条件实际上意味着“在负债人意愿本身尚不具有独立的社会意义的情况下听任该人随意行事”②。

罗马法也禁止为债附加不可能实现的条件。“如果债被附加了不可能的条件，要式口约无任何效力。事实上，被自然阻碍不能成立的条件，被认为是不可能的条件。”③

当事人也可以为债附加期限，使其效力的发生或者终止依赖于某一未来的和在客观上确定的（或者说肯定会发生的）事件。期限可分为起始期限和终止期限。“‘你允诺3月1日给我某物吗？’这就是附起始期限之债。根据这一允诺的性质，在这一期限到来之前，不得提出任何清偿请求。然而，要是说：‘你允诺到下月1日以前给我某物吗？’就是附终止期限之债。”④

在罗马法中，并非所有的债都是可附条件或期限的。“要式行为不允许附加期限或条件。比如，要式买卖、正式免除、接受继承、挑选奴隶的权利、监护人的选任，都将因附加了期限或条件而出现权利瑕疵。”⑤

第九节　支付利息的义务

利息（usurae或fenus）是指因享用他人资本（sors或caput）而定期支付的对价，它一般按照本金的数额以及享用的期限加以计算。支付利息是某些债关系的特殊义务，这种义务或者由债关系的当事人协商确定（usurae in obligationes），或者由诉讼裁判人员加以确定（usurae officio iudicis praestantur）。

具体地讲，支付利息的义务可能产生于下列情况：（1）当事人通过专门的要式行为（例如，要式口约和间接遗赠）作出规定。在有些情况下，通过附加的利息简约作出的约定虽然并不当然地导致法定义务，但在当事人自动给付的情况下属于对自然债的清偿，因而不得索回。（2）审判员就善意达成的利息简约作出确认。（3）给付迟延（ex mora）。但是，“交付了价款，即使是在迟延后交付的，也不得要求偿付利息。因为，迟延利息的支付不在债的履行范围内，而是应当由承审员决定的事情”⑥。

罗马法对支付利息的义务一贯限制较严，以防止高利贷行为。《十二表法》曾将借款的利息限制在月息1/12（年息100%），后来的共和国立法进一步将其限制为月息1/100（年息12%），优士丁尼则宣布：“我们规定，无论要式口约标的的价值如何，那些有社会地位的人，以及那些社会地位较高的人均不得订立利率超过百分之四的要式口约。我们还规定，主持及经营合法事务之人，在订立有关利息的要式口约时，利率不得超过百分之八；在海运借款（fenus nauticum）契约中，尽管早期法律允许，利率亦不得超过百分之十二。同样，我们规定，任何其他人就利息订立要式口约时，利息不得超过百分之六。上述有关利率的规定，在通

① 乌尔比安语，载D.18，1，3（《民法大全选译/契约之债与准契约之债》，335页）。

② ［意］桑德罗·斯奇巴尼：《中国的新〈合同法〉、作为其基础的罗马法以及与罗马法系其他法典的联系》，载《罗马法·中国法与民法法典化——物权和债权之研究》，551页，北京，中国政法大学出版社，2001。

③ 优士丁尼I.3，1911。

④ 保罗语，载D.44，7，44，1（《民法大全选译/契约之债与准契约之债》，329页）。

⑤ 帕比尼安语，载D.50，17，77（同上书，335页）。

⑥ 赫尔莫杰尼安语，载D.19，1，49，1（同上书，375页）。

常要求支付利息的情况下，均不得以任何方式加以提高。"① 超过上述标准的利息，不受法律保护。

优士丁尼法还禁止对利息收取利息，即所谓复利（anatocismus），规定："我们不得以任何方式将过去的利息或未来的利息转化为本金，亦不得就利息的利息订立新的要式口约。"②

第十节　债的转移

在早期的罗马法中，债具有鲜明的人身性，是特定人之间的"法锁"，因此，债关系是不可转移的，无论是债权还是债务；而债的死因继承相对于债的转移，是另一回事，因为继承人是在接替被继承人的法律地位。

商品经济的发展要求债权或债务能够在不同主体之间转移，为了解决这个问题，罗马法首先借助的是替代（delegatio）制度。所谓替代实际上是债的更新形式之一，表现为单方面指定或者准可某人接替原债关系中的债权人或债务人地位或者代替债务人或债权人实行清偿或接受清偿；在此情况下，债权人与债务人之间原有的债关系因更新而消灭，并且被原债务人与新债权人之间的债关系或者原债权人与新债务人之间的债关系所取代。"实际上，如果我想把某人欠我的东西给你，我绝不能采用那些据以向他人转让有形物的方式，而必须让你在我的准许下同他人达成要式口约；这样将使得他人摆脱与我的债关系并且开始向你负债；这被称为债的更新。"③

被用来实现债的转移的另一种方法是实行自我事务代理（procuratio in rem suam），即打算转让自己的债权的人将受让人设立为诉讼代理人（cognitor），准许他为自己的利益针对债务人采取行动，以获得对该债权的清偿。这种实践也发生在债务转让当中，其结果是代理人完全变为了债务人的替身。然而，这种做法存在这样的弊端："尽管为了获得清偿你已向将取代你的债权人转让了诉权，但是在争讼（litis contestatio）开始前，无论是将替代你的债权人已经接受了部分清偿，还是你已经将代位的情况通知了你的债务人，你都可以向你的债务人请求债务的清偿，以便使将替代你的债权人无法向你的债务人索债"④。

为了消除上述弊端，更好地维护受让人的权益，后古典法时期的几位君主对有关的程序进行了某些改造，规定：如果债权的受让人向债务人发出转让已完成的通知（denuntiatio），债务人即不得再向原债权人实行清偿；在撤销委托或者委托人死亡的情况，受让人还可以提起扩用诉讼（actio utilis suo nomine）。"如果一个人为此支付了金钱，那么，他将得到一项诉权的让与。根据该项让与，他可以提起被转让的诉讼。"⑤

关于债权或债务的死因转移，优士丁尼皇帝明确宣布："一般地讲，每项要式口约的权利义务应当转移给经特别指定的或未经指定的债权人的继承人或债务人的继承人。这一原则适用于以给付方式、作为方式、给付与作为的混合方式履行的所有要式口约。"⑥

---

① C.4，32，26，2（《民法大全选译/契约之债与准契约之债》，377页）。

② C.4，32，28，1（同上书，379页）。

③ 盖尤斯 I.2，38。

④ C.8，41（42），3pr.（《民法大全选译/契约之债与准契约之债》，487页）。

⑤ C.4，35，22，1（同上书，489页）。

⑥ C.8，37（38），13pr.（同上书，491页）。

第十一节 债的履行

债的履行是指债务人方面对所负给付义务的执行，这种执行足以导致债关系的解除，因此，在罗马法中人们通常使用拉丁文 solutio 一词。此词的本义是“解除”，在这里中文也可以表述为“清偿”。“‘履行’（solutio）一词应当理解为任一方式的清偿。当某人做了他允诺做的事情时，我们说‘履行’。”①“一些要式口约是以交付的方式履行的，而另一些则是以作为的方式履行的。”②

履行一般不具有人身性，既可以由债务人本人完成，也可以由债务人的代表或者某一第三人完成，“委托他人履行契约之人，如同他本人履行一样”③。接受清偿的人，除债权人外，还可以是债权人的代表或者经其批准的人。“尽管我向正式受任人之外的人偿还了债务，但是，这一偿债行为得到了委托人的承认，那么，我也因此而解除了债务负担。”④

罗马法还允许实行代位清偿［或者叫委托清偿（delegatio solvendi）］，即某人委托自己的债务人向自己的债权人实行清偿，“当我的债务人按照我的命令向我的债权人清偿债务之后，我的债务人对我负有的债务、我对我的债权人所负的债务均告解除”⑤。

债权人有权拒绝债务人的部分清偿，人们只能通过司法审判要求债权人接受部分清偿，“裁判官似乎都是十分人道地迫使原告接受向他所履行的部分给付。因为，减少争讼是裁判官的职责”⑥。

当债务人对同一债权人负有数项债并且向该债权人给付了一笔钱款时，债务人有权决定该给付的清偿顺序。“如果债务人没有指定所要清偿的债务，而只向债权人交付了一笔款项，那么就由债权人决定他愿意冲抵的债务。”⑦ 在债务人和债权人均未作出选择的情况下，清偿顺序通常是“先清偿会受到丧廉耻处罚的那项债务，其次清偿私犯之债，再次清偿设有质权或抵押权的债务”⑧。

某些债务人可以仅仅在自己财产能力的限度内（taxatio in id quod facere potest）承担清偿责任，这被称为能力限度照顾（beneficium competentiae）。有权享受此种照顾的人有：配偶之间，直系尊亲属对卑亲属，岳父对女婿，庇主对解放自由人，军人对一切债权人，合伙人之间，赠与人对受赠人，承诺给付嫁资的人对收取嫁资者。能力限度照顾只使债务人本应遭受的判罚减少，但不使债务减少；如果受照顾者的财产状况改善，他仍应清偿剩余的债务。

第十二节 不履行

对债的不履行（也可叫“违约”）可能发生在不同的情况下。

---

① 乌尔比安语，载 D.50，16，176（《民法大全选译/契约之债与准契约之债》，421 页）。

② 保罗语，载 D.45，1，2pr.（同上书，381 页）。

③ 保罗语，载 D.46，3，56（同上书，425 页）。

④ 乌尔比安语，载 D.46，3，12，4（同上书，271 页）。

⑤ 保罗语，载 D.46，3，64（同上书，425 页）。

⑥ 尤里安语，载 D.12，1，21（同上书，427 页）。

⑦ 乌尔比安语，载 D.46，3，1（同上书，421 页）。

⑧ D.46，3，97（同上书，423 页）。

（1）因债务人的过失（culpa）或故意（dolus）而导致。保罗说："过失是一种重大疏忽，欺诈是一种重大过失。"① 由此而导致的不履行将要求债务人承担相应的法律责任。关于过失和故意的区分，我们将在关于私犯部分作详细论述。

在此需要说明的是，在契约之债问题上，对于因过失或故意而导致的不履行同样应根据具体情况来确定其责任。"一些契约规定只对故意承担责任，而另一些则规定要对故意和过失承担责任。寄托和不确定占有只对故意承担责任；委托、使用借贷、买卖、质权、赁借贷，还有嫁资、监护、无因管理均要求尽勤谨注意的义务；合伙及共有则要对故意和过失承担责任。"②

（2）缔结债关系后出现给付不能。我们前面谈到，根据罗马法的原则，如果给付不能存在于债关系缔结之时，该债关系被视为无效，但是，如果给付不能发生在债关系缔结之后，同样将导致有关给付义务的解除。乌尔比安举例说："一个人租了一栋住宅，租期为1年，并且已经预付了全年的租金。半年后，房子倒塌了或因火灾而被全部烧毁"，这就属于后发的给付不能，承租人可以不履行后半年的租金，如果已经预付，可以"请求返还多付的租金"③。给付不能既可能是事实上的，也可能是法律上的，例如，在债关系缔结后颁布的法律禁止实行已约定的给付。

对于后发的给付不能，当事人也可以根据法律的明确规定或者事先达成的协议解决有关的风险承担或分摊问题。

（3）出现不可抗力（vis maior cui resisti non potest），指因当事人意志以外的原因而形成的、不可驾驭或者不可抵御的客观情形。它可以表现为不可抗拒事件（casus maior），也可能表现为某些可预见的自然事件。与后发的给付不能不同的是，不可抗力可以不表现为使债的标的灭失，而往往表现为给债的履行造成了实际困难，或者给一方当事人造成明显不公平的负担，从而导致不履行的结果。

对于因不可抗力造成的不履约，应当根据实际困难的大小，也就是说，根据债务人承受力来确定责任，并不一定导致当然地免责。比如，因自然灾害导致承租的土地减产，如果这种自然力是不可承受的，"承租人不承担责任"；如果这种自然力是可以承受的，"承租人就要承担这一损失"，或者"与土地的所有人分担损失、分享赢利"④。但是，"根据善意诉讼原则，没有人对野兽的行为，对无过失发生的死亡，对通常不受监视的奴隶的逃亡，对水灾，对强盗的袭击承担责任"⑤。

第十三节　迟　延

迟延（mora）是一种特殊形式的不履行，它的主要表现形式是清偿迟延（mora solvendi）或者叫债务人迟延（mora debitoris），表现为债务人拖延履行清偿义务。它以有关债的有效性和清偿期届至为前提条件："在未提出任何请求的情况下，也就无所谓迟延。"⑥ 清偿迟延将导致以下法律后果。

（1）如果应给付物因意外事件（casus fortuitus）而发生灭失，有关责任由债务人承担。

① D.50，16，226（《民法大全选译/契约之债与准契约之债》，463页）。
② 乌尔比安语，载D.50，17，23（同上书，463页）。
③ D.19，2，19，6（同上书，455页）。
④ D.19，2，25，6（同上书，457页）。
⑤ 乌尔比安语，载D.50，17，23（同上书，463页）。
⑥ 斯凯沃拉语，载D.50，17，88（同上书，461页）。

“显然，你应当给付我的物品，在你本该交给我的期间，由于你的原因灭失了，风险应当由你来承担。”①

(2) 债务人应赔偿因迟延而给债权人造成的损失。“如果规定的期限届满，债务人仍未履行契约，那么，债务人可以在任何地点提起诉讼，请求赔偿损失。”②

(3) 迟延将导致支付迟延利息的义务。“在基于善意订立的契约中，应当支付迟延利息。”③ 如果当事人事先未就迟延利息问题达成协议，该利息的给付可提请审判员裁决。迟延利息一般自迟延日起开始计算。

迟延还可能表现为领受迟延（mora accipiendi）或者叫债权人迟延（mora creditoris），即债权人拒绝或者拖延接受债务人实施的清偿，它以债务人提出清偿请求或采取清偿行动为前提条件。领受迟延将导致以下法律后果。

(1) 被清偿物的灭失风险将在一定程度上转由债权人承担。“应当指出的是，在买方已经开始迟延的情况下，卖方就不再对过失承担责任，而仅就故意承担责任。”④

(2) 对债务停止计算利息。“负有利息给付义务的债务人向债权人给付利息时，如果债权人不愿接受给付，那么，债务人可以将该款项提存。从提存之日起不再计算利息。”⑤ 债务人还可以通过对被清偿物实行公共提存（depositum in aede publica）实现债务解脱。

第十四节 债的协议解除和撤销

债的消灭意味着债关系的彻底解除。除履行（清偿）以外，债还可因其他原因而消灭，协议解除是其中之一。

协议解除也被称为相反合意（contrarius consensus），是债关系的当事人在债的履行之前（re adhuc integra），通过协商一致的方式，将已缔结的债关系予以取消。乌尔比安说：“没有比这更自然的了：债的消灭要以与它设立时相同的方式进行。因此，口头之债要以口头方式消灭，纯合意之债要以与缔约相反的合意消灭。”⑥

有的罗马法学家认为，在某些特殊情况下，协议解除也可以发生在已部分履行债义务之后。比如，在买卖关系中，卖方已交付了商品，而买方尚未给付价款，这时，双方可以商定：买方退还商品，并且不再向卖方支付任何价款。“至于是在尚未履行的情况下，我们商定撤销契约，还是在我已经履行了契约义务后，我们又决定在你退还我已交付的物品后就不再对我承担契约责任，使我们双方的关系恢复到缔约前的状态并不重要”⑦。

还有的学者认为，也可以对部分债实行协议解除，比如，“在买方有两个继承人的情况下，当卖方与其中一个继承人为废除契约订立了简约，尤里安说，简约有效”⑧。这种情况从一定意义上也可以理解为债的更新。

① 彭波尼语，载 D. 12，1，5（《民法大全选译/契约之债与准契约之债》，459 页）。
② 帕比尼安语，载 D. 5，1，43（同上书，425 页）。
③ 马尔西安语，载 D. 22，1，32，2（同上书，461 页）。
④ 彭波尼语，载 D. 18，6，18（17）（同上书，461 页）。
⑤ 帕比尼安语，载 D. 22，1，7（同上书，375 页）。
⑥ D. 50，17，35（同上书，445 页）。
⑦ 内拉蒂语，载 D. 2，14，58（同上书，447 页）。
⑧ 乌尔比安语，载 D. 2，14，7，6（同上书，445 页）。

当事人是否可以单方面解除债关系，即实行撤销，这是一个需要具体分析的问题。在一般情况下，单方面撤销如果违背契约的合意原则，是不应得到承认的（债权人的免除行为是另一回事）。“即使卖方给买方双倍于价款的补偿，也不应强迫买方违背自己的意愿解除契约。”[①]

在有些特殊情况下，法律或者有关的缔约人可以赋予某些契约的当事人以单方面的撤销权，例如，在合伙契约中，“如果一个合伙人向合伙表示希望退伙，那么，合伙解散”[②]；在委托契约中，“受托人可以在尚未开始执行委托事项之前放弃所委托的事项”[③]；在买卖契约中，买受人可以依据退货简约（pactum displicentia）单方面要求解除买卖契约，“如果有一份如此缔结的契约：‘如果买方在规定期限内对出售物不满意，那么，可以向卖方退回该出售物。’我们说，如同萨宾认为的那样，这一契约将受到买物之诉或类似买物之诉的保护”[④]。

第十五节　债的消灭：免除

免除是指债权人对自己债权的放弃，无论出于何种原因（例如，表示慷慨、实行赠与、为做交易等）。免除导致债的消灭，既适用于契约之债，也适用于私犯之债。在罗马法中，存在下列免除方式。

（1）称铜式清偿（solutio per aes et libram）。这是一种形式上的而非实际给付的“想象清偿”，最初表现为债务奴隶（nexi）通过要式买卖的形式向债权人实行清偿并要求恢复自己的自由，后来也成为一种独立于具体原因的、可导致债务解除的要式行为。“需使用不少于五位的见证人和一位司秤，然后，被解脱者应当这样说：‘由于我被判罚向你给付若干千的钱，为此我使用这块铜和这个秤向你清偿。我根据公共法律向你过秤’，然后，他用阿斯敲秤，并将其交给债权人，就像实行清偿一样。”[⑤]

（2）正式免除（acceptilatio）。古典罗马法中撤销债务的要式行为，表现为一种虚拟的清偿，在最初，它是一种在实际清偿中必须履行的程式，具体形式是一问一答，债务人问债权人是否已经接受了清偿，债权人回答说已经接受，以此方式使债消灭，而无论该债是否实际得到清偿。正式免除使债当然地消灭，它不能被附加条件或期限。正式免除通常是口头的（verbis），即前面所介绍的一问一答形式，以此种方式人们只能消灭采用相应的要式口约程式缔结的债，“因为，用口头方式只能免除那些以口头方式设立的债务。而正式免除本身正是口头作出的，因此，它只能免除口头之债”[⑥]。优士丁尼《法学阶梯》认为，正式免除也可以针对部分债务实行。[⑦]

（3）不提出请求之简约（pactum de non petendo），指债权人和债务人以简约的形式约定：债权人在一定时期内或者在一定情况下，或者永远不向债务人提出清偿债务的请求。此种简约最初被认为是不发生法律效力的，在后来的罗马法实践中，人们允许债务人依据此简约向索债的债权人提出抗辩（exceptio），申请获得裁判官法的保护，从而使之逐渐成为债务免除方式之

---

① C.4，44，6（《民法大全选译/契约之债与准契约之债》，183页）。
② 保罗语，载D.17，2，65，3（同上书，247页）。
③ 保罗语，载D.17，1，22，11（同上书，267页）。
④ 保罗语，载D.18，5，6（同上书，179页）。
⑤ 盖尤斯I.3，174。
⑥ 乌尔比安语，载D.46，4，8，3（《民法大全选译/契约之债与准契约之债》，449页）。
⑦ 参见优士丁尼I.3，29，1。

一。"一些简约是对物的，另一些是对人的。当我们在简约中泛泛规定不得再请求时，就是对物订立的简约，当我们在简约中规定不得再向某一特定之人，例如不得再向卢奇·蒂提请求时，就是对人订立的简约。"①

第十六节 债的消灭：抵销

"抵销（compensatio）是债权和债务的相互消除"②。作为债的消灭方式之一，它表现为在相互负债的相同当事人之间进行折抵清偿。在早期的罗马法中，抵销不属于使债消灭的法定方式，而是一种可通过抗辩实行的方式，也就是说，是审判员在诉讼中运用的冲销方式。这种方式尤其适用于由钱庄主（argentarius）提起的讨债诉讼中，"抵销的根据应当在原告请求（intentio）中提出，因而，如果在实行抵销之后钱庄主所要求得到的只是一分钱，他将丧失诉讼理由，因而将败诉"③。对自然之债也可以实行抵销。④

优士丁尼于公元531年颁布了一项谕令，将抵销确定为消灭债的一般方式，并且确认了法定抵销制度，这种制度对于符合抵销条件的债具有自动终止计算利息或终止计算迟延的效力。

综合罗马法文献中的有关论述，抵销的条件可概括为以下三项。

（1）相互抵销的债权债务应当表现为同质物，也就是说，应当以同种类可替代物作为标的。"计入抵销的只能是同种类和同性质的东西，比如，用钱款抵销钱款，用小麦抵销小麦，用葡萄酒抵销葡萄酒。甚至有些人认为：并非在任何情况下均可用葡萄酒抵销葡萄酒、用小麦抵销小麦，而只有当它们具有同样的性质和质量时才行。"⑤

（2）"被计入抵销的只是那些现实中应给付的东西。"⑥ 因此，有关的债权应当是有效的和可要求的，也就是说，所针对的应当是到期债务，并且有关的债务数额已经结算清楚。"附期限的债务，在期限到来之前，虽然应当给付，但不予抵销。"⑦

（3）相互抵销的债权债务应当发生在相同的债权人和债务人之间。"这意味着：考虑到原告也应根据同一原因实行给付，因而对被起诉人判罚给付余额。"⑧

在有些情况下有些物品是不能构成抵销对象的，例如，优士丁尼《法学阶梯》认为，受寄托人不能针对寄托物实行抵销，"以免在抵销的借口下，某人在追索寄托物的问题上受到欺骗"⑨。

第十七节 混 同

混同（confusio）也构成债关系消灭的方式之一。债法上的混同主要是指：在债关系缔结后，债权人身份与债务人身份在同一人身上合二为一。帕比尼安举例说："接受遗产有时会发

① 乌尔比安语，载D.2，14，7，8（《民法大全选译/契约之债与准契约之债》，449页）。
② 莫德斯丁语，载D.16，2，1（同上书，443页）。
③ 盖尤斯I.4，68。
④ 参见D.16，2，6（《学说汇纂》，第16卷·抵销与寄托，57页）。
⑤ 盖尤斯I.4，66。
⑥ 盖尤斯I.4，67。
⑦ D.16，2，7pr.。转引自A. Burdese，MANUALE DI DIRITTO ROMANO，587页。
⑧ 盖尤斯I.4，61。
⑨ 优士丁尼I.4，6，30。

生债权人与债务人混同的情况。比如，当债权人接受了债务人的遗产，或是相反，债务人接受了债权人的遗产。"[①] 在这样的情况下，有关的债无须清偿而自动消灭。

私犯之债是否可因混同而消灭？占主导的观点认为可以。盖尤斯《法学阶梯》对此论述道："如果他人的奴隶或者儿子对我实施了侵害，后来他转处于我的支配权下，诉权是消灭了呢，还是中止了？我们的老师认为是消灭了，因为他被置于一种他过去不可能面对的境遇之中，因此，即便他脱离了我的支配权，我也不能对之提起诉讼。"然而，普罗库勒学派的学者认为："在他服从我的支配权期间，诉权中止，因为我不能对我自己提起诉讼，但当他脱离了我的支配权时，诉权又恢复。"[②]

根据萨宾学派的观点，混同还可能出现在主债的债务人与从债的债务人发生身份竞合的情况下，例如，"在债务人指定自己的担保人为继承人的情况下发生债的混同。也就是说，当一项从债与主债在一个人身上竞合时就发生债的混同"[③]。在此情况下，原担保人将作为主债的债务人承担责任，而解除他作为担保人的责任。"然而，在两项债务均为主债并且在就这两项债务一起提起诉讼的情况下，不发生债的混同，而是两项债务之诉的合并审理。"[④]

第十八节　债的更新

更新（novatio）是债的消灭与变更的方式之一，表现为用新债取代旧债并使后者消灭。"也就是说，基于前债的原因，以消灭前债为目的，设立一项新债。之所以称为更新，是因为后债包含新的要素并产生新的债务关系"[⑤]。

更新的基础是前债，因此，在更新时应当明确提及前债。无论前债是属于民法之债还是属于自然之债，均可通过更新获得与债缔结方式相符合的法律效力。但是，"有时候尽管后一个要式口约是无效的，前一个债也因更新而消灭；比如，就你欠我的东西，我通过要式口约约定由提兹给付，但他后来死了，或者由一个妇女或未成年人给付，但未经其监护人准可"[⑥]。对于附加了新条件的后债，"如果条件成就，才发生更新。否则，如果条件未成就，先前的债延续"[⑦]。

在古典法中，为实现债的更新，新债必须以同一债务（idem debitum）为基础，并且包含某些新成分（aliquid novi）。优士丁尼法对前一项条件作了修改，不再要求更新必须以同一债务为基础，允许当事人变更债的标的，但提出另一项新的要件，即更新意愿（animus novandi）："只要第二个债是以更新的意图达成的，就发生更新"，也就是说，"只有在订约人间已表示，他们就先前的债之更新达成了协议的情况下，才发生更新，否则，第一个债将维持，第二个债增加于其上"[⑧]。

更新还可以区分为客体更新和主体更新，前者是指对债的内容的更新，后者是指债关系主体的更新。

---

① D.46，3，95，2（《民法大全选译/契约之债与准契约之债》，325页）。

② 盖尤斯 I.4，78。

③④ 斯凯沃拉语，载 D.46，3，93，2（《民法大全选译/契约之债与准契约之债》，453页）。

⑤ 乌尔比安语，载 D.46，2，1pr.（同上书，435页）。

⑥ 盖尤斯 I.3，176。

⑦ 优士丁尼 I.3，29，3。

⑧ 优士丁尼 I.3，29，3a。

主体更新既可能涉及债务人，也可能涉及债权人。“债务人的更新是指第三人取代债务人的地位向债权人或债权人指定之人履行债务。”① 在此情况下，前一债务人解脱了履行责任。债权人更新也同样需要通过当事人协议的方式加以明确，“要是一个人订立要式口约，让我的债务人向他给付本应给付我的物品，如果没有得到我的准许，那么，他将不享受我所享受的诉权”②。实际上，在相当长的一个时期中，罗马法往往采用主体更新的形式实行债的转移。

第十九节 债的保障：担保

为保障债的履行，人们可以采取人的担保和物的担保两种措施。在罗马法中，“债务承保”(intercessio)是被用来概括地表示人的担保和物的担保的术语。

人的担保是指设立一名或者数名具有一定信用程度的第三人为债的履行提供保证，在罗马法中它曾通过下列形式加以表现。

(1) 誓约 (sponsio)。罗马市民法所承认的口头契约之一，也是要式口约的最初形式，表现为缔约一方询问另一方是否愿意发誓 (spondes) 将履行某一义务，后一方则发出此誓言。采用誓约不但可以缔结债关系，而且可以为他人的债务提供担保。以此形式作出的保证通常具有独立性，也就是说，即使主债务无效，产生于该誓约的义务仍然成立。

(2) 保证 (fideiussio)。一种通过要式口约作出的保证，承诺在主债务人未按期清偿其债务的情况下由保证人承担有关的清偿责任。“以要式口约形式为他人提供担保的担保人，可以为任何一种债务提供担保，无论是要物之债、口头之债还是合意之债。”③ 保证责任不因保证人的死亡而消灭，可以向其继承人转移，并且可以是无限期的。罗马法中的这种保证是一种连带保证，也就是说，债权人可以自由地选择向主债务人或者保证人提出清偿请求。保证人的清偿责任不能超过主债务人的给付义务。保证人在履行了担保责任之后可以向主债务人行使追索权，为此，他可以提出委托之诉或者无因管理之诉。

(3) 承保 (fideipromissio)。一种以口头形式作出的人的担保。与誓约不同的是，它不仅适用于罗马市民之间，而且也允许异邦人加以运用。与保证不同的是，承保只可用来为口头契约之债担保，并且有关的担保责任不向承保人的继承人转移。

(4) 副要式口约 (adstipulatio)。“我们可以在要式口约中追加另一个人，该人也就同一事缔结要式口约；我们一般称该人为副缔约人 (adpromissor)。”副缔约人（或者叫“副承诺人”）与承诺人一起对债务承担连带责任，同样可因要式口约所涉债务而被诉。从某种意义上讲，副缔约人在要式口约中起着债务保证人的作用。

在以上几种形式的担保中，“当一个人允诺为另一个人清偿债务时，后者并不因这一允诺而解除债务”④。如果第三人自愿承担债务人的债务，代替该债务人向其债权人履行债义务，并且使原债务人摆脱有关的清偿义务，称为债务承担 (expromissio)，在罗马法中，此做法通常被用来实现债务转让的目的。

---

① 乌尔比安语，载 D. 46，2，11pr.（《民法大全选译/契约之债与准契约之债》，435 页）。

② 乌尔比安语，载 D. 46，2，8，5（同上书，435 页）。

③ 乌尔比安语，载 D. 46，1，8，1（同上书，371 页）。

④ 盖尤斯语，载 D. 13，5，28（同上书，373 页）。

在某些特殊情况下，人的担保也可以由债务人本人通过债务协议（constitutum debiti）的形式提供。实际上，这种债务协议是为已经存在的债务约定新的清偿方式、时间、地点等条件的简约，受到裁判官法诉权的保护。债务协议可以使自然之债变为民法之债。古典法只承认有关钱款或其他可替代物的债务协议，优士丁尼法将债务协议的适用范围扩展于一切标的物。

关于物的担保，我们将在关于质押契约部分加以论述，同时，读者也可参考本书第四编第十五章“担保物权”中的介绍。在这里需要说的是，就债的保障而言，“以物担保比以人担保具有更强的保障性”①。

第二十节　债的保障：定金和违约金

交付定金（arrha）也是债的保障形式之一。它一般出现在买卖交易中，买方为了证明自己的购买愿望而向卖方交付一定数额的钱款或者其他有价物，因此，此种定金的交付意味着买卖活动从协商阶段进入缔约阶段。“在买卖契约中经常要交付定金。这一定金的交付并不是因为不交付定金买卖契约就无效，而是为了更明确地表示缔约双方已就价格达成了合意。”② 这通常被称为确认定金（arrha confirmatoria）。买卖双方也可以商定用此种定金折抵被卖物的价款。

在后来的发展中，定金的保障功能不断加强，它不仅具有证明债关系缔结的作用，还衍生出一定的违约补偿作用，比如，在买卖关系中，“如果确实已给付定金，不论出卖是以书面或非书面作成的，拒绝履行要约的人如果确实是买受人，他丧失他所给付的；如果是出卖人，就算他对定金未作任何表示，他得被迫返还定金的两倍”③。在这种情况下，买方甚至可以通过交付定金为自己保留解除契约的权利，如果买方因反悔而解除契约，已交纳的定金将归卖方所有；如果卖方要求解除契约，则应向买方双倍地返还已收取的定金。从这样的意义上讲，这也被称为反悔定金（arrha poenitentialis）。

罗马人还通过违约金约款（stipulatio poena）保障债的履行，有关当事人预先达成特殊的附带协议，规定：在一方违反主契约义务的情况下，违约方将按照约定的数额或标准向另一方给付一笔钱款作为罚金。比如，“当我们为让他人做某事而订立一项罚金条款时，这样规定：‘在没有这样做的情况下，承担罚金责任。’而当我们为不让某人做某事订立罚金条款时，则如此规定：‘当做了不允许做的事情时，承担罚金责任”④。

违约金约款是一种从属性协议，因此，主契约无效将导致该从协议同样无效。违约金约款也可以附加于关于遗产处分的遗嘱，以此要求继承人或受遗赠人必须履行某种义务。

在某些情况下，违约金约款也可构成为债务人保留的一种选择权，也就是说，允许债务人在一定情况下通过给付约定的违约金款额来解除自己的履行义务。

---

① 彭波尼语，载 D. 50，17，25（《民法大全选译/契约之债与准契约之债》，371 页）。

② 盖尤斯语，载 D. 18，1，35pr.。

③ 优士丁尼 I. 3，23pr.。

④ 乌尔比安语，载 D. 45，1，71（《民法大全选译/契约之债与准契约之债》，483 页）。引文中所说的“罚金”即指违约金。

第十八章
契约之债：典型契约

第一节　契　约

契约（contractus）是债关系的主要发生根据。根据古典罗马法学家的观点，契约是指两个以上当事人之间创设债关系的法律行为；它最基本的要件是当事人之间的协议。“所有契约，无论是以口头方式设立的还是以要物方式设立的，都必须包含一项协议，否则不产生任何契约关系或债的关系。因此，口头达成的要式口约在缺乏合意的情况下亦无效。”① “单纯的合意就足以产生债的关系，即使不是用语言表达的。”②

契约可以通过以下四种不同的方式缔结。

第一种方式是交付实物，由此产生实物契约。“当契约是基于物的交付设立时，就是以要物方式承担债务。”③ 例如，消费借贷（mutuum），使用借贷（commodatum），寄托（depositum），质押（pignus）等。

第二种方式是形成合意（consensus），由此产生合意契约。“当我们就某物达成合意时，就是为了实现我们的意愿基于合意承担债务。”④ 也就是说，一旦合意达成，契约关系即告成立。例如，买卖（emptio-venditio），租赁（locatio-conductio），合伙（societas），委托（mandatum）等。

第三种方式是通过口头表述，被称为口头契约。“当我们对前面的提问以与之相适应的言词回答时，就是以口头方式承担债务。”⑤ 例如，要式口约（stipulatio）和誓约（sponsio）。

第四种方式是通过文字记载，被称为文字契约。例如，债权誊账（nomen transcripticium）和亲笔字据（chirographa）。它们被统称为要式契约。

当某些契约的基本规则得到法律的确认或调整时，它们就被类型化，成为典型契约，并且获得固定的名称，例如，买卖、租赁、消费借贷等。“事实上，实际生活中存在的交易形式远远多于人们能够用语言为之命名的。”⑥ 因此，尽管有些新出现的契约尚未获得固定的名字或者尚未被法律命名，但仍然构成债的渊源，它们被笼统地称为无名契约（conventiones sine nomine），并且得到裁判官法承认和保护。

契约在理论上分为单务契约和双务契约：单务契约意味着当事人双方只有一方负债，另一

---

① 乌尔比安语，载D.2，14，1，3（《民法大全选译/契约之债与准契约之债》，9页）。

② 莫德斯丁语，载D.44，7，52，9（同上书，7页）。

③ D.44，7，52，2（同上书，5页）。此处的中文表述“要物契约”同“实物契约”。

④ D.44，7，52，4（同上书，5页）。

⑤ D.44，7，52，2（同上书，5页）。

⑥ 乌尔比安语，载D.19，5，4（同上书，11页）。

方则独享债权，也就是说，只存在一个单向的债关系。双务契约（sinallagma）“是指相互间建立的债”①，这意味着当事人双方互为债权人和债务人，也就是说，存在两个相互反向的债关系，例如，买卖、租赁、合伙。

第二节　要式口约

要式口约（stipulatio）是罗马法中的口头契约之一，表现为作为要约人（reus stipulandi）的一方向作为承诺人（reus promittendi）的另一方进行提问，后者就该提问所涉及的义务作出承诺或保证。“要式口约是由一套固定的词句构成的，以便使一个人以要式口约的词句形式提问，另一个人以同样的形式回答是否给付被问及的物品或去做被要求的事情。”②

要式口约是典型的要式契约，也就是说，只要形式要件具备，契约关系即告成立。因此，要式口约具有以下特点。

（1）采用固定的套语（certa verba），例如，“你答应给付？”“我答应给付。”套语使用错误将导致缔约行为无效，例如，如果面对“你答应给付？”承诺人回答说“我愿意”将导致契约无效。要约人（通常为债权人）有责任选用正确的套语，“在要式口约中，当就口约内容产生疑问时，应当作不利于债权人的解释”③。

（2）完全以口头的形式进行，有关当事人面对面地完成缔约行为。要式口约“不可能在未出席者之间缔结”④，这使得要式口约更能获得缔约人个人信义的保障。而且有些要式口约对缔约人的身份有着特殊的要求，比如，“通过‘你答应给付？’‘我答应’这样的话语缔结的债只适用于罗马市民之间”⑤。这一特点带来的另一个限制性规则是：“哑人既不能提出要式口约，也不能在要式口约中承诺；因为提出要约的人需要听取承诺人的回答，承诺人也同样需要听取要约人的话语。”⑥

（3）有关的提问和回答必须是连续的（一次性完成）和相互对应的。“承诺人的承诺应当在要约人发出要约后立即作出。当然，应当允许在要约与承诺之间有一段正常的间隔，但是，应当立即回答要约人。然而，如果承诺与要约不相符，那么，即使承诺是在要约发出的当天作出的，亦不产生任何效力。”⑦

（4）一般不问缔约的具体原因，只注重形式要件的完备。与其他典型契约不同，要式口约的形式主义和无因性使它能够简便地适用于多种多样的目的，不仅可以用来缔结债关系、变更债关系（比如，用于债的更新和自然之债的确认），还可以用来解除债关系（比如，用来实行正式免除），此外，罗马人也经常采用此种缔约方式为债关系提供担保。

随着书面契约形式的发展，要式口约后来也采用有关的文书加以证明，出现了要式口约约据（clausola stipulationis）。罗马皇帝利奥还发布了一项谕令，它改变了对要式口约的传统的形

① D. 50，16，19（《民法大全选译/契约之债与准契约之债》，9页）。

② 彭波尼语，载D. 45，1，5，1（同上书，109页）。

③ 乌尔比安语，载D. 45，1，38，18（同上书，21页）。

④ 盖尤斯I. 3，136。

⑤ 盖尤斯I. 3，93。

⑥ 盖尤斯I. 3，105。

⑦ 威努勒语，载D. 45，1，137pr.（《民法大全选译/契约之债与准契约之债》，19页）。

式主义要求，“只要求双方当事人在意思与理解上一致，而不管它们是以何种言辞表达的”①。

第三节　消费借贷

消费借贷（mutuum）是一种实物契约，根据此契约，借用人（mutuatario）从出借人（mutuante）那里接受一定数量的可替代物，并负有义务归还同一种类和相同数量的物。“消费借贷不是以收回原物为目的的借贷（否则，就是使用借贷或寄托了），但是，收回的应是同种类的物品。因为，要是我们借出的是小麦而收回的却是另外一种物品，如葡萄酒，那就不是消费借贷了。”②

在这种借贷关系中，可替代物一旦被借出，就发生所有权转移。“因而这被称为 mutuum（消费借贷），因为那些以此方式由我给你的东西，从我的（meo）变为你的（tuum）。”③

罗马法中的消费借贷契约自出借人向借用人交付标的物时起生效，“如果不转移一定数量金钱的所有权，就不会产生消费借贷”④。这一点不同于现代民法中作为诺成契约的借贷。这里所说的“交付”是指具有行为能力者的行为，未成年人未经其监护人准可无权实行此交付，在此情况下缔结的消费借贷契约是无效的。在某些情况下，交付也可以通过允许债务人保留应当向出借人给付的钱款的方式实行，比如，“基于委托契约，你向我负有一笔款项的债务，但我决定将这笔钱作为消费借贷留在你手中，如同你已经将钱还给了我，而我又将这笔钱作为消费借贷借给了你一样”⑤。

当然，我们强调“交付”（或“让渡”）对于消费借贷的重要性，并不意味着否认当事人之间达成合意的意义，这种合意或协议同样构成消费借贷契约的要件。“如果我为了寄托交给你一笔款项，而你却以为是作为消费借贷给你的，那么，既不产生寄托的效力，也不产生消费借贷的效力。同样，如果你是作为消费借贷交给我一笔钱，而我以为是使用借贷，同样不产生任何效力。”⑥

在罗马法中，消费借贷曾是一种单务契约。在实行自愿交付后出借人不承担任何义务。它只使借用人承担返还等量同质物的义务，并且不要求借用人向出借人支付利息；“只有以要式口约的方式对支付利息作出了规定，才允许索取利息”⑦。

第四节　消费借贷：海运借款

海运借款或者航海借款（fenus nauticum）是一种特殊的消费借贷，相对于一般的消费借贷，它具有以下独特之处。

---

① 优士丁尼 I. 3，15，1。

② 保罗语，载 D. 12，1，2pr.（《民法大全选译/契约之债与准契约之债》，63 页）。

③ 盖尤斯 I. 3，90。

④ D. 12，1，2，3（《学说汇纂》，第 12 卷·请求返还之诉，翟远见译，5 页，北京，中国政法大学出版社，2012）。

⑤ 乌尔比安语，载 D. 12，1，15（《民法大全选译/契约之债与准契约之债》，65 页）。

⑥ D. 12，1，18，1（同上书，65 页）。

⑦ 阿富里坎语，载 D. 19，5，24（同上书，79 页）。

（1）海运借款完全是一种金钱之债，仅仅以钱款作为借贷的标的物。

（2）海运借款是为航海贸易提供融资，使借用人能够携带着借款前往海外采购商品并将其运往目的地或者在出发地购买货物运往海外销售。"事实上，如果所借款项是打算在当地使用的，那么就不是海运借款了"，因此，"只有在商品采用海运的情况下，所使用的款项才是海运借款"①。

（3）借用人只有在携带借款或货物抵达目的地后才负有返还借款的义务，也就是说，在借款交付之后并且在所购买的商品抵达目的地之前，产生于海运的风险由出借人承担。"海运借款的风险由债权人承担，并且这一风险在船抵达目的港之前不得向债务人转移。如果没有这一约定，那么，债务人将不能免除海难责任。"② 这是对关于一般消费借贷由债务人承担产生于意外事件风险的原则的变通。

（4）作为对债权人所担风险的补偿，海运借款要求借用人不仅应当返还所借的款额，而且还有义务向出借人支付利息。"如果我的10枚金币作为海运借款借出，那么，只有在船平安返回后，我才能收回本金及商定的利息。应该说，我是有理由收取本金与利息的。"③ 在古典法中，对通过协商确定的海运借款利息基本上不存在限制性规定；优士丁尼法则将此种利息限制在最高为年利率12%。

（5）为了防范借款风险，海运借款的债权人通常要求债务人提供担保，这种担保往往表现为对运载的商品实行质押或抵押。"如果债权人认为上述质物尚不足以偿还全部款项，那么，可以在同一债务人拥有的另一艘船上装载的、其他债权人设定质权后盈余的货物上再设立质权。"④

第五节　使用借贷

使用借贷（commodatum），实物契约中的一种，表现为出借人将某物借给借用人无偿使用，借用人负有按照约定的期限返还该物品的义务。该契约随着出借人向借用人交付被借物而发生效力。

在使用借贷中，物的所有权不发生转移，借用人对于被借物也不处于真正的占有状态，而只是持有（或者叫"自然占有"）。"当我们借出使用借贷物时，我们仍旧保留对该物的所有权和占有权。"⑤ 实际上，与消费借贷不同，使用借贷不要求出借人对物拥有所有权，出借人可以是除所有主以外的任何人，甚至有的学者认为，"即使是小偷或强盗进行使用借贷，他们也同样依据契约享有使用借贷之诉的保护"⑥。

使用借贷的标的物一般是有形的和不可消耗的物品。"在使用中能被消耗掉的物品不能作为使用借贷的标的，除非使用者借用物品的目的仅仅是为了炫耀自己的富有而不是为了

---

① 莫德斯丁语，载D.22，2，1（《民法大全选译/契约之债与准契约之债》，89页）。

② C.4，33，5（4）（同上书，91页）。

③ 保罗语，载D.22，2，7（同上书，91页）。

④ D.22，2，6（同上）。在罗马法中，抵押曾经不被视为一种典型契约，因而人们对"质押"的概念有时候会作出比较宽泛的理解，即包括抵押。这段论述中的"质权"可以理解为包括抵押权。

⑤ 彭波尼语，载D.13，6，8（同上书，93页）。

⑥ 马尔切勒语，载D.13，6，16（同上书，93页）。

使用。”①

借用人必须按照协议的规定来使用物品，如果他以违背协议的方式使用物品，则构成窃用（furtum usus）。在约定的使用期限届满后，借用人应当归还物品以及可能出现的添附和孳息。“如果返还了使用借贷物，但返还的是损坏了的物品，除非赔偿了损失，否则，不视为返还。”②

一般来说，使用借贷是一种单务契约，出借人往往是出于信任、友谊或者帮助他人的目的将物品借给债务人使用，并且不收取任何报酬或利息③，出借人不负有任何义务；而借用人负有保管、维护和返还被借物的义务。但是，出借人一旦向借用人交付了被借物，应当遵守双方就借贷期限达成的约定，不能提前索回被借物，否则，借用人也可对其行使诉权。因此，“这个开始只是单方提供便利及单方意愿的行为，在交付了使用借贷物后，就成为了双务契约并享有市民法之诉了”④。

第六节 寄 托

寄托（depositum）“是指以保管为目的、将物品交给他人的行为”⑤。作为实物契约中的一种，该契约自寄托人向受寄托人交付可动物之时起成立。

寄托并不导致寄托物所有权的转移，受寄托人仅仅获得对寄托物的简单持有（或者叫自然占有）。“寄托物的所有权及占有权属于寄托人。”⑥ 实际上，任何人均可成为寄托人，即使对物不拥有所有权或者不是物的合法占有者。

作为债务人的受寄托人有义务对寄托物进行保管，不得使用该物品，“如某人使用被寄存在自己处的物品，则在实施盗窃”⑦。在罗马法中，受寄托人对物的保管一般是无偿的。受寄托人有义务随时根据寄托人的要求返还寄托物。“一个人是基于对受寄托人的信任而将物托付与他，而后如果受寄托人拒绝返还受托物，那么受寄托人的赔偿应限于单纯寄托物的价款”⑧。寄托人为维护自己的权利可以提起寄托之诉（actio depositi），受寄托人则可以通过反诉讼要求对自己为保管有关物品而付出的费用予以补偿，或者要求赔偿被寄托物给自己造成的损失。

寄托还可能表现为以下一些特殊的形态。

（1）提存或者叫托管（depositum in sequestrem）。提存（sequester）是数个当事人同意在一定条件下将物品寄托于第三人处，并在条件成就时接受返还寄托物的协议。⑨当数人对某物的归属发生争议时，他们共同对该物实行提存，要求受寄托人在有关争议解决之前对该物实行保管，并且在有关争议解决后将该物返还给被确认享有合法权利的人；如果预定的情形未出现，则不发生返还。负责保管提存物的第三人也可以由裁判官指定或者是神庙。提存不同于普通寄托之处在于：寄托物的所有权及占有权属于寄托人，但是，如果物品是寄托于提存人处，

① 乌尔比安语，载 D.13，6，3，6（《民法大全选译/契约之债与准契约之债》，95 页）。
② D.13，6，3，1（同上书，95 页）。
③ 如果当事人约定支付报酬，有关契约即可理解为是租赁契约。
④ 保罗语，载 D.13，6，17，3（《民法大全选译/契约之债与准契约之债》，95 页）。
⑤ 乌尔比安语，载 D.16，3，1pr.（同上书，99 页）。
⑥ 佛罗伦丁语，载 D.16，3，17，1（同上书，101 页）。
⑦ 盖尤斯 I.3，196。
⑧ 乌尔比安语，载 D.16，3，1，4（《学说汇纂》，第 16 卷・抵销与寄托，73 页）。
⑨ 参见 D.16，3，6（同上书，103 页）。

那么，提存扣押人对寄托物享有占有权，在提存期间任何一方当事人均无权占有提存物①。

（2）必要寄托或者叫紧急寄托（depositum necessarium）。这是一种出现某些特别严重的或者危急的情况（例如，火灾、搁浅、塌方、动乱）时所实行的寄托。在必要寄托中，受寄托人无故拒绝寄托请求或者不履行返还义务将表明他缺乏同情心和基本的诚信，而且为了维护公共利益，应对其施以惩罚，因而，与普通寄托不同，对于必要寄托的寄托人“将赋予双倍返还之诉对抗受寄人”②。

（3）非常寄托（depositum irregulare）。此种寄托以可替代物（res fungibili）作为对象，例如寄存钱款。因此，与普通寄托不同，非常寄托中的受寄托人只负有归还同等数量的同质物的义务，这意味着受寄托人可以使用被寄存的可替代物，从而使得这种寄托具有消费借贷的作用。对于非常寄托，人们可以附加利息简约，要求受寄托人为被寄托物的使用支付一定的利息。

第七节　质　押

质押（pignus）既具有物法方面的效力，使质押债权人获得担保物权，也具有债法方面的效力，使缔约人相互获得并负有一定的权利和义务。质押是一种双务的实物契约，它随着出质人向质押债权人交付质物而生效。在罗马法中也存在所谓的协议质押（pignus conventum），即抵押，它实际上不再属于实物契约，而类似于合意契约，并且不单独构成一种典型契约。

缔结质押契约是为某一独立存在的债权（主债权）提供物的担保，因此，质押债权人有义务在被担保的债权获得清偿之后，或者在主债的债权人出现领受迟延的情况下，返还质物。“如果质权因期限届满或债以别的任何一种方式消灭，同样适用此规则。”③

在主债未按约定获得清偿的情况下，质押债权人可以根据质押契约对质物行使变卖权（ius distrahendi），并以变卖价款清偿主债务。“允许债权人为获得其利益而按照其意志出卖分别质押给他的若干质物中他想出卖的那个质物。”④

质押契约并不向质押债权人转让质物的所有权，从理论上讲，它也不要求出质人必须是质物的所有主。罗马法限制有关当事人就质押问题达成这样的解除约款（lex commissoria）：如果债务人未按约定履行清偿主债务的义务，质物则归债权人所有。君士坦丁皇帝明确宣布：“在所有不利于债务人的规定中，在无力清偿的情况下，剥夺债务人对质物享有的所有权简约显得尤为严厉。今后将废除这一简约的所有效力并消除它的一切影响。如果有人因这一简约受到或将要受到约束，那么，可以依据这一敕令的规定解除以前缔结的简约，抵制正在订立的简约，禁止将要订立的简约。为此，我们规定，债权人应当通过出售质物来获得清偿。”⑤

在一般情况下，质押债权人无权使用质押物，但是，质押债权人可以与出质人达成典质收益简约（antichresis），约定用质物的孳息向债权人清偿主债的利息，甚至可以商定用余出的孳息冲抵主债的本金。

---

① 参见 D.16，3，17，1（《学说汇纂》，第 16 卷·抵销与寄托，115 页）。

② 乌尔比安语，载 D.16，3，1，1（《民法大全选译/契约之债与准契约之债》，99 页）。

③ 乌尔比安语，载 D.20，6，6pr.（《民法大全选译/物与物权》，203 页）。

④ 莫德斯丁语，载 D.20，5，8（同上书，203 页）。

⑤ C.8，34，3（《民法大全选译/契约之债与准契约之债》，107 页）。

第八节　信　托

信托（fiducia）在罗马法中出现得比较早，甚至曾经在一定范围内发挥着寄托、使用借贷和质押的某些作用。信托表现为当事人一方（受信托人）根据协议从另一方（信托人）那里以要式买卖或者拟诉弃权的方式接受某物，承担义务为一定目的使用该物并且在实现此目的之后予以返还。

信托是一种实物契约，它自信托人向受信托人交付被信托物之时起生效。与质押、使用借贷和寄托等实物契约不同，在信托中，信托人向受信托人转移物的所有权，但是，这种所有权实际上是形式上的，受信托人应当按照有关的约定占有、使用或处置信托物；同时，受信托人还有义务根据有关的约定将信托物的所有权重新转移给信托人。对于违反信托义务的受信托人，信托人可以提起信托之诉（actio fiduciae）。这是一种典型的诚信诉讼，并且将导致败诉人不名誉。①

“信托关系或者是与质押债权人建立的，或者是与能够比较安全地保管我们物品的朋友建立的。”② 在为担保而实行信托的情况下，信托人将信托物转让给自己的债权人，待有关的债务获得清偿后再由受信托人将该物返还给信托人。此种信托导致信托物所有权的转移，但在某些情况下也可以不发生占有的转移，也就是说，经受信托人同意，信托人（债务人）可以继续享用信托物。为避免债权人丧失担保，信托人对信托物的占有可由债权人以临时让与或租赁的名义准予。

信托也可以是基于对朋友的信任而将某物转让给该朋友，由其暂时保管并委托他实现特定的目的，例如为解放奴隶，即采用要式买卖的形式将奴隶卖给受信托人，以便由后者立即或者在一定时间后解放该奴隶。

第九节　买卖：基本要件

买卖（emptio venditio）是指一方当事人（出卖人）向另一方当事人（买受人）承诺在接受相应的价金后向对方转让对商品的占有。它是一种典型的双务合意契约，其成立要求具备以下基本要件。

（1）合意。与现今以直接权利转移为特点的买卖不同，罗马法中的买卖以双方当事人达成合意为买卖契约成立的标志，也就是说，买卖契约达成于当事人实际给付商品和价金之前。“买卖契约属于万民法上的契约，因此它因简单的合意而完成。并且可以在当事人不在场的情况下，通过传达人或信件的形式达成。”③

买卖合意的形成可以采用交付定金的方式加以证明，“当人们商定价金时，买卖达成，即使尚未给付定金；实际上，以定金名义给付的钱款是对买卖已达成的证明”④。在后古典法时

① 参见盖尤斯 I.4，62；I.4，182。

② 盖尤斯 I.2，60。

③ 保罗语，载 D.18，1，1，2（《民法大全选译/买卖契约》，刘家安译，7页，北京，中国政法大学出版社，2001）。

④ 盖尤斯 I.3，139。

期，对于不动产的买卖，人们开始通过登记（insinuatio）的方式证明合意的达成，即有关当事人将买卖的约据（instrumentum）在公共机关的专门本册上进行记载。

（2）商品。买卖的标的物被称为商品（merx），“凡是可以为人所拥有、占有或通过诉讼提出要求的物，均可进行买卖。而对那些为自然法、万民法或城邦习俗所禁止交易的物的买卖，则是无效的”①。此概念涵盖要式物、略式物、有形物和无形物。“我们经常买卖附条件和附期限的债权，因为这里有我们可以加以买卖的东西”②。如果在买卖契约缔结时作为标的物的商品并不存在，则买卖契约无效。

在某些情况下，商品可以是未来物，表现为买希望之物（emptio rei speratae）或者买希望（emptio spei）。前者是一种附生效条件的买卖，条件就是所希望购买的物品在未来出现，只有当该条件具备时，买卖才成交，比如，“一旦奴隶或动物出生，买卖被认为在订约时即已发生”③。后者则是一种射幸契约，即当事人依据对未来的、不确定的获利结果的期望而达成的契约。与买希望之物不同，这种契约的成立不以买卖对象在未来是否实际出现为转移，买受人自愿承担潜在的、希望落空的风险，“即使出卖人什么也没得到，买卖仍成立，因为这是一种对希望的买卖”④。

（3）价金。价金（pretium）是指买受人为获得商品而向出卖人支付的价款，是使买卖区别于易物（permutatio）的基本要素：“没有价金，不可能有任何买卖”⑤。价金“是以其量而不是以其自然属性供人使用和占有的”⑥。

在买卖契约缔结时，双方应当对价金的数量达成协议，否则，就不认为是合意形成。但是，优士丁尼法允许缔约人指定某一第三人确定价金的数额，在这样的情况下，买卖契约就成为附条件契约，“如果被指名者不愿或不能确定价金，那么，出售无效，犹如未规定任何价金”⑦。

第十节　买卖：权利与义务

买卖是典型的双务契约，买受人和出卖人可以说是互为债权人和债务人。

买受人负有的主要义务是：按照约定向出卖人支付价金并且实际转让货币的所有权；在未按期支付价金的情况下，还应当支付该价金的利息。“如果买受人在向出卖人支付价款方面发生了迟延，那么他将只需向该出卖人支付该价款的利息，而不是所有那些如果未发生迟延出卖人即可以获得的利益。”⑧ 买受人还有义务受领被卖物，“如果购买了土地上石头的人不愿拿走这些石头，那么，卖方可以依据卖物之诉迫使买方受领出售物”⑨。

自契约成立之时起，被卖物的风险以及可能产生的赢利均由买受人承担或者享有，即使有

---

① 保罗语，载 D. 18，1，34，1（《民法大全选译/买卖契约》，33 页）。
② 乌尔比安语，载 D. 18，4，17（同上书，147 页）。
③ D. 18，1，8pr.（同上书，13 页）。
④ D. 18，1，8，1（同上书，15 页）。
⑤ 优士丁尼 I. 3，23，1。
⑥ 保罗语，载 D. 18，1，1pr.（《民法大全选译/买卖契约》，3 页）。
⑦ 优士丁尼 I. 3，23，1（1）。
⑧ 赫尔莫杰尼安语，载 D. 18，6，20（《民法大全选译/买卖契约》，191 页）。
⑨ 彭波尼语，载 D. 19，1，9（《民法大全选译/契约之债与准契约之债》，141 页）。

关物品尚未交给买受人。“因此，如果奴隶死亡或身体的某一部分受到伤害；或者房屋全部或其一部分因火灾被消耗；或土地全部或一部分被河流的强力冲走；也或由于河水的泛滥，或由于旋风，树木被吹断，土地变得很小或条件恶化，损失由买受人承担，就算他未取得物，他必须偿付价金。”但是，买卖双方可以约定由出卖人对尚未交付的物品承担保管责任，“如果他承担了保管责任，上述事件的风险肯定属于他”①。

出卖人负有的主要义务是：按照约定向买受人交付商品并确保买受人平安无扰地享用该商品；需要说明的是，在罗马法的买卖中，出卖人应当转移的是对商品的占有，而不必须是所有权；为确保所有权的转移，可以为买卖附加专门的要式口约。“出卖人并无义务使买受人取得土地的所有权，相反，要式口约的承诺人则有义务使要约人取得土地所有权。”② 在后来的发展进程中，这种关于所有权的保证逐渐变为了买卖的必备条件。

如果买受人从非所有主处购买物品，他可能面对真正所有主提起的返还所有物之诉（rei vindicatio)，一旦败诉，他将丧失对自己所买得物品的权利，必须向真正的所有主实行返还。这种受到追索的情形在罗马法中被称为追夺（evictio)。“在出售一块土地时，即使出卖人并未特别表示，他仍须承担诸如‘这块土地或其用益权不得被追夺’之类的责任。”③

出卖人应当对被卖物中的暗藏瑕疵（vitium）负责，比如，某人因为心灵的瑕疵而被认为是不健康的，如果被出售的奴隶具有心灵的瑕疵，尽管出卖人知晓此情况，却未予以宣明，他将就买物之诉承担责任。若奴隶的瑕疵或疾病是可辨识的，则不属于暗藏瑕疵，事实上，相关保护制度的目的仅在于使买受人不受欺瞒。④ 在瑕疵问题上，裁判官法为维护买受人的利益引入了一系列诉权，例如，解除买卖契约之诉（actio redhibitoria)、为减少价金而提起的估价之诉（actio aestimatoria)、减价之诉（actio quanti minoris)，等等。“提起退货之诉的期限为 6 个月。如果不要求退还奴隶而只为要求补偿损失而提起减价之诉，那么，有效期为 1 年。退货之诉的期限从买卖成交之日起计算。”⑤

第十一节　买卖的附加约定

为维护出卖人和买受人的利益，当事人通常可以针对买卖契约作出某些附加约定，这些附加约定虽然采用简约的形式，但被认为是在买卖契约缔结时达成的，因而在实践中与买卖契约一样具有约束力。

买卖契约的附加约定主要包括以下几种。

（1）择优解除简约（in diem addictio)。它是为维护出卖人利益而约定的，特别适用于拍卖。根据这样的条款，如果在一定的期限内出卖人遇到更优惠的出价，则可以解除已达成的买卖契约，收回被出卖的物品，并将其卖给上述出价更优惠者。对于附有这类简约的买卖，依具体情形可就其性质作出不同的认定。“如果当事人约定，‘一旦有人提供了更优条件，买卖即废止’，则这是一个单纯买卖，但可能被附条件地解除；但是，如果当事人约定，‘只要没有人提

① 优士丁尼 I. 3，23，3；I. 3，23，3a。

② 乌尔比安语，载 D. 18，1，25，1（《民法大全选译/买卖契约》，27 页）。

③ 彭波尼语，载 D. 18，1，66pr.（同上书，71 页）。

④ 参见 D. 21，1，1，7；D. 21，1，1，9（《学说汇纂》，第 21 卷 · 保护买卖的配套诉权，徐铁英译，[意] 腊兰校，7～9 页，北京，中国政法大学出版社，2018）。

⑤ 乌尔比安语，载 D. 21，1，19，6（《民法大全选译/契约之债与准契约之债》，167 页）。

供更优条件，则买卖成立'，该买卖是附条件的。"①

（2）解除约款（lex commissoria）。它也是为维护出卖人利益而约定的。根据这样的条款，如果买受人未在预定的期限内支付价款，出卖人有权单方面解除契约。这种约定使得"买卖可能因所附条件的实现而解除"②，但是，只有在出卖人愿意时，它才被付诸执行，"而如果他不愿意，则不能强制他接受该简约的效果"③。

（3）退货简约（pactum displicentiae）。它是为维护买受人利益而约定的。根据这样的条款，买受人有权在约定的情况下退还不满意的买卖标的物，并且获得价金返还。退货简约一般应当规定一定的期限，比如，在售出的葡萄酒变酸或出现其他问题的情况下。"如果当事人约定了由出卖人承担风险的期限，则在此期限前的风险由出卖人承担。如未约定该期限，则直至品尝酒时，出卖人须承担风险"④。

第十二节　租赁：物的租赁

租赁（locatio—conductio）是双务合意契约之一，表现为一方当事人向另一方当事人允诺在接受一笔报酬后使后者在一定的时间内享用某物，或者向其提供一系列服务或特定的劳作。因此，在租赁关系中，一方提供的是租金或酬金，另一方提供的则是物品、服务或劳作。"租赁贷与买卖十分相似，是用同一法则调整的。因此，正如就价格达成协议则买卖成交，如果就报酬取得了一致，则赁借贷契约生效。"⑤

严格地讲，租赁不是一种单独的契约，而是一些具有相同性质但表现为不同形式的契约的总称，它可以划分为三个类别，即物的租赁、雇佣租赁、承揽租赁。

物的租赁（locatio-conductio rerum），是租赁契约的主要形式之一，表现为一方允许另一方使用或者享用某物，后者则向前者交纳相应的租金（merces）。

出租人有义务对被出租物实行交付并确保承租人能够自由享用该物；在租赁期间，他不能对物造成任何改变，并且应当承担必要的维护费用和有关的负担（如捐税）。"通常，承租人在下列情况下享有承租之诉：承租人不能按租约的规定使用承租物。如：没有向承租人转移对承租土地的全部或部分占有，没有维修好别墅、马厩、羊圈。"⑥

承租人有义务按照约定的标准支付酬金，按期完好无损地返还被出租物。"承租人应根据承租协议实施一切行为，如果在协议中有某些遗漏，他应根据善良与公平履行这些事项。就衣服、银器或驮畜的使用给付或允诺了报酬的人，他被要求按很勤勉的家父对自己之事务给予的注意保管它们。"⑦

在土地租赁问题上，罗马法对承租人给予了一定的照顾，这特别体现在关于不可抗力的风险承担规则上。"出租人应当向承租人承担一切因不可抗力造成的损失，比如，水灾、鸟害，以及其他可能发生的类似灾害（如敌人的入侵带来的破坏）。""地震造成的土地不能耕种的损

---

① 乌尔比安语，载 D. 18，2，2（《民法大全选译/买卖契约》，91 页）。
② D. 18，3，1（《民法大全选译/买卖契约》，115 页）。
③ D. 18，3，3（同上书，115 页）。
④ 乌尔比安语，载 D. 18，6，1pr.（同上书，169 页）。
⑤ 盖尤斯语，载 D. 19，2，2pr.（同上书，189 页）。此处的"赁借贷"即 locatio conductio（租赁）。
⑥ 乌尔比安语，载 D. 19，2，15，1（同上书，189 页）。
⑦ 优士丁尼 I. 3，24，5。

失由出租人承担。因为，出租人租给承租人的应该是能够耕种、收益的土地。”[①] 但是，正如我们在前文中谈到的[②]，罗马法学家在不可抗力问题上注重当事人的“承受力”，因此，如果灾害所造成的损失并不严重，损失由承租人承担。[③]

根据罗马法的原则，对被租赁物的买卖不使租赁关系解除，这种关系仍然在物的所有主与承租人之间存在，承租人仍然有权要求出租人履行其义务。这即所谓“买卖不破租赁”（emptio non tollit locatum）。

第十三节 租赁：雇佣

雇佣租赁（locatio-conductio operarum），作为租赁契约的主要形式之一，表现为一方向另一方提供自己的劳作，后者则向前者支付相应的报酬。从一定的意义上讲，雇佣可以理解为劳务的租赁，在罗马法文献中它曾被表述为 operas suas locare（出租自己的劳务），似乎起源于出租自己奴隶或解放自由人的劳作。[④]

提供自己劳作的人是出租人（或者叫受雇人），他有义务按照承租人（或者叫雇佣人）的指示或安排提供劳作，前者对后者需履行一定的服从义务，其关系类似于学徒和师傅之间的关系；“允许师傅对学徒进行轻微的惩罚”，只要雇佣人“掌握必要的分寸”[⑤]。提供劳作的出租人只对自己的故意（dolus）和过失（culpa）行为承担责任。

作为雇佣方的承租人应当按照契约确定的时间段向出租人支付报酬，即使该出租人在此期间由于不可归责于他的原因而没有提供劳作。“以自己的劳动为标的订立赁借贷契约之人，在契约存续期间，如果出现了不取决于提供劳务者本人意志，但却导致他无法完成工作的障碍，仍可收取契约规定期限的全部报酬。”[⑥]

罗马法的雇佣租赁曾经将某些自由职业者（例如，医生、律师、家庭教师等）的智力劳动排除在外，因为，在很长一段时间内，人们曾认为，“对某些工作而言，收取报酬并没什么不光彩，然而，如果到法庭请求支付酬金，却是一件丢脸的事情”[⑦]。实际上，对于这类因提供智力劳动而获取的报酬（honorarium），只是到了帝国时期才通过非常审判给予法律保护。

雇佣租赁因约定的期限届满或者受雇人死亡而消灭。

第十四节 租赁：承揽

承揽租赁（locatio-conductio operis），也是租赁契约的主要形式之一，表现为一方向另一方提供需要加工的原材料或者某一需要通过工作加以完成的项目，后者则向前者提供特定的加工或工作成果（例如，做一件衣服，盖一所房子），并且后者有权利为这一成果的实现而从前者那里获得相应的报酬。

---

① 乌尔比安语，载 D.19，2，15，2（《民法大全选译/契约之债与准契约之债》，191 页）。

②③ 参见本编第十七章第十二节。

④ 盖尤斯在其《法学阶梯》中曾经提到出租击剑奴隶并支付“辛苦费”的情况。参见盖尤斯 I.3，146。

⑤ D.19，2，13（《民法大全选译/契约之债与准契约之债》，201 页）。

⑥ 保罗语，载 D.19，2，38pr.（同上书，203 页）。

⑦ 乌尔比安语，载 D.50，13，1，5（同上书，205 页）。

与雇佣租赁（locatio-conductio operarum）不同的是，在承揽租赁中，提供劳作的是承租人（或者叫承揽人），而且这种劳作是特定的（在拉丁文中使用的是单数）。他的义务是独立地“承担某项工作并圆满地完成它”[①]，他所完成的工作成果应当符合委托方（出租人）事先提出的要求并且接受委托方的验收（adprobatio），“如果工程不合格，那么，承揽人应该承担责任”[②]。

在工作承揽期间（直至交付或验收之前），承揽人对委托方提供的物品和正在施工的工程负有保管责任，对有关加工物的灭失或者工作成果的损毁承担风险：“由于承揽人或承揽人雇佣之人造成损失的亦由承揽人承担”，这种损失包括因承揽人无经验（imperitia）而造成的损失。[③] 如果有关的损失来自于委托方提供的物质条件本身或者产生于不可抗力，则由委托方承担。[④]

在承揽租赁中，承租人可以通过别人提供劳作，也可以对所承揽的工作实行转包，但是，“必须以与自己承包时相同的条件向他人转包”[⑤]。

出租人（委托方）应当向承揽人提供需要加工的原材料或者需要完成的工程项目。有时候，这一义务存在与否构成区分买卖契约和承揽租赁契约的标志：“如果我提供了建房用地，请你在上面为我盖一栋房子，那么，至少建房用地是我提供的。因此，这是赁借贷而不是买卖。”[⑥]

委托方有义务向承揽人支付约定的报酬，该酬金既可一次性支付，也可分阶段支付。在未按约定支付酬金的情况下，委托方“还要支付迟延给付该酬金的利息”[⑦]。

第十五节　租赁：海损分摊规则

承揽租赁的一种特殊形式是货物运输契约，即承揽人根据委托方的要求将货物运至指定的目的地。在商品经济不断发展的罗马社会，这种运输通常表现为海上运输。特别值得一提的是，罗马法借鉴古希腊《关于弃物的罗迪法》[⑧]（Lex Rhodia de iactu），为海运承揽确立了关于海损分摊的规则。

在船舶航行中，如果遭遇危险，船长有权为减轻船的负载而决定将装载的货物投弃，在这种情况下，货物的所有主和承运人应当合理地共同分担有关损失：“由于船遇到了危险，被迫抛弃了一些运载的货物。那些托运了货物并且遭受了损失的货主应当向航海事务总管提起赁借贷之诉。此后，该总管可以向那些货物未遭受损失的货主提起承运之诉，以便使损失由大家按比例共同承担。”[⑨] 应该说，这是为海上运输中的不可抗力问题确定的特殊风险承担规范。

---

① D.50，16，5，1（《民法大全选译/契约之债与准契约之债》，189页）。

② 雅沃伦语，载D.19，2，51，1（同上书，197页）。

③ 参见D.19，2，25，7；D.19，2，13，5（同上书，209、199页）。

④ 参见D.19，2，62；D.19，2，59（同上书，199页）。

⑤ 乌尔比安语，载D.19，2，13，10（同上书，197页）。

⑥ 彭波尼语，载D.18，1，20（同上书，123页）。

⑦ C.4，65，2（同上书，195页）。

⑧ 据保罗介绍，“罗迪法规定：为减轻船的重量而抛弃商品是为所有人的利益进行的，因此，损失应当由全体分摊”[D.14，2，1（同上书，213页）]。

⑨ 保罗语，载D.14，2，2pr.（同上书，211页）。

海损分摊规则仅仅适用于为紧急避险而抛弃货物的情况。如果不是为了紧急避险而造成货物灭失，则不适用此规则，承揽人要对此承担责任。[①] 如果在避险过程中货物得到了保全、但船体或船上的有关设备受到了损坏，同样不适用海损分摊规则，“因为，为船本身配备的物品与那些收取了运费的货物是不同的。如同手艺人不能因弄坏了自己的砧子或锤子而与委托他加工物品之人分摊损失一样”[②]。

第十六节 委托：主要特点

委托（mandatum），罗马法中的合意契约之一，表现为受托人（mandatarius）根据委托人（mandator）的指示经管一项或数项事务，后者有义务承担因上述经管行为而发生的费用或损失。

罗马法的委托与其他一些法律行为有着不少相似之处，但也有着明确的区别，也许从这些区别当中，我们可以更好地理解委托契约的特点。

罗马法的委托是无偿的。一些罗马法学家认为：如果受托人向委托人收取报酬，他们之间的关系就变成了承揽租赁：“如果不是无偿的，则不存在委托。因为委托契约的缔结是基于帮助和友谊。收取报酬不符合委托的本意。因此，一旦涉及金钱，则更像是赁借贷而不是委托了。”[③]

委托契约随着合意的达成而成立，“因此，委托之债可以通过书信或传递消息的方式设立”[④]。这使得委托区别于作为实物契约的信托，后者以物的交付为成立的条件，因而，在罗马法中主要是为了担保或权利主体调整等目的而使用。

委托契约在一定程度上具有双务性，也就是说，缔约双方的地位是平等的，相互享有一定的权利并且相互负有一定的义务，“受委托人将享有委托之诉的保护”[⑤]。从这个意义上讲，委托不同于早期罗马法中的代理，后者曾经是一种单方面授权行为，代理人与被代理人之间存在着人身依附关系。但是，随着特有产制度的建立，家子和奴隶也成为可以独立承担责任的主体，委托和代理之间的区别逐渐消失，作为代理人或者受托人的家子或奴隶可以用自己的特有产承担因代理或者委托关系而产生的经济责任。

委托契约要求受托人必须严格地按照委托人的指示履行职责，如果受托人以不同于委托契约中规定的条件执行了委托事项，即使有关的执行活动对委托人有利，“似乎也不能说你完成了委托事项”[⑥]。这使得委托不同于行纪，行纪合同允许接受委托的一方在保障授予委托的一方利益不受损害的前提下赚取差价。

委托也不同于无因管理，虽然两者均属于为他人利益而经管他人的事务，但前者“基于缔约双方的合意产生”[⑦]，而后者是由经管人单方面主动实施的行为。

---

① 参见 D. 19，2，13，1（同上书，209 页）。
② 保罗语，载 D. 14，2，2，1（《民法大全选译/契约之债与准契约之债》，211 页）。
③ 保罗语，载 D. 17，1，1，4（同上书，253 页）。
④ D. 17，1，1，1（同上书，255 页）。
⑤ D. 17，1，1，2（同上书，255 页）。
⑥ D. 17，1，5，2；D. 17，1，3，2（同上书，255、263 页）。
⑦ D. 17，1，1pr.（同上书，255 页）。

第十七节　委托：权利与义务

委托人对于因执行委托事项而导致的法律后果承担责任，当然，他承担责任的范围应当与其发出的指令相对应。比如，“我们任命总管是为了让他负责租船、购买船具、承运货物或运送旅客。此外，我们也让总管为我们买卖货物。对此，我们同样要承担责任”。“一切责任均由指定他们担任总管的人来承担。”① 这当然包括承担受托人因执行委托事务而缔结的债务。

委托人应当补偿受托人为执行委托事项而付出的费用以及可能遭受的损失。“为执行委托事项而花费的金钱，只要是基于善意支出的，必须全部返还。尽管如果由委托人自己管理，可能花费得较少，但是，仍应如数返还。”②

委托人享有在一定条件下单方面撤销（revocatio）委托的权利。“一个已合法实行的委托，如果在事情尚未变化时被撤销，则丧失其效力。”③ 但是，如果我不知晓委托被撤销并且执行了受托之事，我仍享有委托契约所赋予的权利，“否则，正当的和可证明的不知将会使我蒙受损失”④。

受托人有义务根据委托人的指示或者事务的性质经管受托事务，“如果接受了委托而又没有完成所委托的事项，那么，应对此承担责任”⑤。

受托人对委托人负有诚信义务，应当维护委托人的利益；向委托人汇报账目，返还未用完的钱物以及在办理事务期间收取的钱款。“依据我们所遵循的善意原则，受任人不得利用他人的钱财为自己谋取利益。”⑥

受托人可以再委托其他人执行有关的受托事务，但是，这不能改变他对委托人所负有的义务，实际上，“第一受任人既要向委托人，又要向第二受任人承担责任”⑦。

受委托人也可以“在尚未开始执行委托事项之前”放弃（renuntiatio）所接受的委托职责。但是，如果受委托人在无正当理由的情况下突然放弃委托职责，致使委托人无法依照委托契约中规定的条件实现自己的目的，那么，“受任人要对此承担更为广泛的责任”⑧。

第十八节　合伙：合意的特点

合伙（societas）是指两人以上相互承担义务，将各自的物品或劳作全部或者部分地集中在一起，以实现某一给所有合伙人带来共同利益的目的。合伙属于合意契约中的一种，但它所要求的合意独具特色，能够鲜明地体现该典型契约的主要特点。

（1）合意应当围绕合法的目的。合伙人应当有着一个共同的目的，该目的不能违反法律，

---

① D.14，1，1，3；D.14，1，1，4（《民法大全选译/契约之债与准契约之债》，273页）。

② 盖尤斯语，载D.17，1，27，4（同上书，265页）。

③ 盖尤斯I.3，159。

④ 盖尤斯I.3，160。

⑤ 保罗语，载D.17，1，5，1（《民法大全选译/契约之债与准契约之债》，257页）。

⑥ 乌尔比安语，载D.17，1，10，3（同上书，261页）。

⑦ D.17，1，8，3（同上书，259页）。

⑧ D.17，1，22，11（同上书，265、267页）。

也不得违背基本的社会道德准则。“这点是不容忽视的。如果合伙是为非法目的设立的，那么，合伙不成立。因为我们总是这样说，违背公德的合伙无效。”[①]

(2) 合意应当是持续存在的。与其他合意契约不同，合伙不但要求起始合意，还要求持续合意，即合伙契约随着当事人合伙意愿的持续而持续：“事实上，只要合伙人坚持同样的合意，合伙维持。”[②] 一旦当事人不再愿意继续保持合伙关系，合伙即告解除。从这个意义上讲，“永远存续的合伙无效”[③]。

虽然合伙人可因缺乏合伙意愿而随时退伙，但是，他应当对退伙行为作出合理的解释，法律禁止合伙人以欺诈方式作出退伙宣告，以防止退伙人“单独地享有某些发生的利益”[④]。总之，“在合伙人无正当理由退伙的情况下，其他合伙人可以提起合伙之诉”[⑤]。

(3) 合意应当是相互的。这意味着所有参加合伙的人员应当均彼此接受。“当一个人被接纳为合伙人时，他只是成为按规定接纳了他的那名合伙人的合伙人”，如果该人的其他合伙人不愿意与上述被接纳人合伙，则不能扩大合伙关系，“因为我的合伙人的合伙人并不是我的合伙人”[⑥]。

由于合伙同伴的选择是特定的，即使是在多人合伙的情况下，一个合伙人的退伙或死亡一般将导致整个合伙关系的终止，“除非在合伙的缔结中另有约定”[⑦]。

由合意的持续性和相互性派生出这样一项原则：合伙人的身份不能继承。合伙人一旦死亡，原有的合伙关系即告终止；已死亡者的继承人要想成为合伙人，必须与其他人达成新的合意，重新缔结合伙协议，“基于这个新协议，该继承人以后所从事的活动，可以享受合伙之诉的保护”[⑧]。

第十九节 合伙：权利与义务

合伙人的基本义务是根据自己所作出的承诺向合伙出资。“如果合伙人在设立合伙时未对合伙人的份额作出规定，那么，显然这一合伙是按均等份额设立的。”[⑨] 根据合伙人出资形式的不同，合伙分为物的（rerum）合伙、劳作（operarum）合伙、混合（mixtae）合伙。实际上，财产状况不同的人之间也可以合伙，“财产较少的合伙人以提供自己的劳务来弥补财产的不足”[⑩]。

根据范围的不同，合伙分为概括合伙（societas omnium bonorum）和个物合伙（societas unis rei）。前者也被称为共有合伙，要求合伙人以各自现在的和未来的全部财物参加合伙；后者则指合伙人以自己的某一单个物品或者某一特定劳作参加的、追求特定目的的合伙。在这两种情况下，合伙人均可享受能力限度照顾（beneficium competentiae），“即使对于不属于共有

---

① 乌尔比安语，载 D.17，2，57（《民法大全选译/契约之债与准契约之债》，217 页）。

② 优士丁尼 I.3，25，4。

③ 保罗语，载 D.17，2，70（《民法大全选译/契约之债与准契约之债》，221 页）。

④ 优士丁尼 I.3，25，4。

⑤ 乌尔比安语，载 D.17，2，14（《民法大全选译/契约之债与准契约之债》，221 页）。

⑥ D.17，2，19；D.17，2，20（同上书，217 页）。

⑦ 优士丁尼 I.3，25，5。

⑧ 彭波尼语，载 D.17，2，37（《民法大全选译/契约之债与准契约之债》，219 页）。

⑨ 乌尔比安语，载 D.17，2，29pr.（同上书，231 页）。

⑩ 乌尔比安语，载 D.17，2，5，1（同上书，229 页）。

合伙的个物合伙人，在合伙之诉中亦应判处他们在其财产范围内承担责任，或判处他们在未进行欺诈而使自己的财产减少以前的财产范围内承担责任”①。

由于合伙人出资的数额可能不同，他们对合伙也可能承担不同的风险，因此，合伙的赢利分享一般应当与亏损承受相对应。罗马法允许合伙契约约定某一合伙人只分享赢利而不承担亏损，但是，不允许约定某一合伙人只享受赢利而另一合伙人只承担亏损，也就是说，后者不参加合伙的利润分配。这种约定被称为承损合伙或狮子合伙（societas leonina），“这种一人承担全部损失而不享受任何利益的合伙是极不公正的”②。如果某合伙人享受赢利，而其他合伙人享受不到任何赢利但承担损失，此等合伙无效。“实际上，不扣除所有损失，不能认为存在赢利”③。

合伙人在经管合伙事务当中所取得的一切均归全体合伙人共同所有，他为经管合伙事务所支出的所有费用均由合伙承担。“任一合伙人都不能转让超过自己所占份额的财物。即使是共有合伙人，也不允许这样做。”④

虽然合伙人可以随时决定退伙，虽然合伙关系不当然地向合伙人的继承人转移，但是，合伙人的退伙不影响退伙人继续履行在合伙期间已承担的义务，从这个意义上讲，“要求退伙的合伙人仍旧要对合伙承担责任”⑤。同样，在某些情况下，已故合伙人的继承人也应在一定范围内承担被继承人在合伙期间已负有的义务，“但是，必须在死亡的合伙人的继承人签字完全接受死者的份额并且该份额已完全转移给继承人的情况下，合伙才延至继承人”⑥。

① 乌尔比安语，载 D. 17，2，63pr.（《民法大全选译/契约之债与准契约之债》，237 页）。

② 乌尔比安语，载 D. 17，2，29，2（同上书，233 页）。

③ 保罗语，载 D. 17，2，30（《学说汇纂》，第 17 卷・委任与合伙，李飞译，［意］腊兰校，115 页，北京，中国政法大学出版社，2014）。

④ 盖尤斯语，载 D. 17，2，68pr.（同上书，241 页）。

⑤ 保罗语。载 D. 17，2，65，3（《民法大全选译/契约之债与准契约之债》，247 页）。

⑥ 彭波尼语，载 D. 17，2，59pr.（同上书，225 页）。

第十九章
契约之债：非典型契约

第一节　无名契约：概述

所有的典型契约都配有法定的诉权保护。但是，在现实生活中，有些民事交易形式具有某一典型契约的某些要素，但又缺乏其他一些要素，因而很难将其归入某一典型契约，它们甚至没有自己固定的名称。由此产生了无名契约（conventiones sine nomine）。

例如，我与你约定：我给付你一件物品是为了换取你的另一件物品或者为了让你为我做一件事情。显然，这一交易因不存在价金而构不成买卖，因不存在加工而构不成承揽租赁。但是，我对你的给付以及你对我给付的接受将构成债发生的原因，你因此而负有向我实行已约定的"对待给付"的义务。"即使是那些没有自己名称的契约，只要存在产生契约的原因，阿里斯多对杰尔苏的答复是：那么就产生债的关系。"① 一般来说，无名契约均表现为相互负有给付义务的双务契约。

与那些得到法律明确承认的并且受到专门诉权保护的典型契约相比，无名契约则主要是得到裁判官法的认可，即由裁判官根据案件的具体情况加以确认并提供保护："有时会出现这样的情况，在欲赋予当事人某一已知的和常用的诉讼时，由于无法找到一个与案情相适应的、有专门名称的诉讼，因而我们很容易就会想到求助于那些被称为事实之诉的诉讼。"② 在事实诉讼（actio in factum）中，裁判官所维护的不是法律明确承认的权利，而是事实上存在的、新的公平关系。这种诉讼"是以一种既无自己的类型和名称又未获承认或以任何方式被归入市民法中的新关系为基础，上述新关系通常被人们用创造该关系的事实相称呼"③。从一定意义上讲，所有的裁判官法诉讼在最初时均表现为事实诉讼，随着它们的逐渐发展与成熟，其中一部分上升为权利诉讼（actio in ius）。

我们将在本章中加以考察的主要无名契约形式有：互易，行纪，临时让与以及试用给付。从广义上讲，作为非典型契约的主要渊源的简约，似乎也可以被看作一种无名契约。

第二节　互　易

互易（permutatio）④ 属于无名契约，是指当事人相互之间以一种物品或劳作交换另一种

---

① 乌尔比安语，载 D. 2，14，7，2（《民法大全选译/契约之债与准契约之债》，11 页）。

② 帕比尼安语，载 D. 19，5，1pr.（同上书，291 页）。

③ ［意］彼德罗·彭梵得：《罗马法教科书》（2017 年校订版），75 页。

④ 在笔者以往的罗马法译作中，将 permutatio 一词一般翻译为"易物"，而 do ut des 则译为"互易"。在这里，笔者采纳了徐国栋教授在优士丁尼《法学阶梯》中的表述法，将 permutatio 译为"互易"。与此相对应，do ut des 则应译为"易物"。

物品或劳作的直接交易，表现为“我给你一件物品是为了让你给我另一件；或者我给你一件物品是为了让你为我做某事；或者我为你做某事是为了让你给我一件物品；或者我为你做某事是为了让你也为我做某事”①。

普罗库勒学派认为：与买卖不同的是，在互易中不存在价金（pretium）。互易与买卖的另一个区别是，买卖是合意契约，互易则属于实物契约，它“是通过转移物的所有权产生债关系的”②，因此，以物的交付或者劳作的实际履行作为契约成立的条件。

根据保罗的上述论断，易物可以划分为以下四种。

（1）易物（do ut des）。它的债因是已执行的对物的给付，标的是相同的给付。乌尔比安举例说：“我有一头牛，我的邻人也有一头牛，为了完成一项工作，我们商定以 10 日为限，我的牛给他使用，他的牛给我使用。”这种情况不属于使用借贷，每一方均负有相互对应的同等给付义务。③

（2）物劳互易（do ut facias）。它的债因是对物的转移，标的是提供某种劳作，即一方给付物品以换取对方的劳作。

（3）劳物互易（facio ut des）。它的债因是提供劳作，标的是某物的给付。盖尤斯举例说：我交给你一些衣服让你清洗或缝补，如果“是在你自愿完成上述工作之后我们才商定酬金的数额并以酬金的名义向你支付了金钱，那么，如同一种新的交易类型一样，应当赋予你一项事实之诉，即对待给付之诉”④。

（4）换工（facio ut facias）。它的债因和标的都是单纯的劳作。保罗举例说：“我的私生子是你的奴隶，你的私生子是我的奴隶。我们商定你解放我的儿子，我解放你的儿子。”如果任何一方不实行解放，就违反了对待给付的义务。⑤

第三节　行　纪

行纪（aestimatum）是无名契约的一种，表现为缔约一方将经过估价的物品交付给另一方，委托后者将该物品出卖，并且要求后者按照预定的估价向其支付价款；后者如果不能将物品卖出，则有义务将原物返还前者。

行纪不属于买卖，因为如果接受物品的一方不能按照预定的估价将该物品卖出，其有权退还原物并且不支付任何价款。行纪也不属于委托，因为接受物品的一方可以不受制于委托方的指示，可以自主地确定处置该物品的价格，甚至可以决定按照预定的估价将其自行买下，只要这样做不损害委托方的基本利益。行纪也不属于承揽租赁，因为接受物品的一方既不是要对该物品进行加工，也不能保证完成出售该物品的任务。

“在行纪契约中，契约标的的风险由接受物的人承担。因此，接受物的人或者完好无损地返还标的物，或者赔偿与标的物价值相等的价款。”⑥ 接受物品的一方得到的好处是：可以按照高于经委托方确认的估价的价格卖出物品，从而赚取差价。在现代民法中，类似的契约也被

① 保罗语，载 D. 19，5，5pr.（《民法大全选译/契约之债与准契约之债》，291 页）。
② D. 19，4，1，2（同上书，187 页）。
③ 参见 D. 19，5，17，3（同上书，298 页）。
④ D. 19，5，22（同上书，295 页）。
⑤ 参见 D. 19，5，5pr.（同上书，291 页）。
⑥ 乌尔比安语，载 D. 19，3，1，1（同上书，215 页）。

称为代销契约。

第四节　临时让与

临时让与（precarium），是无名契约的一种，表现为一方当事人允许另一方当事人取得对自己物品的占有。受让人的这种占有是有条件的，即有义务在出让人提出要求的情况下立即向该人实行返还。

临时让与很像是使用借贷：它使受让人能够无偿地使用被让与物，同时，缔约双方都明确地知晓，被让与物的所有权并未发生转移，仍然归让与人享有；但是，契约双方未就使用期限作出约定，甚至可以不明确说明物是以借贷名义交付的。临时让与又不同于赠与：它不使临时受让人取得物的所有权，“赠与，是在赠出后不再请求返还；而准许他人不确定占有，则是一经决定取消他人的不确定占有，即可请求返还不确定占有物”[①]。

由于临时让与契约以所有权保留为条件，虽然有时候依据此契约而对被让与物实行的自然占有可以被认为是受令状保护的，但是，这种自然占有属于持有（detentio），而不属于严格意义上的占有，有关的被让与物也不能构成时效取得的对象。

第五节　试用给付

试用给付（datio ad experiendum，inspiciendum，vendendum）是指为买卖的目的向他人给付某物以验证和观察该物的性能。在罗马法中，这也属于无名契约的范畴。

与典型的买卖契约不同，试用给付不是合意契约，而是实物契约，它以物的交付为债关系成立的条件。它也不同于使用借贷或寄托，如果被交付物不存在瑕疵或者其性能符合要求，试用人有义务将物买下并为此支付价款。

乌尔比安举例说：我将一匹打算出售的马交给你试骑，并且约定如果 3 日内你对这匹马不满意就退给我。如果在试骑期间你利用这匹马参加了比赛并且赢得了比赛，3 日之后你不想买这匹马了，在这种情况下，我有权对你提起“对待给付之诉”（praescriptis verbis agendum），因为“我们是为了让你无偿试骑马匹而不是为了让你参加比赛订立的协议”，也就是说，你不能在比赛取胜后无故不履行买马的约定。[②]

第六节　简约：概述

简约（pactum）一词来源于拉丁文 pax，pacere（和平，和议），在《十二表法》中，该词曾被用来表示当事人就纠纷进行谈判并达成和解协议。[③] 作为一个法律术语，简约主要是指两个以上当事人采用法定契约形式以外的方式达成的协议，也被称为无形式简约（pactum nu-

① 乌尔比安语，载 D.43，26，1，1（《民法大全选译/契约之债与准契约之债》，97 页）。此处的中文表述“不确定占有”（precarium）即临时让与。

② 参见 D.19，5，17，3（同上书，293 页）。

③ 参见《十二表法》，第 1 表第 6、7 条。

dum）。乌尔比安说："简约是两个或两个以上当事人就共同感兴趣的事务达成的合意。"①

从法律上讲，简约不同于契约，不导致权利的转移，不产生严格意义上的债，也不产生诉权（actio）。但在实践中，执法官往往对当事人之间自愿达成的简约给予考虑和维护，当事人可以把简约作为其抗辩的根据向执法官提出。因此，罗马法学家说："无形式简约不产生债，但产生抗辩。"②

能够受到裁判官法考虑的简约主要有以下两种。

一种是附加简约（pactum adiectum），即当事人在缔结法定契约时或者在上述契约达成后就有关事项进行补充或修正的协议。这不仅是指那些部分地修改契约的简约，根据一些罗马法学家的观点，也"完全可以以一项简约部分地废除已经订立的买卖契约"③。其中最为典型的是不提出请求之简约（pactum de non petendo），债权人和债务人可以此约定：债权人在一定时期内或者在一定情况下，或者永远不向债务人提出清偿债务的请求。人们允许债务人依据此简约向债权人提出抗辩，从而使得简约逐渐成为债务免除方式之一。

另一种是法定简约（pactum legitimum），有时也被称为法定协议（conventiones legitimae）。这种简约虽然不与法定契约形式配合使用，但根据有关法律（lex）可以产生特定的法律后果。"法定协议是得到某一法律确认的协议。因而，有时候诉权依据这种协议而产生或者取消，就像是由法律或元老院决议所增加的。"④ 关于这样的简约，我们将在下一节中介绍具体的实例。

第七节　若干具体的简约形式

下列简约形式在罗马法中属于"法定简约"的范畴，它们具有受到普遍承认的契约效力。

（1）债务协议（constitutum debiti），系指就已经存在的债务约定新的清偿方式、时间、地点等条件的简约，受到裁判官法诉权——"钱款债务协议之诉"（actio de constituta pecunia）的保护。债务协议可用来确认、更新或者担保原有的债关系（包括具有某些法律瑕疵的债关系）。债务协议区分为关于自己债务的协议（constitutum debiti proprii）和关于他人债务的协议（constitutum debiti alieni）。前者指债务人为清偿自己的现有债务而作出的承诺，往往具有债务清偿展期的作用。后者指债务人为清偿第三人所欠债务而作出的承诺，它类似于保证，但具有鲜明的独立性，主债的变化不对产生于债务协议的债造成影响，不过，"当一个人允诺为另一个人清偿债务时，后者并不因这一允诺而解除债务"⑤。

（2）和解协议（transactio），表现为当事人就有争议或者有疑问的问题通过相互协商和让步的方式达成解决或者予以澄清的协议。"和解是就有疑义的事物以及不确定的且尚未结束的纠纷妥协"⑥。裁判官法一般承认此种协议的效力，允许当事人为维护和解协议的效力而提出依要式口约之诉（actio ex stipulatu）或既定简约抗辩（exceptio pacti conventi）。

（3）仲裁协议（compromissum），系指当事人之间就将有关争议提交第三人仲裁（arbitra-

① D. 2，14，1，2（《民法大全选译/契约之债与准契约之债》，297页）。

② 乌尔比安语，载D. 2，14，7，4。转引自A. Burdese，MANUALE DI DIRITTO ROMANAO，487页注4。

③ D. 2，14，7，6（《民法大全选译/契约之债与准契约之债》，445页）。

④ D. 2，14，6。转引自A. Burdese，MANUALE DI DIRITTO ROMANAO，489页注14。

⑤ 盖尤斯语，载D. 13，5，28（《民法大全选译/契约之债与准契约之债》，373页）。

⑥ 乌尔比安语，载D. 2，15，1（《民法大全选译/司法管辖权　审判　诉讼》，40页）。

tus）达成的协议。在罗马法中，此种协议表现为当事人相互之间的要式口约，以此保证：如果自己不接受仲裁人的裁决，将向另一方支付罚金。仲裁协议可分为完全仲裁协议（针对可能涉及的所有争议）和特定仲裁协议（针对特定事项）。"事实上，在仲裁协议中已经规定了仲裁是包括每项可能发生的争议的。然而，如果某人想就某一确定事项订立一项仲裁协议，那么，在仲裁协议中最好只涉及该事项。"①

（4）船长、旅店或客栈主人承保（receptum nautarum，cauponum，stabulariorumque），指船长、旅店或客栈的主人针对发生在自己经管处所的旅客物品丢失或者损毁的情况承担民事责任。最初承担此种责任以达成相应的简约为条件，到了古典法时期，人们认为船长、旅店或客栈的主人自接收旅客的物品之时起就以默示的方式承担了此责任，除非与旅客达成不同的协议。"裁判官说：如果船员、客店店员、骡马店伙计未将旅客交给他们看管的物品完整无损地返还给旅客，那么，我将赋予这些旅客以诉权对抗船员、客店店员和骡马店伙计。"②

① 乌尔比安语，载 D.4，8，21，6（《民法大全选译/契约之债与准契约之债》，297页）。
② 乌尔比安语，载 D.4，9，1pr.（同上书，103页）。

第二十章 准契约之债

第一节　无因管理

无因管理（negotiorum gestio）是指在他人未提出要求的情况下主动地经管该他人的事务；由此而产生的权利与义务关系，“不被严格地认为产生于契约，但由于其存在不是产生于非行，被认为是产生于准契约的债”①。

无因管理的成立一般需要具备以下要件。

（1）履行了经管他人事务的行为，例如，修理了濒临倒塌的他人房屋，替他人支付了应交纳的费用或者清偿了到期债务。

（2）经管他人事务的行为事先没有得到该他人的明确委托或者授权，也就是说，“一个人在另一个人不在并且不知道的情况下管理了他的事务”②；“其事务被管理的人，即使不知情，也受债之约束”③。

（3）经管人应当具有管理他人事务的意愿（animus aliena negotia gerendi），明确地知晓所管理的事务是他人的，而不是自己的。“当然，管理人应当讲明他管理事务的理由”④。

（4）经管人是为了维护该他人的利益而着手经管的，至少符合起始有益（utiliter coeptum）的标准。“这是为了功利而接受的规则，以免为突然的匆促所强制而动身旅行，未托付任何人管理其事务的不在者抛弃其事务。”⑤

被经管事务的主人有义务接受他人无因管理行为的后果，向经管人返还有关的费用或者补偿因无因管理行为而遭受的损失，并且承担产生于经管活动的债务。如果为不在场的某人做保证人，可以提起无因管理之诉。实际上，如果没有事先的委托，不能提起委托之诉。⑥

经管人有义务完成已着手经管的事务，并且让被经管事务的主人获得产生于该经管行为的利益；“对管理账目之汇报承担责任”⑦。“在管理事务时，管理行为失当或侵占被管理人的财产，均应当受到指控。”⑧

---

① 优士丁尼 I. 3，27pr.。
② 盖尤斯语，载 D. 3，5，2（《民法大全选译/契约之债与准契约之债》，303 页）。
③ 优士丁尼 I. 3，27，1。
④ 盖尤斯语，载 D. 3，5，2（《民法大全选译/契约之债与准契约之债》，303 页）。
⑤ 优士丁尼 I. 3，27，1。
⑥ 参见 D. 17，1，20，1（《学说汇纂》，第 17 卷 · 委任与合伙，41 页）。
⑦ 盖尤斯语，载 D. 3，5，2（《民法大全选译/契约之债与准契约之债》，303 页）。
⑧ D. 3，5，2（同上书，303 页）。

被经管事务的主人和经管人可以分别通过无因管理之诉（actio negotiorum gestorum）和相应的反诉讼维护各自的权益。

当某人主动代替死者的亲属为死者筹办丧葬事宜时，上述代为筹办丧葬事宜的行为构成一种特殊的无因管理形式，"为葬礼支付费用的人是与死者而不是与他的继承人发生债的关系"①。只要该人所支出的费用与该丧葬活动有关并且与死者的社会经济地位相符，他就可以针对死者的继承人提起所谓丧葬之诉（actio funeraria），要求对有关费用给予补偿，并因此而对死者的遗产享有优先取得权。

第二节　不当得利：基本条件

不当得利（iniusta locupletatio）是指以不正当的或无效的原因为根据或者在不存在债因的情况下实现的财产取得或增长。它导致不当得利者因准契约之债而承担返还义务。在罗马法中，这也被称为错债给付（solutio indebiti）。不当得利之所以被归入准契约之债，是因为债务人"不被认为是严格地根据契约受债之约束"，"与其说他是因订约而受债之约束，不如说他是因消灭契约而受债之约束。事实上，给付金钱者被认为以清偿的意图为给付，以便消灭而不是缔结交易"②。

不当得利的成立一般要求具备以下条件。

（1）不当得利人接受了他人的财产给付，或者说，财产所有权的转移行为已向不当得利人完成，这不仅是指该人接受了财物的交付，也包括该人对有关财产实行了时效取得，或者将他人的财物与自己的财物实行了混合（commixtio），或者花用（consumptio）了他人财物。"萨宾一向赞同早期法学家的下述观点：对于所有由于不正当原因而处于他人控制下的物品，都可以要求返还。这一观点也是杰尔苏的观点。"③

（2）缺乏取得的原因，即不存在足以使财物接受人合法地保留所取得的财产的正当理由，反过来说，就是某人在误认为自己是债务人的情况下向被误认为债权人的人实行了钱财给付。这可能表现为各种各样的情形，既可能是在不存在债关系的情况下接受清偿，也包括虽存在债关系，但该关系可因抗辩而消除的情况；"不仅是指那些根本不应清偿的情况，也是指负了这个人的债而向另外一个人清偿债务的情况，或是一个人负了债而由另一个人像清偿自己的债务一样清偿了该项债务的情况"④，"而且也包括清偿了那些得被永久性抗辩驳回的债务"⑤。

不当得利使给付人有权要求接受给付的人实行返还或恢复原状，并且使接受给付的人有义务返还所取得的财物，"使债务关系恢复到履行前的状态"⑥。但是，如果在给付人与接受给付人之间存在自然之债（obligatio naturalis），则接受给付人有权实行清偿留置（soluti retentio）。

---

① 乌尔比安语，载 D. 11，7，1（《民法大全选译/契约之债与准契约之债》，305 页）。
② 优士丁尼 I. 3，27，6。
③ 乌尔比安语，载 D. 12，5，6（《民法大全选译/契约之债与准契约之债》，307 页）。
④ 保罗语，载 D. 12，6，65，9（同上书，305 页）。
⑤ 乌尔比安语，载 D. 12，6，26，3（同上书，305 页）。
⑥ D. 50，17，84pr.（同上书，307 页）。

第三节　不当得利：救济手段

“如果一个人在不知道的情况下，不恰当地履行了债务，可以通过不当得利之诉请求返还。”① 这里所说的不当得利之诉是一种对人（in personam）的请求给付之诉（condictio），其表现形式主要有以下几种。

（1）无债因请求返还之诉（condictio sine causa）。如果某人在根本不存在债因的情况下向他人实行了给付，可以采用此诉讼要求返还已给付的钱财。“不过，如果他明知自己不负债务而仍为给付，则不得提出返还要求。”②

（2）错债索回之诉（condictio indebiti）。如果某人因错误而实行了不当清偿，例如，清偿人所给付的物品归其他人所有，或者有关的给付是根据某种无效的债而实行的，可提起此种诉讼以请求返还已给付的财物。提起错债索回之诉应当具备两个条件：第一，清偿错误，即清偿人基于错误的认识实行清偿；第二，领受错误，即领受人不正当地接受了他人的给付。

（3）因给付未获回报的请求返还之诉（condictio causa data causa non sucuta）。如果某人为了换取对方的相应给付而向该方给付了自己的钱财，并且对方因某种过错而未履行相应的给付义务，该当事人可通过此种诉讼要求对方返还已给付的钱财。它也可扩展适用于附义务（modus）的赠与，即要求未履行有关义务的受赠人返还赠与物。在优士丁尼法中，此种诉讼形式也被称为因给付的请求返还之诉（condictio ob causam datorum）。

（4）清债后的请求返还之诉（condictio liberationis）。如果债务人在其债务被免除后因不知晓而继续实行清偿，他可以通过此种诉讼要求返还已给付的钱财。

（5）债因消失后的请求返还之诉（condictio ob causa finitam）。如果某人据以实行给付的债因已经消失，该人可通过此种诉讼要求返还已给付的钱财。例如，某人在病重时实行了死因赠与（donatio mortis causa），后来病情缓解，该人可以没有发生死亡为由请求返还以死因赠与名义已预先给付的钱财。

（6）因受讹诈的请求返还之诉（condictio ob iniustam causa）。如果给付是基于非法原因而实行的（例如，导致债关系的要式口约是在受到胁迫的情况下缔结的），给付人可通过此诉讼要求返还已给付的钱财。

（7）因秽行的请求返还之诉（condictio ob turpem causam）。如果给付是基于接受方的不道德行为而实施的，给付人可通过此诉讼要求返还已给付的钱财。这里所说的“基于接受方的不道德行为而实施的”给付也包括为了诱导接受方不实施违法行为而实行的给付。

（8）要求返还被窃物之诉（condictio ex causa furtiva）。在此种诉讼中，原告可要求他人向自己返还曾合法拥有，后因盗窃而失去的财物。此诉讼也可针对盗窃人的继承人提起。

第四节　准契约之债的其他形式

除无因管理和不当得利之外，还有一些其他的情况产生当事人之间的债关系，而这种债关

---

① 乌尔比安语，载 D. 12，6，1pr.（《民法大全选译/契约之债与准契约之债》，305 页）。

② D. 12，6，1，1（《学说汇纂》，第 12 卷 · 请求返还之诉，139 页）。

系既不是或者不完全是因预先达成的契约而产生的，更不是因私犯行为而导致的。从一定意义上讲，它们是由法律根据公平原则而确定的。优士丁尼《法学阶梯》明确地将下列情况纳入准契约之债的范畴。

(1) 监护人与被监护人之间的权利与义务关系。这种关系虽然不是通过契约加以调整的，但却接受基本的民事公正原则的调整。在一定程度上，它与在无因管理中的情形相似。监护人行使职责时必须遵守诚实信用的原则，以必要的勤谨注意经管被监护人的有关事务，同时也依法享有相应的权利。监护人“不是根据非行（ex maleficio）承担责任，而被认为是根据准契约承担责任。然而在这种情况下，诉权是相互的。事实上，不仅被监护人对监护人享有监护之诉，而且监护人也对被监护人享有监护［之诉］的对待诉权，如果他为被监护人的财产发生了某些费用，或为被监护人受债之约束，或把自己的财产抵押给了被监护人的债权人”①。

(2) 共同所有人之间的权利与义务关系。这种关系在相当程度上类似于合伙，但往往又不像合伙那样是通过合意契约加以调整的。每个共有人都有义务为共同利益履行一定的行为和承担一定的费用，同时也拥有权利获得产生于共同所有权的利益并且为此而行使自己的诉权。“从严格意义上讲，这种债不被认为是根据契约缔结的，因为他们之间未订立任何契约。但由于他们不是根据非行承担责任，因而被认为是根据准契约承担责任。”② 优士丁尼《法学阶梯》还特别指出：对于共同继承人在处置和分割遗产时的相互关系，适用同样的法则。③

(3) 继承人与受遗赠人之间的权利与义务关系。这种关系主要是要求继承人依照被继承人的遗嘱向受遗赠人履行给付受赠物的义务。“严格地说，继承人也不被认为根据契约就偿付遗赠物受债之约束（事实上，不能在严格意义上说，受遗赠人与继承人或死者订立了任何交易）。然而，由于继承人不是根据非行受债之约束，他被认为根据准契约承担义务。”④

① 优士丁尼 I.3，27，2。
② 优士丁尼 I.3，27，3。
③ 参见上书。
④ 优士丁尼 I.3，27，5。

第二十一章
私犯之债

第一节　私犯：基本概念

私犯（delictum）也被称为恶行或非行（maleficium），是指侵犯私人权益的违法行为，即侵权行为。与私犯相对应的是公犯（crimen），后者是指侵犯共同体利益并且由公共权力机关科处刑罚的犯罪行为。在最初的社会，犯罪行为是不区分公犯和私犯的。随着国家权力的确立和民事法律关系的发展，一部分犯罪成为国家打击和惩处的对象，即所谓的公犯，另一部分犯罪则变成导致民事责任的债渊源，即所谓的私犯。

私犯，作为债的发生根据之一，使加害者对受害者负债，即负有赔偿的义务。“事实上，所有的非行之债都产生于事件（ex re），换言之，产生于事件本身，例如产生于盗窃、抢劫、损害或侵辱。”[①] 古典罗马法把私犯的主要类型确定为四种，即盗窃（furtum）、抢劫（rapina）、非法损害（damnum iniuria）、侵辱（iniuria）。

对私犯行为的追究程序由受害者个人予以启动，并且有关的制裁措施主要表现为对受害者的赔偿或对损害结果的弥补。而对公犯的审判和惩处则是由国家主动提起的，最初是通过民众会议（comitia）进行的，后来则通过刑事法庭（quaestiones）进行，其制裁主要表现为身体刑。

产生于私犯的诉讼区分为罚金之诉（actio poenalis）、索回物之诉（actio rei persecutoria）和混合诉讼（actio mixta）。在有关诉讼中，数个共同行为人中的每一人对同一私犯行为均承担连带赔偿责任。“诉权，尤其是罚金诉权，就同一事件竞合时，绝不相互吸收。”[②]

产生于私犯之债的责任因行为人死亡而消灭，也就是说，有关的法律责任一般不向责任人的继承人转移。“实际上有这样一条非常明确的法律规则：因非法行为，比如盗窃、抢劫、非法损害等而产生的罚金之诉的诉权，不针对继承人行使或者被一般地授予。但是，继承人享有这样的诉权并且不被禁止提起诉讼，除非涉及的是侵辱之诉以及其他类似的诉讼。”[③] 盖尤斯在此提到的后一类诉讼也被称为当事人间的报复性诉讼（actiones vindictam spirantes），这样的诉权不向受侵害者的继承人转移，因而，如果受侵辱者死亡或者实施侵辱者死亡，此种诉讼就再不能提起。

---

① 优士丁尼 I. 4，1pr.。

② 乌尔比安语，载 D. 50，17，130 [《民法大全选译/债　私犯之债（Ⅱ）和犯罪》，4 页]。

③ 盖尤斯 I. 4，112。

第二节 损害投偿

在罗马社会，如果私犯行为是由他权人（例如奴隶或“家子”）实施的，对该行为人享有支配权的人（主人或“家父”）将承担相应的损害赔偿责任。解决上述损害赔偿责任问题的一个主要做法是实行损害投偿（noxae deditio）。

所谓损害投偿是指在奴隶或“家子”对他人造成侵害（noxa）的情况下，主人或“家父”将实施了侵害行为的奴隶或“家子”移交给被害人或其所属共同体，以此方式避免遭受受害方的报复并且摆脱进一步的赔偿责任。实际上，损害投偿使对行为人享有支配权的人的责任受到限制，“允许我们交出违法行为人的身体本身来避免［支付］讼额估价”①。需要说明的是，从古典法时期开始，人们开始对“家子”限制适用损害投偿，到了优士丁尼法时期，损害投偿制度只适用于奴隶；对于实施了违法行为的“家子”，可以直接提起诉讼。

当然，实行损害投偿以主人或“家父”对有关的私犯行为不知情为条件，“如果奴隶在主人明知的情况下杀人，主人负全部责任，因为主人本人被视为杀了人”②。即使主人将实施了违法行为的奴隶加以转让或者解放，或者该奴隶死亡，该主人仍要承担全部责任。

损害赔偿责任跟随人身（noxa caput sequitur），也是罗马债法中的一项原则，这意味着：在奴隶实施了私犯行为的情况下，如果对该奴隶享有支配权的人将该支配权转让于他人，损害赔偿责任也随之而转移，在有关诉讼提起时对被转让的奴隶取得支配权的人将承担损害赔偿责任。“如果奴隶现在在我手中，就算他在实施不法行为时不在我手中，我承担责任。如果［在我死后］加害人仍活着，我的继承人也承担责任。”③ 如果在诉讼时奴隶已获得解放，产生于私犯之债的责任由该人自行承担。④

损害投偿的原则曾经也适用于由家养牲畜造成的损害，也就是说，主人可以通过交出造成损害的牲畜避免进一步的赔偿义务。“如果四足动物被主张实施了牲畜损害（pauperies），诉权来自十二表法。该法规定，要么给付那个造成损害的，即那个实施了损害的动物；要么提供所造成的估价价值。”⑤

第三节 盗 窃

盗窃（furtum）是私犯的主要形式之一，表现为以获利为目的，欺诈地窃取他人的物品，或者非法使用或侵吞经他人同意而暂时持有的该他人物品。盗窃的基本构成要件如下。

（1）主观上具有欺诈性意图（dolus malus）和获利意图（animus lucri faciendi），即故意地违背合法权利人的意愿并且以从被窃物中获取利益为目的将物据为已有。“正确地说：认为所有人同意自己取得某物的人，不是窃贼”，“只有那些知道自己违反所有人的意志攫取物的人，

① 盖尤斯语，载D.9，4，1［《民法大全选译/债 私犯之债（Ⅱ）和犯罪》，116页］。

② 乌尔比安语，载D.9，4，2pr.（同上书，116页）。

③ D.9，4，7pr.（同上书，118页）。

④ 参见D.9，4，6（同上书，117页）。

⑤ D.9，1，1pr.（同上书，40页）。

才是窃贼。”① 需要指出的是，这里所说的“合法权利人”不仅是指所有主，还包括其他合法享有物权的人，例如，承租人、受寄托人、质押债权人等；甚至“所有人偷走他人对之享有用益权的物，他要对用益权人承担盗窃之诉的责任”②。

（2）客观上实施了窃取行为。这里所说的“窃取”是广义的，“不仅出现在为窃取他人物品而将其拿走的情况中，而且也出现在违背所有主的意愿染指（contrectatio）其物品的情况中”③。这后一类情况包括：承揽人违背委托人的意愿使用需要加工的物品；使用借贷中的借用人违反约定的用途或条件使用被借用物；受寄托人违背所有主意愿非法使用由其保管的物品等，此类情形也被称为窃用（furtum usus）；还有一种形式叫窃占（furtum possessionis），表现为某人窃取由他人合法占有的、原属于自己的财物，例如，出质人窃取由质权人占有的质物，或者表现为持有人拒不向所有主返还临时由其持有的物品。

盗窃的对象为可动物（res mobiles），自由人也可以成为盗窃行为的对象。根据一般的观点，不动物不能构成盗窃的对象。

罗马法将盗窃分为现行盗窃、非现行盗窃、查获盗窃、转移盗窃和拒认盗窃。

现行盗窃（furtum manifestum）是指在实施行为时被当场抓获的盗窃。关于“当场抓获”，罗马法学家有着不同的理解。一般认为，只要窃贼在没有离开行窃现场时被抓住，就属于当场抓获；还有的观点认为，如果在路上发现窃贼携带着被窃物，也可以认为是当场抓获。对于现行盗窃，处以4倍的罚金。

非现行盗窃（furtum nec manifestum）是指不是被当场抓获的盗窃。对于非现行盗窃，处以2倍的罚金。

查获盗窃（furtum conceptum）是指当着见证人的面对嫌疑人的处所进行搜查并且发现了被窃物的情况。对于查获盗窃，处以3倍的罚金。

转移盗窃（furtum oblatum）是指某人为他人隐藏或者保管被窃物并且该被窃物从该人处所中查获的情况。对于转移盗窃，处以3倍的罚金。为他人隐藏或者保管被窃物的人，可以针对交物人提起转移盗窃之诉（actio oblati），即使后者不是窃贼。

拒认盗窃（furtum prohibitum）是指某人拒绝他人对其处所进行搜查以核实是否藏有被窃物，并且在对该处所的强制搜查中最终查获被窃物的情况。对于拒认盗窃的处罚是4倍的罚金刑。

第四节　抢　劫

抢劫（bona vi rapta）是指使用武器或暴力窃取他人财物的私犯行为。从广义上讲，可以认为属于一种严重的盗窃；但是，暴力的使用使抢劫区别于盗窃。“正如尤里安所认为的：在我获得占有的过程中实施了暴力的人不是贼，尽管抢劫者被看作更下流的贼”④；而盗窃的特点在于采用秘密方式窃取，“拉贝奥说，盗窃（furtum）一词源于furvo，就是‘黑暗’，［因为］盗窃、隐匿［行为］通常在夜间发生”⑤。

---

① 乌尔比安语，载D. 47，2，46，7［《民法大全选译/债　私犯之债（Ⅱ）和犯罪》，62页］。

② 保罗语，载D. 47，2，15，1（同上书，59页）。

③ 盖尤斯I. 3，195。

④ D. 4，2，14，12［《民法大全选译/债　私犯之债（Ⅱ）和犯罪》，8页］。

⑤ D. 47，2，1pr.（同上书，54页）。

关于暴力（vis），在私犯问题上应作广义的理解，它是指对有关当事人能够造成胁迫（metus）效果的外来强力影响，既可以表现为精神上的，也可以表现为身体上的，前者一般被称为心理强制（vis animo illata），后者则被称为人身强制（vis corpori illata）。"胁迫是因现在的或将来的危险使心灵恐惧"；"通过野蛮暴力所做的一切，也被看作在胁迫下所做的"①。由于抢劫所要求的暴力是一种胁迫的效果，所以，结伙或者聚众实施窃取行为也可能构成抢劫，因为这可能给事主造成恐惧。如果某人纠集多人共同实施行为，"不论被聚集的人是武装的还是手无寸铁的"②，都将被认为是在实施暴力，从而将按照抢劫行为承担责任。

如果非法窃取行为是趁事主处于危难之时（例如，在火灾、搁浅或者建筑物坍塌之时）实施的，即使行为人未使用武器或暴力，同样构成抢劫。"不仅抢劫的人，而且从上面写到的事件中收受［物］的人，也承担责任，因为收受者的犯法，不小于侵犯者。"③

对于抢劫可提起的诉讼叫做暴力抢劫之诉（actio vi bonorum raptorum），在优士丁尼时期，这是一种混合诉讼（actio mixta），也就是说，行为人既在索回物之诉（actio rei persecutoria）中承担返还责任，又在罚金之诉中承担交纳数倍罚款的责任。"抢劫物的人，既按非现行盗窃之诉承担双倍罚金的责任，又按以暴力抢夺财物之诉承担四倍罚金的责任。"这种产生于数种诉讼的责任是补充性的，"如果提起了盗窃之诉，不得驳回抢劫之诉，以便能在该诉中得到多出的罚金"④。

第五节 侵 辱

侵辱（iniuria），罗马法中私犯的主要形式之一，表现为通过行为或语言在身体上或精神上对他人造成非法侵害。在中文的罗马法译著中，此种私犯形式也被表述为"不法侵害"，因为"所谓的不法侵害，来自缺乏合法性和正义的事情，相当于违法（non iuriam）"⑤。

《十二表法》列举了三种不同程度的侵辱情形：（1）断肢（membrum ruptum）；（2）折骨（os fractum）；（3）简单侵辱（比如殴打）。⑥ 随着裁判官法的发展，侵辱的概念获得较为宽泛的扩展，涵盖了各种各样对人身权利的侵犯行为，无论是对身体健康、名誉的侵犯，还是对社会尊严的侵犯。

侵辱的主观要件是故意，即侵辱意愿（animus iniurandi）。因此，那些不具有诈欺能力的精神病人和心理发育尚不成熟的未适婚人不可能成为侵辱行为的主体，"事实上，由于不法侵害由行为人的意愿构成，说这些人不论是打了人还是说了谩骂的话，都不被认为实施了不法侵害，是合乎逻辑的"⑦。同样，"如果某人开玩笑地打人或在竞赛中打人，他不对不法侵害之诉承担责任"⑧。

侵辱的客观表现是多种多样的，例如，对他人造成伤害或者进行殴打；对他人进行辱骂，

---

① D.4，2，1［《民法大全选译/债 私犯之债（Ⅱ）和犯罪》，5页］。
② D.47，8，2，7（同上书，81页）。
③ D.47，9，1pr.；D.47，9，3，3（同上书，88、91页）。
④ 保罗语，载D.47，8，1（同上书，79页）。
⑤ 乌尔比安语，载D.47，10，1pr.（同上书，93页）。
⑥ 参见《十二表法》，第8表，第2、3、4条。
⑦ 乌尔比安语，载D.47，10，3，1［《民法大全选译/债 私犯之债（Ⅱ）和犯罪》，96页］。
⑧ D.47，10，3，3（同上书，97页）。

“说脏话”[①]；侮辱死者的尸体或画像；为败坏他人名誉，“写作、编辑、出版涉及他人的流言蜚语的书籍”[②]；以暴力闯入他人住宅，“不论某人是住在自己的房子里，还是住在租来的或被免费提供的房子里，抑或是住在作为客人被接纳的房子里”[③]；试图诱奸他人，“不论被诱奸的是女性还是男性，是生来自由人还是解放自由人”[④]。

侮辱也区分为直接的和间接的，前一种直接针对特定人，后一种则针对与特定人有密切关系的人（如亲属）。“有时从一个不法侵害中产生三种人的不法侵害诉权，而且任何人的诉权都不被其他人的诉权吸收。例如，我的妻子，也是家女，她遭受了不法侵害，我、她的父亲和她本人，都开始享有不法侵害之诉权。”[⑤]

在早期社会，对于侮辱可通过同态复仇（talio）的方式进行报复，后来则由受害方提起侮辱之诉（actio iniuriarum），通过司法程序加以惩处。侮辱之诉以损害赔偿为主要后果，它通常还导致被告人不名誉。此种诉讼以善良和公平原则为基础，“所以，如果就侮辱已达成简约，或如果已达成了和解，或如果已以宣誓打消了侮辱，侮辱之诉都不成立”[⑥]。

第六节　非法损害

非法损害（damnum iniuria datum）表现为侵害他人财物或奴隶的私犯行为。《十二表法》没有规定这方面的笼统罪名，只列举了一些单个的侵害形式及其诉权保障，例如，动物损害之诉（actio de pauperie）、放牧损害之诉（actio de pastu pecoris）等。作为一项独立的和抽象的私犯形式，非法损害是由大约于公元前286年颁布的《阿奎利亚法》（Lex Aquiliana）规定的。

根据《阿奎利亚法》，非法损害应当具备以下构成要件。

（1）实际发生损害结果。这里所说的“损害”是指对财物的毁损，例如，杀死牲畜、伤害奴隶、毁坏庄稼、毁灭文件，等等。与侵辱不同，这里所说的损害不包括精神损伤，仅指通过行为人的身体活动对物体造成的损坏（damnum corpore corpori datum）。“该法用了‘损坏’一词，差不多所有以前的法学家都将其理解为‘毁坏’。”[⑦] 而且一般针对的是物，而不是人（在罗马法中，奴隶是物，而不是人）。“如果行为人实际并未把奴隶的价值减少或缩小其用途，则《阿奎利亚法》诉讼不予提起，而将以伤害诉讼提出请求。因为《阿奎利亚法》诉讼产生于每一造成了损害的损坏。”[⑧]

（2）侵害行为是非法的。“在此不可将‘不法’（iniuria）理解成伤害诉讼中的侮辱的一种，而要将其理解为某些不合法的东西，即违法作出的行为。”[⑨] 因正当防卫或者正当行使自己的权利而实施的行为不构成不法损害，因此，如果某人因遭受侵害威胁而杀死强盗，或者在击剑竞赛中将他人奴隶刺死，这些行为都不具有非法性，因而对之不适用《阿奎利亚法》。

---

① D. 47，10，15，21［《民法大全选译/债　私犯之债（Ⅱ）和犯罪》，103页］。
② D. 47，10，5，9；D. 47，10，15，27（同上书，98页）。
③ D. 47，10，5pr.；D. 47，10，5，2（同上书，97、98页）。
④ D. 47，10，9，4（同上书，99页）。
⑤ D. 47，10，1，9（同上书，95页）。
⑥ D. 47，10，11，1（同上书，110页）。
⑦ 乌尔比安语，载D. 9，2，27，13（《民法大全选译/债　私犯之债　阿奎利亚法》，米健译，25页，北京，中国政法大学出版社，1992）。“毁坏”的拉丁文是“rumpere”，意思是折断、碎、裂。
⑧ D. 9，2，27，17（同上书，26页）。这里所说的“伤害诉讼”（actio iniuriarum）就是“侵辱之诉”。
⑨ D. 9，2，5，1（同上书，6页）。

(3) 行为与结果之间存在因果关系。有关的损害结果必须是加害人的行为直接造成的。"杰尔苏认为，杀害或提供死因颇有区别。某个提供死因的人并不依《阿奎利亚法》负责，而是基于事实之诉负责。杰尔苏举了将毒药代替药品的例子，认为这就如同某人把一柄剑交给一个神经错乱者一样，提供一种死因：在此情况下这个人也不依阿奎利亚法诉讼负责，而基于事实诉讼负责"①。

(4) 行为人主观上具有故意或过失。与前面介绍的盗窃、抢劫、侵辱等私犯形式不同的是，前三种私犯要求必须以故意或诈欺为主观要件，而非法损害不仅可以因故意造成，而且可能因某种过失而导致。关于罗马法中"过错"的划分，我们将在下一节中具体论述。

针对非法损害的诉讼是由《阿奎利亚法》创设的阿奎利亚法诉讼（actio legis Aquiliae），此诉讼属于罚金之诉（actio poenalis）和索回物之诉（actio reipersecutoria）。该诉权最初只能由所有主行使，在后来的司法实践中，人们也允许善意占有人、用益权受益人、使用权受益人或质押债权人等人员采用扩用的方式提起仿效诉讼（actio ad exemplum）。

如果损害是由人们饲养的动物造成的，在动物主人无过错的情况下，该主人或者交出致损物，或者交付等同于损害价值的罚金；在主人有过错的情况下，则可以依照《阿奎利亚法》对其提起不法损害之诉。②

第七节　过　错

拉丁文 culpa 有两层含义：一层是广义的，指行为人主观上可受谴责性的程度，相对应的中文术语是"过错"；另一层是狭义的，指一种不同于故意的主观心理状态，主要表现为不同程度的疏忽，即勤谨注意（diligentia）的缺乏，相对应的中文术语是"过失"。

过错与法律责任紧密相关，这特别体现在私犯之债方面。表现为非法行为的过错，由于在责任方与受害方之间不存在契约关系，因而被称为契约外过错，并且主要由《阿奎利亚法》调整，也被称为阿奎利亚法过错（culpa aquiliana）。契约当事人（尤其是契约关系中的债务人）在履行有关的契约义务中表现出的过错则被称为契约过错。

过错的基本区分是故意和过失。故意（dolus）在民事法律的意义上也叫诈欺③，是过错当中最应受谴责的一种，因此，罗马法学家说："过失是一种重大疏忽，诈欺是一种重大过失。"④ 过失（culpa）涉及一系列比较复杂的区分标准，可以区分为重过失、轻过失和极轻过失。

重过失（culpa lata）是一种严重的疏忽，缺乏普通人本应具有的最起码的勤谨注意。按照乌尔比安的说法，这种过度的疏忽意味着"不明了所有人均明了的事情"⑤。因此，罗马法学家认为：从一定意义上讲，重过失等同于故意（culpa lata dolo aequiparatur），它将导致相当严重的责任。

轻过失（culpa levis）表现为未采用有条理的正常人对自己事务所给予的勤谨注意，"一个

---

① D.9，2，7，6（《民法大全选译/债　私犯之债　阿奎利亚法》，9页）。

② 参见 D.9，1，1pr.；D.9，1，1，4（《学说汇纂》，第9卷·私犯、准私犯与不法行为之诉，米健、李均译，3～5页，北京，中国政法大学出版社，2012）。

③ 参见本书第五章第八节。

④ 保罗语，载 D.50，16，226（《民法大全选译/契约之债与准契约之债》，463页）。

⑤ D.50，16，213（同上）。

谨慎的人能够预见和预防却没有预见和预防，或只是在危险已不可避免时方作出警告”①。这是一种较高的归责标准，在罗马法学家看来，上述“谨慎的人”或者说有条理的正常人的典型代表就是“善良家父”（bonus pater familias）。在罗马法中，上述以善良家父为参照系的轻过失往往被称为抽象过失（culpa in abstracto）。

在某些情况下，轻过失也可能表现为具体过失（culpa in concreto），其衡量标准不是善良家父的抽象模式，而是行为人自身的水平，即要求行为人对他人事务要表现出对待自己事务的勤谨注意（diligentia quam in suis）。因此，在判断某人是否缺乏这种勤谨注意时，必须具体分析他平常处理自己事务时的态度。但是，在任何情况下，这种具体标准不应严于善良家父的勤谨注意标准。专业人员缺乏起码的技术或者违反基本的专业规则也可能构成具体过失，“如果为你的奴隶动手术的医生忽略了治疗，而奴隶因此死亡，该医生有过失”②。

极轻过失（culpa levissima）是一种极为严格的过失责任标准，根据这一标准，任何稍微的疏忽都可能使行为人承担由此而产生的违约或侵权责任。“在《阿奎利亚法》中最轻微的过错也予以考虑”，比如，主人未有效地制止自己的奴隶杀人。③

---

① 保罗语，载 D. 9，2，31（《民法大全选译/债　私犯之债　阿奎利亚法》，35 页）。

② 优士丁尼 I. 4，3，6。

③ 参见 D. 9，2，44；D. 9，2，45（《民法大全选译/债　私犯之债　阿奎利亚法》，42 页）。

第二十二章

准私犯之债

第一节 公共场所致害

准私犯（quasi delictum）是优士丁尼法认定的一种债根据类型，它与契约无关，表现为与私犯（delictum）相似，但其主观过错程度较低的非法行为，例如以下两种情形。

一是落下物或投掷物致害（effusum et deiectum）。如果从建筑物中落下或者投出的任何物品在公共场所造成损害，无论该建筑物的住户是否具有过错，均可对其提起诉讼，要求其给予双倍的损害赔偿。如果上述行为造成某一自由人死亡，则任何市民均有权提起民众诉讼（actio popularis），要求对责任人给以50金币的处罚。

二是放置物或悬挂物致害（positum et suspensum）。如果从建筑物的阳台或者房顶掉下来的物品对公共道路或公共场所中的行人造成损害，对于该建筑物中的居住者可提起诉讼，要求其对此准私犯行为承担赔偿责任。此诉讼最初曾属于民众诉讼，也就是说，任何市民均有权提起此诉讼。

对上述两种情形的追究体现了法律对公共场所人身安全的特别保护，“因为在道路和行走中没有恐惧和危险，是公共福利之所在”①。这里所说的公共场所是广义的，“事实上，不论是公共地方还是地道的私人地方，只要人们经常通行，应没有什么两样，因为被考虑的是行人，而不是专门考虑公共道路”②。

产生于上述两种情形的责任应由投掷、倾倒、放置或悬挂行为的实施者或者有关房屋的居住者承担，而不一定是由房屋的主人承担。“如果许多人居住在从中抛出物的同一所房子，这一诉权被授予对抗其中任何一人”③。在这样的情况下，无辜者实际上被要求证明自己未实施有关的行为。

值得注意的是，产生于放置物或悬挂物致害的责任还涉及可能造成损害的危险状态。“裁判官说：‘其坠落可能造成损害。’此语表明：不是一切被放置的物，而是被放置得可能造成损害的物，才是裁判官所考虑的，为的是避免可能造成的损害”；“对一切可能造成损害的东西适用这一告示。不管被放置的东西有没有造成损害，放置的人，一律承担责任”④。

因上述准私犯行为而产生的责任主要以造成或者可能造成损害的客观事实为依据，“不必注意（adjicere）过错和［被告的］抵赖”⑤。一些现代罗马法学家由此认为：“在准私犯责任的

---

① 乌尔比安语，载D.9，3，1，1［《民法大全选译/债 私犯之债（Ⅱ）和犯罪》，43页］。

② D.9，3，1，2（同上书，44页）。

③ D.9，3，1，10（同上书，45页）。

④ D.9，3，5，11（同上书，48页）。

⑤ D.9，3，1，4（同上书，44页）。

某些前提中，我们看到了被简单地加以说明的、可能包含着无过错责任，甚至无行为责任之含义的实例。”①

第二节　审判员误判致害

审判员误判致害（iudex qui litem suam fecerit）表现为审判员为了个人利益或者由于过失而对争议作出错误的或不公正的裁决，或者违背了自己的义务。“严格说来，他不被认为因非行受债之约束。但由于他也并非因契约受债之约束，而无论如何，就算是由于无知，他不被认为犯了某种罪行。因此，他被认为因准非行承担责任，他将承受裁断人依良心就该案看来公正的罚金”②。

拉丁文“litem suam facere”的本义是“卷入自己审理的案件”，实际上，这种私犯形式既可能因故意而导致，也可能因过失而导致。“在承审员以恶意诈欺曲解法律作出判决（如果他的偏惠、敌意甚至污行被可信地揭发出来，他被认为以恶意诈欺做了这样的事）的情况下，他被认为已使自己陷入案件中。”③ 在某些情况下，审判员也可能“因为轻率”④ 作出了错误的判断或者使自己丧失了超脱于当事人私利的公允立场，从而造成严重的裁判不公。

对于实施了上述准私犯行为的审判员，受害人可以提出追究误判致害审判员之诉（actio adversus iudicem qui litem suam fecerit），要求获得罚金。

第三节　其他准私犯形式

根据优士丁尼法和古典法学理论的划分，下列行为也属于准私犯的范畴。

（1）船长、旅店主或客栈主对其雇员违法行为的责任。如果船长、旅店主或客栈主所雇用的人针对顾客实施非法侵害行为（例如盗窃或欺诈），虽然船长、旅店主或客栈主本人与该非法行为没有联系，也可能被提起针对船长、旅店主或客栈主的诉讼（actio contra nautas, caupones, stabularios）。“事实上，也不是根据契约授予这一诉权对抗他，由于使用恶人工作，被告有某种过错，因而他被认为根据准非行（quasi ex maleficio）承担责任。”⑤

（2）测量人作假。当为解决不同当事人之间就土地划界问题发生的争议而指定某一测量人进行仲裁时，如果该测量人在测量中故意作假，该作假行为也属于罗马法中的准私犯，受到损害的一方可以对之提起追究测量人作假之诉（actio adversus mensorem qui falsum modum dixerit）。

（3）腐蚀奴隶（corruptio servi）。这种准私犯表现为教唆他人的奴隶偷窃、逃跑。“如果奴隶正要逃跑或正要实施盗窃，而某人对这样的意图表示了赞扬，他要承担责任，因为不应以赞

---

① ［意］桑德罗·斯奇巴尼：《为〈民法大全选译/债　私犯之债（Ⅱ）和犯罪〉一书撰写的“说明”》（同上书，2页）。

② 优士丁尼 I.4，5pr.。

③ 乌尔比安语，载 D.5，1，15，1［《民法大全选译/债　私犯之债（Ⅱ）和犯罪》，38页］。

④ D.50，13，6（同上书，39页）。

⑤ 优士丁尼 I.4，5，3。

扬增加恶。因此，不论是把好奴隶变坏还是把坏奴隶变得更坏，都被认为是腐蚀奴隶。”① 奴隶的主人可以对腐蚀者提起腐蚀奴隶之诉（actio servi corrupti），要求其支付两倍于实际损害的罚金。

（4）侵犯陵墓。“裁判官说：‘对被主张以其恶意诈欺侵害坟墓的人，我将授予事实诉权对抗他，他将被判处从该案事实看来公平的金额给有关人……’”② 陵墓的所有主针对侵犯者提起的诉讼叫作侵犯陵墓之诉（actio sepulchri violati），审判员可根据具体情况自由裁量罚金的数额。如果陵墓的所有主未针对侵犯者提起，则任何公民均有权提起此诉讼，从而使之变为民众诉讼（actio popularis），并且可对侵犯者处以高额罚金。

（5）包税人侵占行为。所谓“包税人”（publicanus）是指那些承包税务征收活动的个人，他们一般先向国家垫付纳税人应缴纳的税款，然后再按照高于纳税标准的数额向纳税人收取税款，从中获取一定的差额。如果包税人违反法律的相关规定将纳税人的财物据为己有，也被认为属于准私犯行为，可对之提起针对包税人的诉讼（actio contra publicanum）。“公开或者秘密地非法获得钱款，应双倍返还因违法行为而遭受损害的人，但那些以暴力方式被掠夺的部分应以三倍的方式返还。”③

本编思考题

1. 罗马人为什么称债为“法锁”？
2. 优士丁尼将债的发生根据归纳为哪四大类原因？
3. 什么是自然债？它在哪些情况下可以受到法律保护？
4. 什么是给付不能？罗马法为此规定了什么规则？
5. 债关系在哪些情况下可以解除？
6. 债的消灭方式有哪几种？它们的表现形式和适用条件是什么？
7. 在罗马法中债的担保方式有哪些？
8. 契约的核心是什么？它有哪四种基本的缔结方式？所产生的典型契约有哪些？
9. 为什么说买卖是一种双务合意契约？它要求哪些基本要件？
10. 罗马法的租赁契约具有哪三种不同形式？
11. 什么是无名契约？它包括哪些主要形式？
12. 罗马法的“简约”具有哪些不同于契约的特点？它可产生什么样的法律效力？
13. 什么是“准契约”？它的主要表现形式是什么？
14. 什么是私犯？它的主要表现形式有哪些？
15. 与私犯有关的过错形式有哪些？罗马法对过失有什么样的分类？
16. 什么是“准私犯”？它的主要表现形式是什么？
17. 对于某些准私犯，在过错问题上可能适用什么特殊标准？

---

① 乌尔比安语，载 D. 11，3，1，4（《民法大全选译/债 私犯之债（Ⅱ）和犯罪》，50 页）。

② D. 47，12，3pr.（同上书，111 页）。

③ 保罗语，载 D. 39，4，9，5（《民法大全选译/公法》，46 页）。

第六编

继承法

第二十三章 一般规则

第一节 遗产继承的概念

从一般意义上讲，继承或者叫继受（successio）是指法律关系主体的更迭和接替，可分为概括继承（successio in universum ius）和个别继承（successio in singulas res）。概括继承表现为某一主体接替另一主体享受和承担其原有的全部法律关系，即所有的权利和义务，实质上它是法律地位的继受；个别继承则是针对某一特定的权利或义务或者某一单项财物的继受。

继承的另一个基本划分是死因继承（successio mortis causa）和生者间继承（successio tra vivi）。前者是指在被继承人死亡的情况下其遗产向他人的转移；后者发生在活着的当事人之间，表现为某一主体接替另一主体享受和承担一切其原有的权利和义务，例如，自权人收养和妇女归顺夫权。

在继承当中最具有意义的范畴是遗产继承，在罗马法中，它比较典型地表现为概括的死因继承。“遗产继承（hereditas）不是别的，而是对已故者的权利的概括承受（successio in universum ius）。”①

从广义上讲，遗产继承也可能表现为个别继承的形式，例如接受对某物的遗赠，但是，在罗马法中，“遗产继承”与“遗产”均可用同一个术语 hereditas 加以表示，而“遗产”是个概括的概念，指被继承人遗留下来的财物和法律关系的总和。“遗产自身包括增加和减少的状态”②，也就是说，包括所有的财产、债权和债务。“无疑，‘遗产’（hereditas）一词中还包括‘消极遗产’（damnosa hereditas）在内”③，即所谓负债遗产，它对于继承人构成负担。

遗产继承可以通过遗嘱继承或者无遗嘱继承的方式实现，从广义上讲，还可以通过接受遗赠或者实行遗产信托的方式实现。关于这四种遗产继承方式，我们将专章分别予以论述。

第二节 遗产继承的限度

既然遗产继承被理解为是对已故者法律地位的接替，继承人将享有并承担被继承人原有的权利和义务，那么在继承人的财产与被继承人的财产之间就会发生合并。在这种情况下，如果

---

① 盖尤斯语，载 D.50，16，24（《民法大全选译/婚姻 家庭和遗产继承》，235 页）。

② 乌尔比安语，载 D.50，16，178，1（同上书，237 页）。

③ 彭波尼语，载 D.50，16，119（同上书，235 页）。在中文译著中，damnosa hereditas 一语有时也被表述为“负债遗产”或者“损益遗产”。

被继承的是负债遗产，将导致继承人承受超过遗产收益的（ultra vires hereditatis）负债。为了避免这种不公平的遗产继承后果，罗马法为继承人创设了下列照顾性制度，以保护继承人不因继承死者过重的债务负担而损失自己原有的财产，并且确立了这样一项原则："遗嘱人的债权人不能用继承人自己的财产进行债务清偿。"①

（1）财产清单照顾（beneficium inventarii），是由优士丁尼法创设的一种照顾，其目的在于保障继承人在被继承人的资产范围内承担遗产债务。在适用此种照顾时，继承人可以要求将被继承人的财产与本人的财产区分开来；自得知继承指命（delatio）后的30日内开始，在公证人的参与下，对被继承人的遗产进行清点，并且登记造册。"继承人按照上述规定书写清单，他们可以没有风险地接受遗产并可以对抗受遗赠人适用《法尔其第法》的照顾。这样，继承人仅基于死者转给他们的遗产，对遗产债务承担责任。"②

对遗产的清点一般应在60日内完成；如果继承人的居住地远离主要遗产所在地，清点期限可延长至1年。被继承人的债权人以及受遗赠人也参加对遗产的清点；如果不能参加，则应有3名见证人参加。继承人应当在财产清单上签字，并对其合法性作出保证。

（2）弃权照顾（beneficium abstinendi），是由裁判官法创设的照顾性制度，它允许自家继承人（heredes sui）放弃继承资不抵债的遗产，从而避免接替被继承人（de cuius）的债务人地位。在适用此照顾制度的情况下，上述自家继承人仍然保留着继承人的身份，但不继受任何财产性利益或负担；"裁判官允许他们放弃遗产继承，以便遗产拍卖更像是针对其父亲"③，因此，从一定意义上讲，这种弃权照顾更为注重的是对被继承人名誉的保护；遗产以被继承人的名义加以变卖，以便清偿债务。

（3）分离照顾（beneficium separationis），是为必要继承人（heredes necessarii）设立的一种照顾制度。由于必要继承人往往是被继承人在遗嘱中予以解放的奴隶，因而不能像自家继承人那样享受弃权照顾。为了维护其财产利益，允许把他们在被解放后取得的财产同他们必须继承的损益遗产（damnesa hereditas）分离开来；"在庇主死后由自己取得的东西，无论是在遗产拍卖之前还是之后取得的，均由其自己保留"④。在实行这种分离后，被继承人的债权人就不能再对应归必要继承人所有的财产提出清偿要求。

第三节 继承人

继承人（heres）是指根据被继承人（de cuius）的遗嘱或者依据法律，继受前者整个财产或者其中某一份额的人。其中，概括地继受被继承人的全部财产者，实际上完全接替了死者原有的法律地位，是传统罗马法中最纯正意义上的继承人，被称为全部遗产继承人（heres ex asse）；而与其他继承人共同继受被继承人的遗产并且每个人只取得该遗产中一份者，被称为部分遗产继承人（heres ex parte）。在罗马法中，继承人区分为自家继承人、必要继承人和家外继承人。

自家继承人（heredes sui），指罗马法中第一顺序的继承人，例如：死者的子女，包括养子

① 乌尔比安语，载D. 42，6，1，17（《民法大全选译/婚姻　家庭和遗产继承》，507页）。

② C. 6，30，22，4（同上书，491页）。关于此段谕令中提到的"《法尔其第法》的照顾"，请参见本书第二十六章"法定继承份额"一节。

③ 盖尤斯 I. 2，158。

④ 盖尤斯 I. 2，155。

和父亲去世后10个月内出生的遗腹子。“人们之所以称他们为自家继承人是因为：他们是家庭内部的继承人，而且在其父亲活着时他们也在一定意义上被视为主人；因而，即便某人死亡时未立遗嘱，他的子女也首先享有继承的资格。”[①] 他们即使对继承事宜不知情或者不愿意接受继承（aditio hereditatis），也当然地成为继承人。

必要继承人（heredes necessarii），指“随着解放而被设立为继承人的奴隶，之所以这样称呼是因为，无论他愿意还是不愿意，在遗嘱人死后，他都将立即被解放并且成为继承人”[②]。如果在遗嘱中被设立为继承人的是处于即将死亡者支配权下的直系卑亲属（即前述自家继承人），他们则被称为自家必要继承人（heredes sui et necessarii）。此种继承人同样无权决定是否接受继承，自继承指命（delatio）确定之时起就当然地取得遗产。

家外继承人（heredes extranei），指由被继承人在无必要继承人情况下设立的继承人。“那些不处于我们支配权下的卑亲属，在被我们设立为继承人后，也同样被看作家外继承人”[③]。由于“家外继承人被赋予就接受遗产继承或者不接受遗产继承作出决定的权利”[④]，因而他们有时也被称为自愿继承人（heredes voluntarii）。

第四节　继承的接受和放弃

我们前面谈到，对于自家继承人和必要继承人来说，遗产继承是自动的和义务性的；无论是否愿意，他们都将随着被继承人的死亡而直接依法变为继承人。而对于其他获得继承指命（delatio）的人来说，则需要其表示是否愿意接受遗产继承。实际上，在有的情况下，遗嘱人在将“自家人”（suus）设立为继承人时可以使用“如果愿意的话”（si volet）这样的条件句，允许该人根据其意愿选择是否接受继承。

表示接受继承（aditio hereditatis）的人应当具备行为能力，精神病人和幼儿无权作出此表示；被监护人在接受继承时应当获得监护人的准可；奴隶和“家子”为接受继承须得到主人或“家父”的指令。接受继承是不能附条件的，“假如有人这样说：‘如果遗产是有支付能力的遗产，那么我接受继承’，这种对遗产的接受不存在任何法律效力”[⑤]。接受继承也不能是部分的，“能够获得全部遗产的人，不能将遗产分割开以便于仅接受部分遗产”[⑥]。对于部分接受继承的表示，可以理解为是在全部接受继承。

接受继承的意愿可以通过以下两种方式加以表示。

一种方式是在遗嘱人确定的期限内声明接受遗产，即所谓限期决定继承（cretio）。它要求被设立的继承人在规定的期限内当着7名见证人的面作出接受继承的决定。这种制度分为连续的（continua）和普通的（vulgaris）：当有关期限是从被继承人死亡之时开始计算时，被称为连续的限期决定继承；当期限是从某人知晓自己被设立为继承人之时开始计算时，则属于普通的限期决定继承。一般来说，裁判官为此“所给予的期间不得少于一百天”[⑦]。在此期限届满

① 盖尤斯 I.2，157。
② 盖尤斯 I.2，153。
③ 盖尤斯 I.2，161。
④ 盖尤斯 I.2，162。
⑤ D.29，2，51，2（《民法大全选译/婚姻　家庭和遗产继承》，485页）。
⑥ 保罗语，载 D.29，2，1（同上书，485页）。
⑦ D.28，8，2（同上书，499页）。

后，即推定未发表上述声明的继承人拒绝接受继承。

另一种方式是被指命者以继承人名义经管（pro herede gestio）了遗产，从而表明已接受遗产继承。“就‘继承人经管’而言，重要的不是他的进行具体活动的行为，而是他进行这种活动时的想法，因为他进行经管活动时应有以继承人身份为之的想法。相反，如果他出于仁慈或是出于保管财产的目的，不是以继承人身份而是以其他权利享有者的身份进行了某些活动，这显然不是‘继承人经管’。”① 聋哑人可以通过以继承人经管的方式直接接受遗产继承。

除自家继承人和必要继承人以外，其他继承人，无论是由遗嘱指命的还是在无遗嘱情况下依法指命的，有权不接受继承指命，并且“在作出［与接受继承］相反决定的情况下被立即排除在遗产继承之外”②。即使是自家继承人，也可以通过弃权照顾制度实行对遗产继承的实际放弃。

第五节　代位继承

罗马法原则上认为：如果被指命的继承人死亡，尚未由该继承人接受的遗产不向该继承人的继承人转移；但是，在某些特殊情况下，遗产继承是可以向被指命者的继承人转移的，这叫作继承指命的转移（delationis transmissio），或者称为代位继承（successio in locum）。

代位继承既可能发生遗嘱继承当中，也可能发生在无遗嘱继承（或法定继承）当中。它的适用条件一般为：第一，被指命的继承人死亡；第二，为决定是否接受遗产继承所规定的“考虑期”尚未经过；第三，代位人应当是被指命者的直系卑亲属或者尊亲属。“不同顺序的儿子所生之孙子女，通过无遗嘱继承对祖父的遗产实施继承，他们不是按每个人的份额进行继承，而是要在他们代位的范围内进行继承。”③

最初的代位继承制度是作为对被宣告恢复原状者的补救措施而出现的，例如，某人被指命为继承人，但因某种法定原因而丧失了接受继承的权利，并且在此状态下死亡，如果后来该人被宣告恢复原状（restitutio in integrum），接受继承的权利将转移给该继承人的继承人，他的继承人则可代替他要求继承遗产，这被称为因恢复原状的继承转移（transmissio ex capite in integrum restitutionis）。

优士丁尼法扩大了继承转移制度的适用范围，规定：如果继承人自“得知依无遗嘱继承或依遗嘱继承可被指命继承”消息之日起1年内死亡并且未作出接受继承的决定，“该‘考虑期’的权利在1年内转移给他的继承人”④。也就是说，继承人的继承人可以在上述1年期限的剩余时间中决定接受继承，从而实现代位继承。此制度被称为优士丁尼法继承转移（transmissio Iustiniana）。

如果被指命的继承人在决定接受遗产继承之后死亡，根据优士丁尼法的规定，他所应继承的遗产份额“归其继承人”⑤。

---

① 乌尔比安语，载D.29，2，20pr.（《民法大全选译/婚姻　家庭和遗产继承》，481页）。

② 盖尤斯I.2，169。

③ C.6，55，2（《民法大全选译/婚姻　家庭和遗产继承》，425页）。

④ C.6，30，19，2（同上书，491页）。

⑤ 优士丁尼I.3，4，4。

第六节 增添权

当数名继承人共同继承遗产时，如果其中一人放弃继承权、不能取得遗产或者在接受继承前死亡且不能实行继承指命的转移，那么，落空遗产份额（bona caduca）将按照一定的比例增加到其他共同继承人的继承份额之中。这种取得落空遗产份额的权利叫作增添权（ius adcrescendi）。

增添权既可适用于遗嘱继承，也可适用于无遗嘱继承。

在实行无遗嘱继承的情况下，“如果在多数法定继承人中，某些人因死亡或其他原因被阻碍接受而放弃了遗产，其份额增加给剩下来的接受遗产者”①，只要不存在代位继承的可能性。

在实行遗嘱继承的情况下，增添权的适用应当遵循以下规则。

（1）如果被继承人仅仅指定了一名继承人，但在遗嘱中说该继承人只继承一半遗产，“这一半遗产就是整个的阿斯”②，也就是说，另一半未作处置的遗产也当然地增添到上述唯一继承人的继承份额当中。同样，如果他指定两个继承人各继承 1/3 的遗产，另外 1/3 的份额将平均地增添到上述两个继承人的份额当中，实际上，“他们各继承一半遗产”③。

（2）如果数人被指定为共同继承人，适用增添权需具备三项前提条件：第一，某一遗产份额因被继承人未作出明确处置、有关处置无效、被设立的继承人未接受该份额或者放弃该份额继承权等原因缺乏相应的继承人；第二，存在接受其他遗产份额的共同继承人；第三，不存在继承替补的情形。

（3）当被继承人采用同一处置决定指定数人共同继承（coniunctio re et verbis）某一遗产份额时，“如果共同被指定者中的一人死亡，他的份额不是转给所有的继承人，而仅涉及被共同指定为继承人的其他人”④。

增添权也适用于数人接受遗赠（legatum）的情况。“显而易见，如果向两个或者两个以上的人直接遗赠同一物，无论是合并遗赠还是分别遗赠，并且大家都接受该遗赠，则每个人得到一部分，缺席者的份额向共同受遗赠人增添。”⑤

第七节 财产合算

财产合算（collatio）是一种起源于裁判官法的、与遗产继承有关的制度，它要求共同继承人在遗产分割前将被继承人生前所给予的一切财产并入遗产，以便在共同继承人之间平等地加以分配。此制度的主要目的在于纠正因继承人法律地位的差别而产生的不平等的财产性后果。

财产合算制度最初是针对脱离父权（emancipatio）的子女设立的。这些子女在脱离父权后可以拥有自己的财产，相反，那些尚未脱离父权的子女一般却不可能拥有自己的财产，因为他们所取得的一切均归属于父亲。在此种情况下，如果这两种子女共同继承遗产，就会出现不公

---

① 优士丁尼 I.3，4，4。

② 优士丁尼 I.2，14，5。这里所说的“阿斯”（as）即指遗产。

③ D.28，5，13，2（《民法大全选译/婚姻　家庭和遗产继承》，281 页）。

④ 雅沃伦语，载 D.28，5，64（63）（同上书，279 页）。

⑤ 盖尤斯 I.2，199。

平的情况。因此，“当由于脱离父权人的参与而使处于父权之下的人遭受不利时，便发生‘财产合算’”①，它要求脱离父权者将自己获得解脱后取得的财产并入父亲的遗产，以便在共同继承人之间平等地加以分配。这叫作脱离父权者财产合算（collatio emancipati）。

随后，裁判官法又引入了嫁资合算（collatio dotis）制度，它要求曾经从父亲处接受过嫁资的女儿在继承时应当将此嫁资并入父亲的遗产，以便在共同继承人之间平等地加以分配。因为父亲为女儿设立嫁资的行为必然导致父亲财产（遗产）的减少，嫁资合算的目的就在于纠正由此产生的不公平。

在优士丁尼法时期，卑亲属财产合算（collatio descendentium）制度得到了最终确立，它要求所有的直系卑亲属将被继承人生前所给予的一切财产均并入遗产，以便在共同继承人之间平等地加以分配。上述需加以合算的财产是指被继承人给予的嫁资、婚姻赠与或为使受赠人能够接受公职而实行的赠与，但不包括为履行法律义务而给予的财产和产生于一般赠与的财产。例如，已脱离父权者的遗腹子参加祖父的遗产继承，“尽管不能说在祖父死亡时孙子就有了他自己的财产，因为他那时尚未出生，但是，他只要得到了父亲的遗产或者遗赠，他就应当提交财产进行合算”②。

第八节　遗产占有：概述

继承人的确定往往是个复杂的问题，有时可能涉及遗嘱的效力、各种继承关系或制度之间的衔接与漏洞以及新出现的权益主体等情况。为了通过司法程序解决可能出现的各种继承问题，罗马法建立了遗产占有（bonorum possessio）制度，使遗产占有与遗产继承并行，以平衡各方面的利益，确定真正的权利主体或者避免出现权利落空情形。

遗产占有制度的最初功能是调整对遗产的占有，后来它成为裁判官依据公平原则纠正市民法的传统继承规则，允许和保障其他人对死者财产实行占有的措施，并且允许市民法（ius civile）未规定的新类型继承人去继承遗产。因此，遗产占有既可能出现在遗嘱继承当中，也可能出现在无遗嘱继承当中。“裁判官法通过允许遗产占有还确定了许多其他的顺序，这样做是为了不让人死亡时没有继承人”③。

要求获得遗产的人应当在规定的期限内向执法官提出申请。“当裁判官允许他们占有遗产时，使他们成为‘准继承人’”④，他可以采用扩用的方式行使死者所拥有的各项诉权；但不享有市民法上的所有权，只享有善意拥有权；“只有在时效取得的期限经过之后，他们才根据市民法取得这些财产”⑤。

就遗产占有的最终结果而言，区分为胜诉的遗产占有（bonorum possessio cum re）和不胜诉的遗产占有（bonorum possessio sine re）。在前一种情况下，遗产占有人相对于提起要求继承之诉（hereditatis petitio）的继承人具有较优的地位，因而能够在诉讼中成功地对抗后者并且使自己对遗产的占有不受动摇。在后一种情况下，由于存在地位优于遗产占有人的继承人，因而占有人可能丧失对遗产的占有。例如，“如果在合法遗嘱中设立的继承人决定在形式上接

① 乌尔比安语，载 D. 37，6，1，5（《民法大全选译/婚姻　家庭和遗产继承》，465 页）。

② 保罗语，载 D. 37，6，2pr.（同上书，469 页）。

③ 盖尤斯 I. 3，33。

④ 盖尤斯 I. 3，32。

⑤ 盖尤斯 I. 3，80；盖尤斯 I. 4，34。

受遗产继承，但不愿意要求根据遗嘱占有遗产，只满足于是市民法上的继承人，那些在无遗嘱情况下被安排继承的人仍可以要求遗产占有；但是，他们的占有是不胜诉的，因为遗嘱中的继承人可以向他们追夺遗产”①。

第九节　遗产占有：类型

遗产占有可主要表现为以下类型。

(1) 根据遗书的遗产占有（bonorum possessio secundum tabulas）。当某一书面遗嘱在形式上不被市民法承认有效时，裁判官允许人们根据在该遗书中明确表达的意愿实行遗产占有，只要该遗书带有7个见证人的封印。

(2) 无遗嘱情况下的遗产占有（bonorum possessio sine tabulis）。在没有遗嘱的情况下，裁判官允许属于自己告示所列范畴的人员实行遗产占有，只要裁判官认为有关申请符合告示规定的条件，例如，死者的所有子女（无论他们是自家继承人，还是已脱离父权的子女）、死者的配偶等。它有时也被称为根据告示的遗产占有（bonorum possessio edctalis）。

(3) 违反遗嘱的遗产占有（bonorum possessio contra tabulas）。这种由裁判官允许的遗产占有可以违反被继承人在其遗嘱中所作的安排，比如，如果被继承人在其遗嘱中没有将某一子女设立为继承人，而且也未剥夺其继承权（exheredatio），裁判官可以允许该子女实行违反遗嘱的遗产占有。

(4) 根据裁决的遗产占有（bonorum possessio decretalis）。这是指在告示未作明确规定的情况下，裁判官在对有关情况进行调查后以裁决的方式批准某人实行的遗产占有。

(5) 依卡尔波尼安告示的遗产占有（bonorum possessio ex Carboniano edicto）。在对未适婚人的身份和继承人资格发生争议的情况下，裁判官允许占有人在交纳保证金后为该未适婚人实行遗产占有，将有争议的问题留待该未适婚人进入适婚期后解决。

(6) 为精神病人的遗产占有（bonorum possessio furiosi nomine）。当某一合法继承人患精神病时，裁判官允许保佐人为该精神病人实行遗产占有。如果该精神病人恢复了理智，可以接受或者拒绝保佐人所实行的此种占有。

(7) 为胎儿的遗产占有（bonorum possessio ventris nomine）。当被继承人留有遗腹子时，裁判官告示允许母亲为即将出世的新生儿实行遗产占有。此种遗产占有随着新生儿的出生而终结。

(8) 血亲属的遗产占有（bonorum possessio unde cognati）。当属于先前继承顺序的人告缺、拒绝继承或者没有在规定的期限内要求遗产占有时，裁判官告示允许其他与被继承人有血亲关系的亲属实行遗产占有。

---

① 盖尤斯 I.3，36。

第二十四章
遗嘱继承

第一节　遗嘱及其特点

遗嘱（testamentum）是指据以设立遗产继承人、实行遗赠、任命监护人、解放奴隶或者对遗产作出其他单方面处置的临终要式行为。罗马法学家莫德斯丁对此有这样一段经典定义："'遗嘱'是我们对希望在自己死后做的事情的意愿之合法表示。"①

对于罗马的继承法来说，设立继承人是遗嘱最重要的目的和功能，甚至遗嘱本身可以不直接地对财产作出处置，因为继承人将接替被继承人的法律地位，从而必然地使遗产的归属和分配问题得到解决。根据遗嘱而实行的继承被称为遗嘱继承（successio ex testamento）。

作为一种法律行为，罗马法中的遗嘱一般具有以下特点。

（1）它属于市民法行为，也就是说，它直接受市民法的调整，并且只可由具备法定条件的罗马市民实施。

（2）它属于当事人的个人行为，具有鲜明的"亲身性"，也就是说，它不能由其他人代理实施，也不能通过任何中介手段传达遗嘱人的意愿。"遗嘱人设立遗嘱时需要的是大脑思维的完整性而非身体的健康。"②

（3）它属于要式行为，必须严格遵守法律所规定的或者认可的形式或程序，符合形式要件的要求。"如果未经你的祖国授予特权而不遵守有关立遗嘱的规则，以及证人未在遗嘱人缺席的情况下履行自己的证明职责，该遗嘱没有任何效力。"③

（4）它属于单方面的行为，其效力取决于遗嘱人的个人意愿的表达，继承人是否接受或承认不影响遗嘱的法律效力。

（5）它属于死因（mortis causa）行为，只有在遗嘱人死后才产生法律意义。遗嘱人的死亡构成遗嘱成立的条件，而不是遗嘱的生效条件。

（6）它属于可撤销的行为，遗嘱人有权在死亡前变更自己的遗嘱。"如果遗嘱人表达了一个与第一个遗嘱截然不同的想法，在第二个遗嘱很完善的情况下，第一个遗嘱当然地（ipso iure）被撤销。"④

---

① D. 28，1，1（《民法大全选译/婚姻　家庭和遗产继承》，249 页）。

② 拉贝奥语，载 D. 28，1，2（同上书，249 页）。

③ C. 6，23，9（同上书，257 页）。

④ C. 6，23，27，1（同上书，263 页）。笔者将原译文中的"依法被撤销"改为"当然地被撤销"，这似乎更符合拉丁文 ipso iure 的含义。

第二节 与遗嘱继承相关的权能

与遗嘱继承相关的权能包含订立遗嘱的权能和接受遗嘱继承的权能。

订立遗嘱的权能被称为遗嘱能力或者主动的遗嘱能力（testamenti factio attiva）。它一般要求订立遗嘱的人具有权利能力和行为能力，并且具有罗马市民籍和自由人身份，因此，精神病人、未适婚人、聋哑人、奴隶、异邦人、家子、浪费人、严重犯罪案件的被告人一般被认为不享有遗嘱能力。作为例外，“就军役特有产和准军役特有产而言，占有这些特有产的人可以依法立遗嘱”①；妇女经其监护人事先准可也能取得订立遗嘱的权能。

遗嘱能力一般只要求在遗嘱订立时具备。关于这一点，拉贝奥特别强调：遗嘱人“设立遗嘱时”应当具有完备的意思能力。② 但是，后来发生的人格减等和其他法定障碍可使已订立的遗嘱无效。

接受遗嘱继承的权能被称为遗嘱继承能力或者被动的遗嘱能力（testamenti factio passiva）。这方面的限制比较宽松，“可以肯定：家子、他人的奴隶、遗腹子和聋者都有继承能力。尽管他们不能够立遗嘱，但是，他们能够通过遗嘱为自己或者为他人获得遗产”③。奴隶为自己取得遗产，必须以在遗嘱中获得解放为条件。城邦、团体、教会和慈善组织也具遗嘱继承能力。但是，严重犯罪案件的被告人、某些异教分子、妇女（相对于超过一定限额的遗产④）可能被剥夺继承权。除相对于军人遗嘱外，异邦人和归降人也曾被禁止设立为遗嘱继承人。⑤

遗嘱继承能力应当在三个时间（tria momenta）均具备，即该能力应当在遗嘱订立时、遗嘱人死亡时和遗产取得时均具备。

胎儿曾经不允许被设立为遗嘱继承人，但从古典法时代开始，作为被继承人直系卑亲属的后生子或叫自家遗腹子（postumi sui），即在被继承人生前受孕的但在其父亲死后（一般为10个月内）出生的子女或孙子女，享有与自家继承人相同的继承权。“有一个规定：每一个男性都可以将遗腹子指定为继承人，无论该男性是已婚还是未婚。”⑥

第三节 遗嘱的类型

在罗马法的发展进程中，出现过各种各样的遗嘱类型。

(1) 会前遗嘱（testamentum calatis comitiis），一种古老的订立遗嘱的形式，即在由祭司长（pontifex maximus）主持的库里亚民众会议（comitia curiata）上当着民众的面订立遗嘱，

---

① C.3，28，37，1f（《民法大全选译/婚姻 家庭和遗产继承》，243页）。这里所说的“军役特有产和准军役特有产”，笔者也将其称为“军营特有产和准军营特有产”，有关论述参见本书第九章关于特有产的各节。

② 参见D.28，1，2（同上书，249页）。

③ 彭波尼语，载D.28，1，16pr.（同上书，249页）。

④ “根据《沃科尼亚法》[公元169年]，被登记拥有10万阿斯财产的人不得设立妇女为继承人。”（盖尤斯 I.2，274。）

⑤ 参见盖尤斯 I.1，25；盖尤斯 I.2，110。

⑥ 乌尔比安语，载D.28，2，4（《民法大全选译/婚姻 家庭和遗产继承》，297页）。

“这种民众会议专为立遗嘱而举行，每年两次”①。据说，它通常与自权人收养相结合，采用此种方式将被收养人设立为继承人。

（2）战前遗嘱（testamentum in procinctu），一种古老的遗嘱订立形式，“即在为参加战争而入伍时立遗嘱”②；表现为在准备出征的军队队列前，军人宣告在自己死亡的情况下，对其财产的处置安排。据说，这种遗嘱只被用来确定关于遗产分配的原则，一般不涉及对继承人的设立。

（3）称铜式遗嘱（testamentum per aes et libram），一种出现在公元前2世纪的遗嘱形式，具有一定的信托特点，表现为遗嘱人“将他的家产，即他的财产，以要式买卖的方式给予一位朋友，并且要求该朋友在他死后将该财产给予他所希望给予的人”③。它采用要式买卖的方式在司秤和5位见证人的参与下进行，由此而得名。此种遗嘱也被称为市民法遗嘱（testamentum iure civili）。

（4）裁判官法遗嘱（testamentum praetorium），一种出现在共和国末期的、特殊的遗嘱形式，它表现为裁判官对于包含遗嘱安排的遗书给予司法承认。“事实上，根据荣誉法，并不要求任何曼兮帕蓄［要式买卖］，而7个证人的印章就足够了”④，即只要遗书带有7个见证人的封印，裁判官即允许继承人以此为依据实行根据遗书的遗产占有。

（5）御前遗嘱（testamentum principi oblatum），一种出现在帝国时期的遗嘱订立形式，表现为“证人和遗嘱人的签名是根据神圣的敕令实施的”⑤，由君主的文秘机构将此遗嘱安排加以记录和保存。

（6）公告遗嘱（testamentum per nuncupationem），一种出现在后古典法时期的新的遗嘱订立形式，即遗嘱人当着7名见证人的面以口头形式宣布自己的遗嘱，“而不用书面形式”⑥。这种立遗嘱方式最初是与称铜式遗嘱结合在一起的，曾被称为关于继承人的附约（nuncupatio heredis），后来演变为独立的遗嘱形式。

（7）公证遗嘱（testamentum apud acta），罗马法发展成熟时期出现的一种遗嘱形式，它由遗嘱人在公共官员或者司法官员面前以口头形式表述，由上述官员在专门的登记簿上加以记录。

（8）自书遗嘱（testamentum per holographam scripturam），一种出现在公元5世纪的新的遗嘱订立形式，即由遗嘱人亲笔书写遗嘱，它的订立过程无须见证人参加。

（9）军人遗嘱（testamentum militis），指军人在战时订立的遗嘱，它不要求严格的形式要件，只要能够准确地反映该军人的意愿即可，并且享有某些优待性照顾。“服役期间内所立遗嘱，在遗嘱人退役一年内有效。”⑦

（10）为子女的遗嘱（testamento parentis inter liberos），一种起源于君士坦丁时期的特殊遗嘱，它由父母针对自己的子女订立，专门被用来安排有关子女之间的遗产分配，因此，它不要求见证人参加，但遗嘱应当采用书面形式，遗嘱人应当亲笔书写每个继承人的名字、继承的份额和立遗嘱的日期。

（11）乡村遗嘱（testamentum ruri conditum），一种适用于偏僻和人口稀少地区的遗嘱订

①② 盖尤斯 I. 2，101。

③ 盖尤斯 I. 2，102～106。

④ 优士丁尼 I. 2，10，2。

⑤ 优士丁尼 I. 2，10，3。

⑥ 优士丁尼 I. 2，10，14。

⑦ 阿富里坎语，载 D. 29，1，21（《民法大全选译/婚姻　家庭和遗产继承》，269页）。

立形式，它将遗嘱见证人的数量从 7 人减少到 5 人，允许不识字的见证人由他人代替在遗书上签字，但是，所有的见证人应当明确知晓遗嘱的内容，并且以宣誓的方式保证有关的遗嘱记录符合遗嘱人的意思表示。

（12）瘟疫流行时遗嘱（testamentum tempore pestis conditum），一种适用于特殊灾害（瘟疫流行）环境下的遗嘱订立方式。为避免瘟疫传染，它不要求见证人同时出席有关的遗嘱订立仪式，允许他们分别在有关遗书上签字。

第四节　继承人的设立

根据传统的罗马法理论，遗嘱最核心的内容是设立继承人（heredis institutio），它“被认为是整个遗嘱的开端和基础”①（caput et fundamentum totius testamenti）。严格地讲，“如果在遗嘱中没有指定任何继承人，该遗嘱不存在任何效力”②。

随着罗马继承法的发展，遗嘱的内容也在不断地扩展，除设立继承人外，人们还可以通过遗嘱实行遗赠、解放奴隶、任命监护人、安排遗产信托或者剥夺某人的继承权等事宜。在有些情况下，未设立继承人的遗嘱无效这一原则得到变通，例如，针对一份拭去了继承人名字并且安排了遗赠事宜的遗嘱，安东尼皇帝没有简单地宣告该遗嘱无效，而是在一项谕令中认为：“更符合人道的”解释是仅仅“使拭去了继承人名字的那部分遗嘱内容无效”③。随之出现了遗嘱附书制度，将那些不包含继承人设立内容、只对遗产作出处置的文书确定为遗嘱附书，也使其获得了相应的法律意义。

设立继承人应当采用郑重的形式予以明确，其程式是特定的，并且应当采用直接命令式语言，表述形式上的差错可能导致设立行为的无效。“设立继承人的要式程式是：‘提兹是我的继承人’；另一种程式也被认为可行，即‘我决定提兹是继承人’。不允许采用下列程式：‘我希望提兹是继承人’。”④

遗嘱人可以指定一人继承其全部遗产，也可以指定数人按照不同的份额继承其遗产，或者笼统地指定数人共同继承遗产，在这第三种情况下，“如果未进行权利分配，则所有继承人的份额都是均等的”⑤。如果对共同继承人中一部分人确定了继承份额，但对另一部分人未确定份额，后一部分人按照均等的份额继承前一部分人继承后剩余的遗产；如果前一部分人继承后不可能再有剩余，则将遗产分为两部分：一部分由前一部分继承人按照既定的份额继承，另一部分由后一部分人按照均等的比例继承。⑥

遗嘱可以为继承人的设立附加生效条件，例如，要求被指定的继承人履行一定的义务，但不能附加解除条件，比如这样的条件：如果继承人在一定时间内死亡，另一个人将继承遗产。实际上，人们只能“通过遗产信托要求他退还我们的全部或者部分遗产”⑦；而且在罗马法中

---

① 盖尤斯 I.2，229。

② 莫德斯丁语，载 D.28，6，1，3（《民法大全选译/婚姻　家庭和遗产继承》，271 页）。

③ D.28，4，3pr，(同上书，269 页)。

④ 盖尤斯 I.2，117。

⑤ 乌尔比安语，载 D.28，5，9，12（《民法大全选译/婚姻　家庭和遗产继承》，277 页）。

⑥ 参见优士丁尼 I.2，14，6。

⑦ 盖尤斯 I.2，184。

存在这样一项规则，即遗产不能被剥夺（hereditatem adimi non posse）。[①] 此外，“在条件为不可能或者有其他的缺陷时，已进行的指定被认为不受影响（non vitiari）”[②]。

遗嘱不能为继承人的设立附加期限，“不能自某时起或自某时止地指定继承人，例如，‘于吾死后5年’；或‘从某日起’或‘到某日止’成为继承人”[③]。

第五节　继承替补

立遗嘱人可以在遗嘱中设立候补继承人，以便在第一继承人不能接受遗产继承的情况下由该候补继承人实行继承。这种制度叫作继承替补（substitutio heredis），它可表现为以下不同的情形。

（1）一般替补（substitutio vulgaris），继承替补的一般形式，即被继承人为第一继承人指定替补继承人。在此情况下，一般对第一继承人作出限期决定继承（cretio）的规定，如果该人不愿意或者不能够接受继承，则由替补继承人实行遗产继承。在一般情况下，遗嘱人可以为继承人设立数个替补人，可以为数个继承人设立替补人，可以让不同的继承人相互替补，还可以为替补人设立候补继承人（二级替补，三级替补）。“指定继承人是在第一顺序中（primo gradu），替补继承人则属于第二顺序或者第三顺序。”[④]

（2）未适婚人替补（substitutio pupillaris），指家父为尚未届至适婚期的继承人指定候补继承人，以便在该未适婚人在满适婚年龄前死亡的情况下由后者接替前者继承遗产。“未适婚人替补的情况还要涉及未适婚人在立遗嘱之后获得的其他财产。因为遗嘱人不是要给自己的财产指定替补，而是要给未适婚人的财产指定替补。”[⑤]

（3）准未适婚人替补（substitutio quasi pupillaris），优士丁尼法参照未适婚人替补制度创设的一种继承替补，它适用于第一继承人患有非间歇性精神病的情况，如果第一继承人在患精神病状态中死亡，替补继承人将接替该人实行遗产继承。“这些列举的替补被认为类似于未适婚人的替补，没有任何诉讼会使这样的遗嘱无效。但是，如果他或者他们后来获得了理智，则该指定替补终止。如果一个低能人的子女或者其他卑亲属是智力正常者，父亲不被允许在这些人中的一人或者若干人或者所有人之外指定替补。”[⑥]

（4）军人替补（substitutio militaris），一种特殊的继承替补制度，根据此制度，军人可以将自己的已脱离父权的儿子设立为继承人并且为其指定候补继承人（而在一般情况下，指定替补继承人通常以遗嘱人对直接继承人享有支配权为前提）。这体现了对军人遗嘱的特别照顾，保障“他们按自己的意愿立遗嘱；他们以能够用的方式立遗嘱；只要对遗产的分配确实是遗嘱人的想法即足矣”[⑦]。

---

① 参见D.28，2，13，1（《民法大全选译/婚姻　家庭和遗产继承》，339页）。

② 乌尔比安语，载D.28，7，1（同上书，285页）。笔者认为原译文有误，并对其作了修改，将placet non vitiari一语译为“被认为不受影响”。

③ 优士丁尼I.2，14，9.

④ 莫德斯丁语，载D.28，6，1pr.（《民法大全选译/婚姻　家庭和遗产继承》，315页）。

⑤ 乌尔比安语，载D.28，6，10，5（同上书，325页）。

⑥ C.6，26，9pr.（同上书，329页）。

⑦ 乌尔比安语，载D.29，1，1pr.（同上书，265页）。

第六节 剥夺继承权

根据罗马继承法的传统原则，父亲在遗嘱中不得疏漏（praeteritio）第一顺序的继承人（即子女），否则，可能导致遗嘱无效，引起无遗嘱继承的适用，因此，父亲要想不让某个子女获得遗产，应当在遗嘱中明确剥夺其继承权（exheredatio）。“那些对儿子拥有支配权的人应当注意或者将其设立为继承人，或者以点名的方式剥夺其继承权；如果他在遗嘱中对其默而不提，这种遗嘱无效。”①

对于遗嘱人的遗腹子或后生子（postumus），也应同上述作为自家继承人的子女一样，或者设立为继承人或者剥夺其继承权，有所不同的是，“遗腹子被遗漏，不论涉及的是儿子还是其他任何子女，遗嘱都有效，但遗嘱随着尔后遗腹子或遗腹女的诞生被打破，为此完全无效”②。

对于不属于自家继承人的其他卑亲属，如果遗嘱人既未将其设立为继承人，也未明确剥夺其继承权，这不影响遗嘱的效力。在这种情况下，这些卑亲属有权以法定继承的方式与其他遗嘱继承人共同参加遗产继承。“对于已脱离父权的子女，不必根据市民法将其设立为继承人或者剥夺其继承权，因为他们不是自家继承人。”③

可据以剥夺继承权的理由主要有：子女对父亲实施了侵害其生命的行为，有不可容忍的侵辱行为，受到刑事控告，等等。但是，需要注意的是，拉丁文 exheredatio 一词的本义是指将某人排除在遗产继承之外，它有时并不具有贬义的否定性。正如现代罗马法学家巴里·尼古拉斯教授所正确指出的那样：“父亲剥夺继承权的原因不一定是对某一子女的排斥或者不喜欢，没有被设立为继承人的自家人也不一定就是被‘排除’在父亲的遗嘱之外，他恰恰可能是获得实质性利益的受遗赠人。人们经常很聪明地采用此种方法避免将家庭财产零碎分割，而是把整个家产交给长子，为其兄弟姐妹作出其他安排。”④

剥夺继承权应采用特定的形式。对于处于父权之下的儿子，必须采用逐个点名剥夺的方式，“否则，不被认为实行了剥夺”⑤；对于其他子女（女儿或孙子女），可以采用“余者排除”（ceteri omnes exheredes sunto）的方式；对于遗腹子，也可以在遗嘱中笼统地加以排除。

第七节 无效遗嘱

在下述情况中，已经订立的遗嘱可能成为无效的或者可被要求依法撤销。

（1）不合法遗嘱（testamentum iniustum），指因缺乏某一形式要件或者立遗嘱人不完全具备立遗嘱能力而不产生法律效力的遗嘱。“严格地讲，只有合法立的遗嘱才确实被认为是遗嘱”，而那些虚假的或是不合法的遗嘱则被称为不规范遗嘱（testamentum imperfectum）。⑥

---

① 盖尤斯 I.2，123。

② 优士丁尼 I.2，13，1。

③ 盖尤斯 I.2，135。

④ ［英］巴里·尼古拉斯：《罗马法概论》，275页。

⑤ 盖尤斯 I.2，127。

⑥ 参见 D.28，3，1（《民法大全选译/婚姻 家庭和遗产继承》，331页）。

（2）遗嘱中止（testamentum ruptum），指遗嘱在订立后因出现某些新情况而不再具有任何效力，例如，遗嘱人有了新的子女，并且在已立遗嘱中未将其设立为继承人；在遗嘱订立后降生了作为自家继承人的后生子，并且在已订立的遗嘱中未提及该后生子的继承事宜；"后来依法订立的遗嘱也使先前的遗嘱中止"①。

（3）遗嘱失效（testamentum irritum），"当遗嘱人本人遭遇不利之事时，遗嘱失效"②。例如，如果遗嘱人在遗嘱订立后因人格减等而丧失立遗嘱能力（testamento factio attiva），有关的遗嘱也从立遗嘱能力丧失之时起失效。

（4）遗嘱弃置（testamentum desertum），当被设立的继承人先于被继承人死亡或者拒绝接受继承时，"由于遗产没有被接受而使遗嘱无效"③。这种使遗嘱丧失实际效用的情况又被称为废置遗嘱（testamentum destitutum）。

（5）不合义务的遗嘱（testamentum inofficiosum），指在继承人的设立或者遗产的处置方面严重忽略了某一家庭成员的合法权利、违反公平原则的遗嘱。例如，未为某一近亲属保留法定继承份额。"因为尊亲剥夺其子女的继承权或遗漏他们，通常没有原因，人们允许被不公正地剥夺了继承权或不公正地被遗漏的子女抱怨，并可以遗嘱人在订立遗嘱时心智不健全为借口，就遗嘱不合义务起诉。"④这里所说的"心智不健全"并不是说立遗嘱的人是疯子或者精神错乱者，事实上，该人合法地制作了遗嘱，而只是没有遵循源于家庭关系的义务；如果他真的疯了，或者是精神错乱了，他将丧失遗嘱能力，这个遗嘱将因此而无效。⑤

第八节　遗嘱的封闭与开启

在一般情况下，遗嘱通常采用书面形式订立。为证明有关遗嘱行为的真实性，书面遗嘱应当在证人面前封闭，由证人在封闭的遗嘱上签字、盖章并加以蜡封。"当被遗嘱人启封的遗嘱重新蜡封好且7个证人在上面加盖了封印后，该遗嘱并非不完善，相反，无论是根据市民法还是根据裁判官法，它都是有效的。"⑥

遗嘱人通常将封闭后的书面遗嘱寄存在一位自己所信任的朋友处或者某一公共寺庙中。遗嘱人死亡后，该遗嘱应当立即转交给公共权力机关。为此，裁判官有权发布出示遗嘱之令状（interdictum de tabulis exhibendis），"遗嘱应当着裁判官的面进行展示，其目的在于通过裁判官的威望督促那些在遗嘱上签字的证人来辨认他们的签字"⑦。

遗嘱应当在有关的证人面前启封，在确认其真实性后，进行公开宣读（recitatio testamenti）。整个过程应当记录在案。如果在遗嘱启封时不能找到原来的证人或者该人因故不能到场，当事人可以请求法院或者行省执政官允许"将那些有威望的人聚集在一起，打开遗嘱并在遗嘱的空白处重新签字"，以证明有关遗书的真实性。⑧

---

① 盖尤斯 I.2，144。

② 乌尔比安语，载 D.28，3，6，5（《民法大全选译/婚姻　家庭和遗产继承》，333页）。

③ 帕比尼安语，载 D.28，3，1（同上书，331页）。

④ 优士丁尼 I.2，18pr.。

⑤ 参见 D.5，2，2（《学说汇纂》，第5卷·遗产及其对物之诉保护，69页）。

⑥ 乌尔比安语，载 D.28，1，23（《民法大全选译/婚姻　家庭和遗产继承》，259页）。

⑦ 乌尔比安语，载 D.43，5，3，9（同上书，347页）。

⑧ 参见 C.6，32，2（同上书，343页）。

为了能够使有关当事人充分了解遗嘱的内容，在遗嘱启封后，“对于每一个希望阅读遗嘱或者抄写遗嘱的人，裁判官均给予允许”①。

第九节　遗嘱附书

遗嘱附书（codicilli）是出现于古典法时期的一种死因处置文书，它的订立无须像遗嘱那样遵循特定的程式。此种文书可以被用来安排对遗产的处置，尤其是用来实行遗产信托和遗赠，但它不能被用来设立继承人。遗嘱附书与遗嘱的本质区别就在于：前者被用来进行某些死因财产处置，而后者主要被用来设立继承人。“事实上，不能以补充遗嘱授予或剥夺遗产，以免遗嘱法与补充遗嘱法发生混淆，因此，也不能以补充遗嘱规定剥夺继承权。”②

有的遗嘱附书是与遗嘱相关的，也就是说，是在遗嘱继承中同遗嘱联系起来使用的。此种遗嘱附书可分为经确认的（confirmati）和未经确认的（non confirmati）：前一种是指被继承人在正式遗嘱中要求予以参照的遗嘱附书，后一种则是指被继承人在正式遗嘱中没有提及的遗嘱附书。被继承人可以在遗嘱中对先前订立的遗嘱附书进行修改，或者表示将随后订立遗嘱附书作为补充。遗嘱附书中的财产处置与遗嘱中的处置具有同等的效力。

有的遗嘱附书是在不存在遗嘱的情况下订立的，也就是说，可直接在无遗嘱继承中使用。“某人无遗嘱而死时也可以补充遗嘱设立信托”②，因此，被继承人可采用此种遗嘱附书实行遗产信托和遗赠，它应当得到法定继承人的尊重。某些遗嘱在被认定无效后，可以被用作无遗嘱继承中的遗嘱附书。

与遗嘱的另一个重要区别是：遗嘱附书“不要求任何订立的庄严仪式”③。为了纠正过分随意地订立遗嘱附书的倾向，优士丁尼法规定：无遗嘱继承中的遗嘱附书应当在 7 名或者至少 5 名以上的证人面前制作，就像当时订立合法遗嘱所要求的那样。此外，订立遗嘱附书的人也必须具有主动的遗嘱能力（testamenti fctio activa）。

① 盖尤斯语，载 D. 29，3，1pr.（《民法大全选译/婚姻　家庭和遗产继承》，343 页）。

② 优士丁尼 I. 2，25，1。这里所说的“补充遗嘱”（codicilli）即指遗嘱附书。

③ 优士丁尼 I. 2，25，3。

第二十五章 无遗嘱继承

第一节 《十二表法》确立的制度

无遗嘱继承（successio ab intestato）发生在被继承人未立遗嘱而死亡、遗嘱无效或者被设立的继承人不接受继承的情况下。法律一般为无遗嘱继承规定某种继承顺序，以保证死者生前的法律地位和关系能获得延续，并且保证死者的亲属或其他履行了法定义务的人能够根据其亲疏关系或履行义务的情况获得遗产，因而，无遗嘱继承有时也被称为法定继承。

《十二表法》为无遗嘱继承奠定了法律基础，它明确规定了在无遗嘱情况下可实行遗产继承的人员及其次序，即自家继承人、宗亲属、族人。

自家人（sui）在无遗嘱继承中是处于第一顺序的继承人。关于自家继承人的概念，我们曾在第二十三章第三节中作过介绍，在这里需要指出的是，早期罗马法特别强调将直接隶属于被继承人的支配权作为认定“自家人”的根据，至于有关的卑亲属“是亲生的还是收养的，这无关紧要”①。根据这样的标准，被继承人的儿子无疑是自家继承人，孙子女是否属于自家继承人取决于其父是否处于被继承人的父权之下，“如果在某人死亡时儿子处于其支配权下，孙子就不可能是自家继承人”②。

被继承人的妻子由于处于其丈夫的夫权之下，所以也属于自家继承人的范畴，实际上，“她被视为女儿”③。

宗亲属（adgnati）在无遗嘱继承当中是处于第二顺序的继承人。这里所说的宗亲属是指“通过男性人员相互联系的亲属关系”，例如，由同一父亲所生的兄弟，叔叔和侄子，堂兄弟，等等，他们往往可能是一些旁系亲属。④“但是，《十二表法》并不是让所有的宗亲属一起继承遗产，而是让那些可以肯定某人未立遗嘱而死亡时与其亲等最近的人继承”⑤。而且，近宗亲属（adgnatus proximus）的继承权不实行接替，“如果最近的宗亲属放弃了遗产继承或者在接受遗产继承之前死亡，随后的人根据法律不享有任何权利”⑥。

族人（gentilis）在无遗嘱继承中排在第三顺序，“如果没有任何宗亲属，《十二表法》规定让族人来继承遗产”⑦。所谓族人是指氏族的或者叫家族（gens）的成员，这种组织实际上是若干家庭（familia）的集合体；某些家庭解体后，其成员仍然为原属家族的分子。在罗马法中，

---

①② 盖尤斯 I.3，2。

③ 盖尤斯 I.3，3。

④ 参见盖尤斯 I.3，10。

⑤ 盖尤斯 I.3，11。

⑥ 盖尤斯 I.3，12。

⑦ 盖尤斯 I.3，17。

作为家族成员的族人也享有某些民事权利，尤其是在继承问题上。

第二节 古典法时期的制度

在随后的发展进程中，由《十二表法》确立的无遗嘱继承制度不断得到充实和调整，在这方面，裁判官法功不可没，其中最重要的是“根据自然法的公平原则，允许所有的血亲基于血缘关系对遗产要求遗产占有”①。到了古典法时期，无遗嘱继承的四个顺序已日臻成熟，它们是：子女，法定继承人，血亲属，配偶。

子女（liberi）处于第一顺序。正如乌尔比安所说，“裁判官宜从子女们开始无遗嘱继承”②。不过，这里的“子女”概念已经不再以支配权作为基本标准，它包括被继承人的所有直系卑亲属，无论是自家继承人还是非自家继承人，无论是处于父权之下还是已脱离父权，无论是亲生的还是收养的。“实际上，他［裁判官］让所有缺乏法定权利的子女都来继承遗产，就像在父亲死亡时他们都处于其支配权下一样。”③

法定继承人（legitimi）是指“依《十二表法》，或依其他的法律，或依元老院决议而给予无遗嘱继承的所有人”④，包括前一节所列举的自家继承人、宗亲属和族人。实际上，由于子女已经被专门地和优先地独立出来，而且族人作为一种早期的法律关系已经在现实中消失，这里所说的“法定继承人”一般来说以宗亲属为主。

血亲属（cognatio）是指与被继承人有血缘关系的人，就无遗嘱继承而言，准确地说是指六亲等以内的旁系卑亲属和尊亲属（包括女性间的亲属关系）以及堂兄弟姐妹的第七亲等卑亲属，因此，私生子可以与其母亲相互要求继承遗产，“因为他们互为血亲”⑤；“收养也产生血亲关系”⑥。

配偶（vir et uxor）在不存在前三个顺序的继承人的情况下构成最后的无遗嘱继承人，其条件是：在被继承人死亡时，在有关的配偶之间“依照法律婚姻持续着”⑦。

这里还应当提及两项对上述继承顺序作出调整的元老院决议，即《德尔图里安元老院决议》（senatusconsultum Tertullianum）和《奥尔菲梯安元老院决议》（senatusconsultum Orfitianum）。

前一项元老院决议规定：生育了 3 个子女的、具有生来自由人身份的母亲或者生育了 4 个子女的、具有解放自由人身份的母亲，可以成为其子女的法定继承人，并且相对于宗亲属享有优先权；“祖父或者曾祖父对母亲都不构成障碍”⑧。

后一项元老院决议对母亲与子女之间的死因继承关系加以调整，允许子女参加对其母亲遗产的无遗嘱继承，并且其地位优先于旁系宗亲属；“未立遗嘱而亡的母亲的遗产归属于她的所

① 盖尤斯语，载 D. 38，8，2（《民法大全选译/婚姻 家庭和遗产继承》，457 页）。
② D. 38，6，1，5（同上书，453 页）。
③ 盖尤斯 I. 3，26。
④ 乌尔比安语，载 D. 38，7，2，4（《民法大全选译/婚姻 家庭和遗产继承》，455 页）。
⑤ 盖尤斯语，载 D. 38，8，2（同上书，457 页）。
⑥ 乌尔比安语，载 D. 38，8，1，4（同上书，457 页）。
⑦ D. 38，11，1，1（同上书，461 页）。
⑧ D. 38，17，2，15（同上书，441 页）。

有子女，其中包括不同的婚姻所生的子女”①。

第三节 优士丁尼法的调整

优士丁尼分别于公元543年和548年颁布了《新律118》和《新律127》②，对无遗嘱继承的顺序进行了改革，“甩开了早期罗马法所遗留下来的以家父为核心的‘罗马家庭’这一社会政治化组织为基础的继承制度，确立了遗产继承制度的根据是自然家庭的观念”③。优士丁尼法废除了宗亲与血亲的划分，将血缘亲属关系以及婚姻关系作为无遗嘱继承的基础，特别注重当事人之间自然血缘关系的密切程度，并据此确定了以下五个继承顺序。

（1）直系卑亲属。包括所有的子女以及有权实行代位继承的后代，养子和产生于女系的后代（例如女儿的子女）也在其中。非婚生子仅能继承母亲的遗产。优士丁尼在一项谕令中宣布：“我们将血亲，即同父同母所生的子女和同母异父姐妹的子女都纳入同一顺序的合法地位中。”④ 各直系卑亲属实行按代继承（successio in stirpes），也就是说，只要存在前一代的卑亲属，后一代卑亲属除实行代位继承外不参加无遗嘱继承；同一代内的数个继承人按照均等的份额共同继承遗产。

（2）直系尊亲属和同父母兄弟姐妹。尊亲属包括父系的和母系的，他们按系继承（successio in lineas），例如，被继承人去世后留有祖父（父系）和外祖父（母系），其遗产由祖父和外祖父各继承一半；同系的尊亲属则按人头继承（successio in capita），即按照均等的份额划分遗产。同父同母的兄弟姐妹与上述尊亲属处于同一继承顺序，实行按系的和按代的继承，这意味着这种兄弟姐妹的子女可以实行代位继承（仅以其子女为限）。

（3）同父异母的或异父同母的兄弟姐妹。他们按人头继承，即有多少这样的兄弟姐妹，遗产就划分为多少份；其子女可以实行代位继承（仅以其子女为限）。

（4）其他旁系亲属。他们根据亲疏程度按亲等的顺序继承，也就是说，相对较近的亲属可以较优先地享有继承权，此类旁系亲属“按人头继承，不实行代位继承，但实行无限的亲等继承（successio graduum）”⑤。

（5）配偶。可以单独继承，也可以与其他继承人（如子女）一起继承已故配偶的遗产，但在后一种情况下，配偶所继承的份额往往只表现为对财产的用益权。

---

① 莫德斯丁语，载D.38，17，4（《民法大全选译/婚姻　家庭和遗产继承》，447页）。

② 遗憾的是，在目前完成翻译的原始罗马法文献当中，找不到这两项新律的译文，因此，笔者在这里无法根据第一手材料进行介绍。

③ 费安玲：《罗马继承法研究》，172页，北京，中国政法大学出版社，2000。

④ C.6，58，15，1（《民法大全选译/婚姻　家庭和遗产继承》，455页）。

⑤ ［英］巴里·尼古拉斯：《罗马法概论》，265页。

第二十六章 违反遗嘱的法定继承

第一节 因遗嘱疏漏而引起的法定继承

一般来说，遗嘱继承优先于无遗嘱继承，也就是说，在遗嘱有效的情况下，一般不能无视有关的遗嘱处置而启动无遗嘱继承程序。但是，当遗嘱人采用严重违反或者忽略自己对某一近亲属的义务（officium）的方式处置其财产时，人们可以不顾遗嘱中的处置通过司法程序实行无遗嘱继承，即所谓“违反遗嘱的（contra tabulas）法定继承”，或者叫作必要的法定继承。

违反遗嘱的法定继承最初是因遗嘱疏漏（praeteritio）而引起的，正如我们在第二十四章遗嘱继承中所论述的，这种疏漏是导致遗嘱无效的原因之一，表现为被继承人在自己的遗嘱中既没有将特定人员设立为继承人，也未以指名列举的方式剥夺其继承权（exheredatio）。

为在上述情况下启动违反遗嘱的法定继承，被疏漏者应当向裁判官提起“不合义务遗嘱之诉”（accusatio 或 querela inofficiosi testamenti），以要求全部或者部分撤销该遗嘱。由于这种存在疏漏的遗嘱“确实是正当订立的，不过是未根据亲情的义务订立（non ex officio pietatis）”，在司法审判中，人们采用拟制的方式，“以遗嘱人在订立遗嘱时心智不健全为借口，就遗嘱不合义务起诉”①。

此种诉讼针对被设立为继承人的人提起；如果其迟迟不宣布自己是否接受继承，则为其规定 6 个月的期限，期限届满未明示其决定的，即推定他已接受继承。

有权提起此种诉讼的被疏漏者是所有的自家继承人，包括遗腹子（即所有因出生、他权人收养或自权人收养等原因而在遗嘱订立之后变为“自家人”的人）。从罗马共和国末期开始，裁判官将此诉权授予死者的所有子女（liberi）或直系卑亲属。“如果子女既没有被指定为继承人，也没有被剥夺继承权，无论他们是亲生的还是收养的，我们都允许他们实行对抗遗嘱的遗产占有（in contra tabulas bononum possesione）。”②

有时候，真正通过此种诉讼而受益的人不一定是起诉人，因为“该诉讼使家父的遗嘱无效，从而发生无遗嘱继承”；如果不合义务之遗嘱被完全撤销，有关的法定继承人可提起要求无遗嘱继承之诉（hereditatis petito ab intestato），所以，真正的受益者是“基于无遗嘱继承实施继承行为的人们”③。

---

① 优士丁尼 I. 2，18pr.。

② 乌尔比安语，载 D. 37，4，1pr.（《民法大全选译/婚姻 家庭和遗产继承》，371 页）。

③ D. 5，2，6，1（同上书，395 页）。

第二节　法定继承份额

如果说遗嘱疏漏是一种形式上违反遗嘱义务的行为的话，那么，遗嘱人在无正当原因的情况下剥夺某亲属的法定继承份额则构成一种实质上违反遗嘱义务的行为。

所谓法定继承份额（portio legitima 或 debita），也被叫作特留份，系指遗嘱人根据法律必须为其最亲近的亲属（例如，子女、父母、兄弟姐妹等[①]）保留的遗产份额。它构成对遗嘱自由的一种限制。在遗嘱人不履行上述法律义务的情况下，有权获得法定继承份额的人可提起不合义务遗嘱之诉，以要求宣告遗嘱无效并启动无遗嘱继承程序。如果遗嘱人为特定继承人保留的法定继承份额不足，优士丁尼法也允许上述继承人提起补充特留份之诉（actio ad supplendam legitimam），该诉讼并不导致遗嘱的无效，只是使“亏欠他们的部分将被补足以达到四分之一的特留份”[②]。

一般来说，法定继承份额是无遗嘱继承份额的 1/4；它以遗产中的净财产作为基础，并且“要在扣除债务和丧葬费用之后再计算四分之一份额”[③]。需要说明的是，这个 1/4 的遗产份额是针对所有有权获得特留份的人的，“不论被允许提起遗嘱不合义务之诉的是一个人还是多数人，可只给他们一个四分之一，以便在他们之间按比例分配，换言之，各人得到这个四分之一的一部分”[④]。

公元 536 年，优士丁尼颁布了《新律 18》，提高了法定继承份额的比例，规定：如果法定继承人为 4 人或者少于 4 人，为其保留的法定继承份额应占遗产的 1/3；如果超过 4 人，则应占 1/2。

公元 542 年，优士丁尼通过颁布《新律 115》对法定继承份额制度进行了一次改革，规定：遗嘱应当将直系卑亲属和尊亲属设立为继承人（即使为他们保留的遗产未达到特留份的数额标准，只要能够采用其他名义如遗赠补足即可），或者应当援引该新律所列举的理由明确地将上述人员排除在遗嘱继承之外；否则，有关当事人可以提起不合义务遗嘱之诉或者补充特留份之诉。

① 在优士丁尼法中，同父异母的兄弟姐妹也有权获得特留份。

② 优士丁尼 I. 2，18，3。

③ 乌尔比安语，载 D. 5，2，8，9（《民法大全选译/婚姻　家庭和遗产继承》，395 页）。

④ 优士丁尼 I. 2，18，7。

第二十七章 遗赠和遗产信托

第一节 遗赠的特点

遗赠（legatum）是指遗嘱人针对遗产中的单项财物向继承人以外的第三人实行的赠与安排，属于一种针对财产的死因处置，正如莫德斯丁所说，“遗赠是通过遗嘱给予的一种赠与(donatio)”①。遗赠具有以下特点。

（1）遗赠是单纯的财产处置行为。遗赠不属于对遗产的概括继受，这意味着，受遗赠人不接替被继承人的法律地位，因而不像继承人那样须继承被继承人的债务。“遗赠是对某遗产物的一种提取，遗嘱人将该物从继承人概括继承的遗产中提出，因为他希望将其赠给自己要赠的其他人。”② 因此，在罗马法中，遗赠有时也被称为对单项物的个别继承（successio in singulas res）。

（2）遗赠的受益人（onorato）应当具有接受遗嘱继承的权能。“事实上，只可对有遗嘱能力的人实行遗赠。”③ 这里所说的“遗嘱能力”是指被动的遗嘱能力，即遗嘱继承能力。

（3）遗赠给付的执行人是遗嘱人设立的继承人。该继承人也被称为“遗赠义务人”（onerato），他有义务按照遗嘱人的遗赠安排向受遗赠人履行相关的给付义务。在一般情况下，“在设立继承人之前实行的遗赠无效，因为遗嘱因继承人的设立而取得效力”④。随着遗嘱附书的出现，人们也可以单独地通过遗嘱附书作出遗赠处置。

（4）遗赠不得造成对继承人基本继承权的剥夺。遗赠的数额不能超过继承人所取得的遗产总额或者法律要求为继承人保留的遗产比例，例如，《法尔其第法》规定的1/4。公元前169年颁布的《沃科尼法》曾规定：“任何人不得以遗赠的名义或者由于死亡原因获得比继承人多的财产。”⑤

（5）遗赠是一种单方面的法律行为。遗赠人一般采用命令式表述其意愿，无须受遗赠人或继承人的同意，但受遗赠人可以放弃。“如果一件物品被无条件地留下，并且受遗赠人没有拒绝死者的意愿，遗赠物的所有权将不通过继承人而直接归于受遗赠人。”⑥

---

① D.31，36（《民法大全选译/婚姻　家庭和遗产继承》，543页）。

② 佛罗伦丁语，载D.30，116pr.（同上书，543页）。

③ 优士丁尼I.2，20，24。

④ 盖尤斯I.2，229。

⑤ 盖尤斯I.2，226。

⑥ 帕比尼安语，载D.30，80（《民法大全选译/婚姻　家庭和遗产继承》，561页）。

第二节　遗赠的种类

根据给付的方式及其后果的不同，遗赠可划分为以下主要类型。

（1）直接遗赠（legatum per vindicationem），表现为遗嘱人直接将被遗赠物的所有权或者相关的权利转移给受遗赠人，即“在接受遗产继承之后，根据市民法物立即成为受遗赠人的，如果受遗赠人要求从继承人或者其他任何占有物的人手中取得该物，则应当提起返还所有物之诉，也就是说，主张根据市民法物是他的”[①]。直接遗赠的典型表述形式是：“我赠”，“我给”，“你取得”，等等。如果被遗赠物是债权，受遗赠人可以为获得清偿而针对债务人提起对人之诉。实行直接遗赠的基本条件是：被遗赠物在遗嘱订立时和遗嘱人死亡时归该遗嘱人所有；如果被遗赠物是可替代物（res fungibili），只要遗嘱人在死亡时拥有该物即可。

（2）间接遗赠（legatum per damnationem），表现为遗嘱人要求继承人向受遗赠人履行一定的义务，它的典型表述形式是：“我的继承人有义务给付”。这种遗赠并不直接转移被遗赠物的所有权，但使受遗赠人获得对继承人的债权，前者可以据此对后者提起对人之诉（actio in personam），要求他履行给付的义务。此种遗赠可以任何物作为标的，包括不属于死者所有的、但归继承人或第三人所有的物，例如归第三人所有的奴隶。不同于直接遗赠的另一规则是：“缺席者的份额，在间接遗赠中，仍然保留在遗产之中；在直接遗赠中，则增添到共同受遗赠人的份额中”[②]。

（3）先取遗赠（legatum per praeceptionem），“所谓先取实际上是额外获取；这种遗赠的对象是那些已在遗嘱的某一部分被指定为继承人的人，因为除了遗产继承的份额以外，他还将额外地获得遗赠”[③]。因此，在先取遗赠中，遗嘱人可以安排向数名继承人中的一人转移对某一单项财物的所有权，使该物不参与遗产分配；也就是说，实行对某一遗产物的预先提取。先取遗赠的典型表述形式是：“你将先取”。普罗库勒学派认为对于非继承人也可以实行先取遗赠，而萨宾学派认为只适用于数名继承人之间。

（4）容受遗赠（legatum sinendi modo），“这种遗赠比直接遗赠宽，但比间接遗赠窄。实际上，在容受遗赠中遗嘱人不仅可以有效地遗赠他的东西，而且可以遗赠他的继承人的东西”[④]。容受遗赠一般表现为遗嘱人要求继承人容忍受遗赠人的某一行为，例如，容忍受遗赠人使用并且不归还继承人的某一奴隶。与间接遗赠不同的是，容受遗赠只适用于在被继承人死亡时归该被继承人或者其继承人所有的物品，不能以第三人的物品为遗赠标的物。容受遗赠的典型表述形式是：“我的继承人应容忍”。

第三节　遗赠的若干表现形式

根据标的物的不同，遗赠可以表现为以下各种形式。

---

① 盖尤斯 I. 2，194。

② 盖尤斯 I. 2，206。关于增添权，请参见第二十三章第六节。

③ 盖尤斯 I. 2，217。

④ 盖尤斯 I. 2，210。

(1) 种类物遗赠(legatum generis)。在此种遗赠中,被遗赠物是可替代物或者可在同一种类中选择的物品。除遗嘱另有规定外,在间接遗赠的情况下,对有关被遗赠物的选择权由继承人行使;在直接遗赠、先取遗赠或容受遗赠的情况下,选择权由受遗赠人行使。在选择时,"应当遵循既不接受最好的也非最坏的原则"①。

(2) 可选择性遗赠(legatum optionis),一种允许受遗赠人对被遗赠物进行选择的遗赠;有关的选择应当在规定的期限内作出,并且是不可撤销的和不可转让的。"每当遗赠含有选择权时,人们认为:在接受遗赠之前不能进行选择;如果进行了选择也是无效的"②。受遗赠人有权通过出示之诉(actio ad exhibendum)要求出示可供选择的物品,例如,遗嘱人的数名奴隶。

(3) 债权遗赠(legatum nominis),指遗嘱人针对自己对某一第三人享有的债权实行的遗赠;继承人有义务根据此安排将遗产中的有关债权转移给受遗赠人。在这样的遗赠中,"应认为根据最有利的解释,在债权中亦包括对债务人的诉权"③。这一般属于间接遗赠的范畴。

(4) 债务遗赠(legatum debiti),指遗嘱人要求继承人放弃原已为债约定的期限或条件而立即向其债权人实行债务清偿,从而使后者获得额外的好处。"遗赠因为是立即支付的而有效"④。在此种遗赠中,受遗赠人是遗嘱人的债权人。这属于间接遗赠的范畴。

(5) 解除债务遗赠(legatum liberationis)。"如果某人遗赠给其债务人以债务免除,遗赠有效。"⑤ 被免除的债务清偿义务既可以是向遗嘱人承担的,也可以是向遗嘱人的继承人承担的,或者是向其他第三人承担的。在最后一种情况下,有关的债务清偿义务将由遗嘱人的继承人履行。

(6) 分配性遗赠(legatum partitionis)。被遗赠物表现为被继承人的某一遗产份额,也就是说,既包括一定份额的债权,也包括一定份额的债务。继承人和受遗赠人通常采用要式口约确定其权利义务关系,即继承人向受遗赠人给付一定数额的财物,同时,受遗赠人针对遗产中的债务给予继承人以一定数额的补偿。

(7) 年息(月息)遗赠(legatum annuum 或 menstruum),指遗嘱人使受遗赠人每年或者每月定期获得一笔固定经济收益的遗赠,如果"受遗赠人死了,该遗赠不转移给继承人"⑥。

(8) 嫁资遗赠(legatum dotis),指丈夫在遗嘱中将所有属于嫁资的物品遗赠给自己的妻子。"如果先取遗赠中指出了特定的金额或特定的物,或嫁资财产目录,遗赠有效。"⑦

(9) 必备品遗赠(legatum penoris),一种特殊的遗赠,其标的为在一定时期内向受遗赠人提供日常生活所必备的物品,例如,食品、木料、煤炭,等等。

(10) 居住权遗赠(legatum habitationis),指通过遗赠使受遗赠人获得某一居住权。根据优士丁尼法的规定,这不仅能使受遗赠人取得居住某一房屋的权利,还能使该人取得出租住房的权利。

(11) 遗赠未来物(res futurae)。未来物也可以成为遗赠的标的。"对于在自然中尚不存在的物,如果它将来会存在,可正当地被遗赠,例如,将在这块土地出产的果实,或将由这个女

---

① D. 30, 37pr.(《民法大全选译/婚姻 家庭和遗产继承》,547页)。

② 德棱第·克勒门斯语,载D. 33, 5, 16(同上书,555页)。

③ 乌尔比安语,载D. 30, 44, 6(同上书,549页)。

④ 优士丁尼I. 2, 20, 14。

⑤ 优士丁尼I. 2, 20, 13。

⑥ 盖尤斯语,载D. 35, 1, 18(《民法大全选译/婚姻 家庭和遗产继承》,577页)。在此,legatus annui 被表述为"年度遗赠"。

⑦ 优士丁尼I. 2, 20, 15。

奴生育的子女。”①

第四节　遗赠的取得

正如我们前面谈到的，一方面，遗赠是遗嘱人所做的死因财产处置；另一方面，遗赠给付的执行人是遗嘱人设立的继承人，因此，遗赠的取得涉及两个不同的时间：在第一个时间中，受遗赠人因遗嘱人的财产处置而获得取得遗赠的权利；在第二个时间中，受遗赠人因继承人履行给付义务而真正取得遗赠。在罗马法中，上述两个时间分别被称为予权日和行权日。

予权日（dies cedens）是受遗赠人被赋予获得遗赠的权利的日期，这个日期最初被确定为遗嘱人死亡之日，后来被推至遗嘱开拆之日。如果受遗赠人在予权日之后并且在行权日之前死亡，“遗赠将转移给他的继承人”②。如果受遗赠人在予权日是他权人，“遗赠应向对该他权人有支配权的人履行”③。

如果被遗赠的是用益权或使用权，由于用益权仅在可以实际利用时才能生效，“继承开始之前，对一遗赠的用益权及同样一单纯的使用权的取得（cedet）并不开始”，这种遗赠的予权日“必须要等到可以使用和利用的所有人不再用益”之时④，也就是说，予权日与行权日相互吻合。

如果遗赠是附条件的或附生效期限的，有关的予权日则是所设条件成就或起始期限届至之日，“即使条件的成就取决于受遗赠人的能力亦如此”⑤。

如果是可选择性遗赠并且有关的选择权是不可转移的，予权日是选择完成之日，“因此，除非受遗赠人在世时亲自作了选择，否则遗赠物不转移给其继承人”⑥。

行权日（dies veniens）是与予权日相对应的一个期限，指继承人接受遗产继承的日期，从这个日期开始，受遗赠人即可要求实际取得遗赠并且为此而行使自己的权利。

对于直接遗赠的行权日，罗马法学家们有不同的看法。萨宾学派认为：自继承人接受遗产继承之后，遗赠物“立即变为受遗赠人的，即使他不知道已对他实行遗赠”；而普罗库勒学派认为，“只有当受遗赠人愿意被遗赠物归其所有时，该物才成为他的”⑦。这后一种主张从一定意义上讲是为行权日附加了条件。

对于间接遗赠来说，自行权日开始，继承人应当履行给付义务。

第五节　遗赠的无效和撤销

遗赠在下列情况下无效。

（1）受遗赠人不具有被动的遗嘱继承能力，即接受遗嘱继承的权能，例如，在安排遗赠时

① 优士丁尼 I.2，20，7。

② D.36，2，5pr.（《民法大全选译/婚姻　家庭和遗产继承》，563 页）。

③ D.36，2，5，7（同上书，563 页）。

④ 参见 D.7，3，1，2（《学说汇纂》，第 7 卷・用益权，67 页）。笔者认为，引文中的“取得”（cedet）最好译为“让与”，以明确同予权日的关系。

⑤ D.36，2，5，2（《民法大全选译/婚姻　家庭和遗产继承》，563 页）。

⑥ 优士丁尼 I.2，20，23。

⑦ 盖尤斯 I.2，195。

受遗赠人是异邦人或者因犯罪被剥夺了继承权，等等。根据“卡多规则”（regula Catoniana），即使有关的无效原因在遗嘱人在世时终止，该遗赠仍然无效，“因为如果遗嘱人订立遗嘱后马上死亡便会无效的遗赠，不应仅因遗嘱人活得更久而有效”①。

（2）被遗赠的物品本来就归受遗赠人所有。“如果某人把受遗赠人的物遗赠给他，遗赠无效，因为他自己的东西，不能再一次成为他的。即使他已将它转让，他不应得到物本身或其估价。”② 但是，如果他人之物被遗赠，并且受遗赠人在遗嘱人活着时已成为该物的所有主，只要受遗赠人是根据购买的原因得到该物的，“他可通过遗嘱之诉得到价金”③。

（3）安排遗赠的遗嘱因任何原因是无效的，或者在予权日之前变为无效的。

（4）为了惩罚的目的而实行遗赠。“事实上，为强制继承人，尤其是让他做或不做某事而作的遗留，被认为是为了惩罚而作的遗赠”，例如，要求继承人必须将其女儿嫁给某人，否则，就向他人实行遗赠。④

（5）继承人放弃遗产继承。但是，如果随后启动了无遗嘱继承程序或者有人提出要求继承之诉，有关的遗赠处置应当加以考虑，被遗赠人也可以根据裁判官法提起诉讼主张自己的权利。“法官的职责是将扣除遗赠物后的遗产给胜诉者。”⑤

对于已作出的遗赠处置，遗嘱人有权予以撤销。这种撤销可以表现为以下两种方式：一种是简单撤销（ademptio），即遗嘱人撤除原先的遗赠决定。这种做法“不论通过同一遗嘱实施还是通过补充遗嘱（codicilli）实施，都有效”⑥。另一种是遗赠转移（translatio），即遗赠人通过有效订立的新遗嘱或者遗嘱附书（codicilli）改变遗赠的最初受益人，“例如以这种方式进行：‘我遗赠给提茨乌斯的遗产，我将遗赠给塞伊友’。这是一种默示地撤销给提茨乌斯的遗赠的表达方式”⑦。

第六节　遗赠的削减

我们前面谈到，罗马法中的遗嘱继承最初的基本功能是法律关系的接替，对财产的处置和转移居于次要的地位，遗嘱人甚至可以通过遗赠将全部财产分配给他人，而只留给继承人空虚的名义（nudum nomen）。为了纠正和避免这种有损继承人实际利益的做法，从共和国时代起，出现了一些限制遗嘱人遗赠权的法律。

根据大约颁布于公元前183年的《关于遗嘱的富里法》（Lex Furia testamentaria），“除某些人外，不允许其他人以遗赠名义或者由于死亡原因获得超过1 000阿斯的财产”⑧，对于超过此限额的部分，受遗赠人应支付4倍的罚金，而且继承人有权直接采用拘禁（manus iniectio）的手段执行上述罚金。

---

① 优士丁尼 I.2，20，32。

② 优士丁尼 I.2，20，10。

③ 优士丁尼 I.2，20，6。

④ 参见优士丁尼 I.2，20，36。但在此段引语中，对于这种具有违约金功能的遗赠，优士丁尼还是采取了比较灵活的态度。

⑤ D.5，3，44（《民法大全选译/婚姻　家庭和遗产继承》，529页）。

⑥ 优士丁尼 I.2，21pr.。

⑦ D.34，4，5（《民法大全选译/婚姻　家庭和遗产继承》，567页）。

⑧ 盖尤斯 I.2，225。

公元前169年颁布的《沃科尼亚法》（Lex Voconia）一方面限制妇女根据遗嘱接受遗产继承的权能；另一方面规定，继承人所取得的遗产不得少于受遗赠人所接受的财产："任何人不得以遗赠的名义或者由于死亡原因获得比继承人多的财产。"[①]

颁布于公元前40年的《关于遗赠的法尔其第法》（Lex Falcidia de legatis）引进了比较具体和切实可行的限制性措施，该法规定：在任何情况下，应当保障"遗赠的给予不会导致人们依遗嘱继承的遗产少于四分之一"[②]。为此目的，必要时应当按比例削减超过3/4限额的遗赠。在遗赠超过此限额的情况下，继承人有权针对受遗赠人的给付请求提出诈欺抗辩（exceptio doli），由此而产生了著名的"法尔其第法四分之一"规则。

"法尔其第法四分之一"规则的计算以被继承人死亡时的全部财产作为基础，"不论该遗产物是确定的还是非确定的，也不论是否可以计数度量，亦不论遗赠物是诸如用益物权还是债权"[③]。当然，这里所说的"遗产"是指净财产，因为根据罗马法的一般规则，"当未扣除债务时，不能确定转归继承人的财产"[④]。

第七节　遗产信托：特点

遗产信托（fideicommissum）表现为遗产处置人请求继承人、受遗赠人等受托人实施某种使第三人受益的行为，例如，要求受托人将遗产的全部或部分转移给第三人，要求受托人解放某个奴隶等。

乌尔比安说："在所有的方面，遗赠与遗产信托都处于同等的地位。"[⑤] 这表明遗产信托有着与遗赠相类似的特点。与遗赠一样，遗产信托也是一种死因财产处置行为，它主要解决的不是法律地位的接替问题，而是财产转移问题。而且，这种财产处置是一种单方面的行为，采用命令的形式设定受托人（onerato）对受益人（fideicommissario）的义务。正是由于这样的特点，罗马法不认为遗赠和遗产信托属于契约之债的范畴，有关的义务"不是根据法锁，而是根据被请求人的良心得到遵守"[⑥]。此外，遗产信托也不能造成对继承人基本权利的剥夺。

遗产信托也表现出一些不同于遗赠的特点。

（1）遗产信托不一定都采用遗嘱或遗嘱附书的形式实行，它的设立方式比较自由。"通过一封信函，或者一纸文书，或者非书面形式，甚至是一个在证人面前的点头，遗产信托都可以成立，对此没有人存有疑问。"[⑦]

（2）遗产信托的受益人可以是不具有遗嘱继承能力（testamenti factio passiva）的人。有时候，被禁止设立为继承人的妇女、拉丁人、不满30周岁的奴隶、异邦人、独身者、不确定者，也可以通过遗产信托的方式获得被继承人的财产。[⑧]

---

① 盖尤斯I.2，226。

② D.35，2，1pr.（《民法大全选译/婚姻　家庭和遗产继承》，583页）。

③ 保罗语，载D.35，2，1，7（同上书，583页）。

④ 彭波尼语，载D.50，16，165（同上书，585页）。

⑤ D.30，1（同上书，589页）。

⑥ 优士丁尼I.2，23，1。这里所说的"法锁"（vinculo iuris）指具有法律约束力的债（参见本书第十七章第一节）。因此，遗产信托与作为实物契约的信托（参见本书第十八章第八节）有着本质的区别。

⑦ C.6，42，22（《民法大全选译/婚姻　家庭和遗产继承》，589页）。

⑧ 参见盖尤斯I.2，273～276；I.2，285～287。

（3）对遗产信托的司法保护比较独特，经历了一个从无到有的过程。由于遗产信托曾经不要求严格的法律形式，它对受托人只产生一种道义上的义务，最初并不具有法律上的约束力。奥古斯都首先针对一些特殊情况从法律上认可了这一制度，允许对不履行义务的受托人进行非常审判，后来甚至出现了两名专门负责审理遗产信托案件的裁判官。

第八节　遗产信托：规则

遗产信托的标的可能是各种各样的，既可以通过遗产信托要求受托人向受益人返还部分或者全部遗产，也可以通过遗产信托要求受托人解放某个奴隶。第一种信托属于真正的遗产信托（fideicommissum hereditatis），第二种信托有时候也被称为解放信托（fideicommissaria libertatis）。在第一种遗产信托中返还全部遗产的情况叫作概括的遗产信托（fideicommissum universitatis），这里所说的“遗产”既指财产权利，也包括债务负担。“不仅可以通过遗产信托赠与遗嘱人自己的物品，而且可以赠与继承人的、受遗赠人的或者任何其他人的物品”，当然，不能超过受托人因遗嘱而接受的物品范围。[①]

遗产信托的受托人可以是遗嘱继承中的继承人、无遗嘱继承中的继承人、受遗赠人以及任何获得遗产利益的人，“甚至我们可以让通过遗产信托接受赠与的人再通过遗产信托向他人实行赠与”[②]。在遗产因无人继承而转归国库的情况下，国库也可以成为遗产信托的受托人。

在概括遗产信托的情况下，作为受托人的继承人在将遗产转移给受益人后仍然保留继承人的名分。有关的财产转移通常采用虚拟买卖（mancipatio nummo uno）的方式，“继承人同向其退交遗产的人达成要式口约：对于一切被判应以遗产名义清偿的物品或者以其他方式善意给付的物品，他将不因此受到损害”；同时，继承人允许受益人“以代理人或者诉讼代表的名义行使有关遗产继承的诉权”[③]。于公元 55 年—57 年期间发布的《特雷贝里安元老院决议》（senatusconsultum Trebellianum）进一步明确了权利与义务的转移问题，规定：遗产信托的受托人，在返还遗产时，应当将所有主动的和被动的诉权均移交给遗产信托受益人。

为了不让继承人因被要求全部返还遗产而得不到起码的好处，避免发生继承人因其继承权可能受到实际剥夺而作出拒绝接受遗产继承，从而使遗产信托因此消灭的后果，大约于公元 75 年发布的《贝加西安元老院决议》（senatusconsultum Pegasianum）规定：在实行遗产信托的情况下，也参照“法尔其第法四分之一规则”，为继承人至少保留四分之一的遗产。后古典法时期的一项君主谕令更明确地宣布：“尽管父亲或者母亲指定儿子或者女儿（如同我们已讲过的那样）为继承人并通过遗产信托让儿子们或女儿们将遗产转给他（或她）的孙子女们、曾孙子女们以及依次往下的直系卑亲属们，但儿子或女儿可根据《法尔其第法》获得四分之一的份额。”[④]

本编思考题

1. 什么是概括继承、个别继承、死因继承和生者间继承？上述哪些继承形式可能与遗产

① 参见盖尤斯 I.2，261。
② 盖尤斯 I.2，271。
③ 盖尤斯 I.2，252。
④ C.6，49，6，1（《民法大全选译/婚姻　家庭和遗产继承》，597 页）。

继承有关？

2. 罗马法为遗产继承规定了哪些照顾性制度？
3. 什么是遗产继承中的增添权、代位继承和财产合算？
4. 遗嘱作为一种法律行为具有哪些特点？在罗马法中曾出现过哪些遗嘱类型？
5. 什么是遗嘱能力和遗嘱继承能力？
6. 什么是遗嘱附书？它相对于遗嘱具有怎样的特点？
7. 什么是无遗嘱继承？优士丁尼法为无遗嘱继承确定了怎样的继承顺序？
8. 在哪些情况下并且通过怎样的方式，人们可以实行违反遗嘱的法定继承？
9. 什么是法定继承份额（特留份）？优士丁尼法为它确定了怎样的比例？
10. 什么是遗赠？在罗马法中它的主要类型有哪些？
11. 什么是“法尔其第法四分之一”规则？该规则的作用是什么？
12. 什么是遗产信托？它能够被用来弥补遗赠制度的哪些缺陷？

主要参考书目

一、原始文献类

1. 民法大全选译/正义和法. 黄风译. 北京：中国政法大学出版社，1992.

2. 民法大全选译/司法管辖权　审判　诉讼. 黄风译. 北京：中国政法大学出版社，1992.

3. 民法大全选译/人法. 黄风译. 北京：中国政法大学出版社，1995.

4. 民法大全选译/法律行为. 徐国栋译. 北京：中国政法大学出版社，2009.

5. 民法大全选译/物与物权（中文—拉丁文对照本）. 范怀俊，费安玲译. 北京：中国政法大学出版社，2009.

6. 民法大全选译/契约之债与准契约之债. 丁玫译. 北京：中国政法大学出版社，1998.

7. 民法大全选译/买卖契约. 刘家安译. 北京：中国政法大学出版社，2001.

8. 民法大全选译/债　私犯之债　阿奎利亚法. 米健译. 北京：中国政法大学出版社，1992.

9. 民法大全选译/债　私犯之债（Ⅱ）和犯罪. 徐国栋译. 北京：中国政法大学出版社，1998.

10. 民法大全选译/婚姻　家庭和遗产继承. 费安玲译. 北京：中国政法大学出版社，2001.

11. 学说汇纂. 第7卷·用益权. 米健译. 北京：法律出版社，1999.

12. 民法大全选译/公法. 张礼洪译. 北京：中国政法大学出版社，2000.

13. 学说汇纂. 第48卷·罗马刑事法. 薛军译. 北京：中国政法大学出版社，2005.

14. 学说汇纂. 第1卷·正义与法·人的身份与物的划分·执法官. 罗智敏译. 北京：中国政法大学出版社，2008

15. 学说汇纂. 第6卷·原物返还之诉. 陈汉译. 北京：中国政法大学出版社，2009.

16. 学说汇纂. 第8卷·地役权. 陈汉译. 北京：中国政法大学出版社，2009.

17. 学说汇纂. 第41卷·所有权、占有与时效取得. 贾婉婷译. 北京：中国政法大学出版社，2011.

18. 学说汇纂. 第4卷·恢复原状与责任的承担. 窦海阳译. 北京：中国政法大学出版社，2012.

19. 学说汇纂. 第12卷·请求返还之诉. 翟远见译. 北京：中国政法大学出版社，2012.

20. 学说汇纂. 第9卷·私犯、准私犯与不法行为之诉. 米健，李钧译. 北京：中国政法大学出版社，2012.

21. 学说汇纂. 第23卷·婚姻与嫁资. 罗冠男译. 北京：中国政法大学出版社，2013.

22. 学说汇纂. 第17卷·委任与合伙. 李飞译. 北京：中国政法大学出版社，2014.

23. 学说汇纂. 第3卷·起诉的问题与基本制度. 吴鹏译. 北京：中国政法大学出版社，2016.

24. 学说汇纂. 第16卷·抵销与寄托. 李超译. 北京：中国政法大学出版社，2016.

25. 学说汇纂. 第24卷·夫妻间财产关系. 黄美玲译. 北京：中国政法大学出版社，2016.

26. 学说汇纂. 第5卷·遗产及其对物之诉保护. 吴鹏译. 北京：中国政法大学出版社，2018.

27. 学说汇纂. 第21卷·保护买卖的配套诉权. 徐铁英译. 北京：中国政法大学出版社，2018.

28. ［古罗马］盖尤斯. 盖尤斯法学阶梯. 2版. 黄风译. 北京：中国政法大学出版社，2008.

29. ［古罗马］优士丁尼. 法学阶梯. 2版. 徐国栋译. 北京：中国政法大学出版社，2005.

30. 十二铜表法. 北京：法律出版社，2000.

二、教科书类

31. 谢邦宇主编. 罗马法. 北京：北京大学出版社，1990.

32. 谢邦宇. 罗马法文稿. 北京：法律出版社，2008.

33. 周枏. 罗马法原论. 上下册. 北京：商务印书馆，1994.

34. 周枏. 罗马法提要. 北京：北京大学出版社，2008.

35. 江平，米健. 罗马法基础. 3版. 北京：中国政法大学出版社，2004.

36. 徐国栋. 罗马私法要论——文本与分析. 北京：科学出版社，2007.

37. 费安玲主编. 罗马私法学. 北京：中国政法大学出版社，2009.

38. 蒙振祥，陈涛，律璞主编. 罗马法. 北京：中国政法大学出版社，2011.

39. 丘汉平. 罗马法. 朱俊勘校. 北京：中国方正出版社，2004.

40. 黄右昌. 罗马法与现代. 何佳馨点校. 北京：中国方正出版社，2006.

41. 罗马法原理. 陈朝璧，米健等校. 北京：法律出版社，2006.

三、专著类

42. 丁玫. 罗马法契约责任. 北京：中国政法大学出版社，1998.

43. 费安玲. 罗马继承法研究. 北京：中国政法大学出版社，2000.

44. 冯卓慧. 罗马私法进化论. 西安：陕西人民出版社，1992.

45. 黄风. 罗马法词典. 北京：法律出版社，2002.

46. 徐国栋. 罗马法与现代意识形态. 北京：北京大学出版社，2008.

47. 徐国栋. 优士丁尼《法学阶梯》评注. 北京：北京大学出版社，2011.

48. 王莹莹. 论“增加之诉”. 北京：法律出版社，2011.

49. 汪洋. 罗马法上的土地制度. 北京：中国法制出版社，2012.

50. 李钧. 古罗马侵权法律制度与现代沿革. 北京：中国政法大学出版社，2015.

51. 黄文煌. 阿奎流斯法——大陆法系侵权法的罗马法基础. 北京：中国政法大学出版社，2015.

52. 徐国栋. 罗马的第三次征服——罗马法规则对现代公私法的影响. 北京：中国法制出版社，2016.

四、译著类

53. [意] 彼德罗·彭梵得. 罗马法教科书（2017 年校订版）. 黄风译. 北京：中国政法大学出版社，2018.

54. [意] 朱塞佩·格罗索. 罗马法史（2018 年校订版）. 黄风译. 北京：中国政法大学出版社，2019.

55. [英] 巴里·尼古拉斯. 罗马法概论（2010 年校订本）. 黄风译. 北京：法律出版社，2010.

56. [意] 弗朗切斯科·德·马尔蒂诺. 罗马政制史. 薛军译. 北京：北京大学出版社，2009.

57. [英] 乔洛维茨，尼古拉斯. 罗马法研究历史导论. 薛军译. 北京：商务印书馆，2013.

58. [意] 鲁道夫·萨科，拉法埃莱·卡泰丽娜. 占有论. 贾婉婷译. 北京：中国政法大学出版社，2014.

59. [德] 孟文理. 罗马法史. 迟颖，周梅译. 北京：商务印书馆，2016.

60. [德] 马克斯·卡泽尔，罗尔夫·克努特尔. 罗马私法. 田士永译. 北京：法律出版社，2018.

索 引

（拉丁字母顺序）

B

C

I

M

N

O

P

Q

R

S

T

索 引

（中文拼音顺序）

K

L

M

N

R

S

T

W

图书在版编目（CIP）数据

罗马法/黄风著．—3版．—北京：中国人民大学出版社，2019.6
21世纪中国高校法学系列教材
ISBN 978-7-300-27049-4

Ⅰ.①罗… Ⅱ.①黄… Ⅲ.①罗马法-高等学校-教材 Ⅳ.①D904.1

中国版本图书馆CIP数据核字（2019）第129773号

21世纪中国高校法学系列教材
罗马法（第三版）
黄　风　著
Luomafa

出版发行	中国人民大学出版社		
社　　址	北京中关村大街31号	**邮政编码**	100080
电　　话	010－62511242（总编室）		010－62511770（质管部）
	010－82501766（邮购部）		010－62514148（门市部）
	010－62515195（发行公司）		010－62515275（盗版举报）
网　　址	http://www.crup.com.cn		
经　　销	新华书店		
印　　刷	固安县铭成印刷有限公司	**版　　次**	2009年3月第1版
开　　本	787 mm×1092 mm　1/16		2019年7月第3版
印　　张	17.25 插页1	**印　　次**	2024年8月第4次印刷
字　　数	418 000	**定　　价**	45.00元

《　　　　　　》※任课教师调查问卷

为了能更好地为您提供优秀的教材及良好的服务，也为了进一步提高我社法学教材出版的质量，希望您能协助我们完成本次小问卷，完成后您可以在我社网站中选择与您教学相关的 1 本教材作为今后的备选教材，我们会及时为您邮寄送达！如果您不方便邮寄，也可以申请加入我社的**法学教师 QQ 群：83961183（申请时请注明法学教师）**，然后下载本问卷填写，并发往我们指定的邮箱（cruplaw@163. com）。

邮寄地址：北京市海淀区中关村大街 31 号中国人民大学出版社 806 室收

邮　　编：100080

再次感谢您在百忙中抽出时间为我们填写这份调查问卷，您的举手之劳，将使我们获益匪浅！

基本信息及联系方式：※

姓名：__________ 性别：__________ 课程：__________

任教学校：__________ 院系（所）：__________

邮寄地址：__________ 邮编：__________

电话（办公）：__________ 手机：__________ 电子邮件：__________

调查问卷：※

1. 您认为图书的哪类特性对您使用教材最有影响力？（　　）（可多选，按重要性排序）
   A. 各级规划教材、获奖教材　　B. 知名作者教材
   C. 完善的配套资源　　D. 自编教材
   E. 行政命令
2. 在教材配套资源中，您最需要哪些？（　　）（可多选，按重要性排序）
   A. 电子教案　　B. 教学案例
   C. 教学视频　　D. 配套习题、模拟试卷
3. 您对于本书的评价如何？（　　）
   A. 该书目前仍符合教学要求，表现不错将继续采用。
   B. 该书的配套资源需要改进，才会继续使用。
   C. 该书需要在内容或实例更新再版后才能满足我的教学，才会继续使用。
   D. 该书与同类教材差距很大，不准备继续采用了。
4. 从您的教学出发，谈谈对本书的改进建议：__________

____

____

选题征集：如果您有好的选题或出版需求，欢迎您联系我们：

联系人：黄　强　联系电话：010-62515955

索取样书：书名：__________

书号：__________

备注：※ 为必填项。